神曲

——最后的审判之路

尹尚玥　著

加拿大国际出版社

Canada International Press

书名：神曲——最后的审判之路
作者：尹尚玥
出版：加拿大国际出版社
www.intlpressca.com
Email: service@intlpressca.com
国际书号 ISBN：978-1-990872-12-9

9 781990 872129

电子书 ISBN: 978-1-990872-13-6

Book Name: Divine Comedy -- The road to the last judgment
Written by: Shangyue Yin
Published by: Canada International Press
www.intlpressca.com
Email: service@intlpressca.com
ISBN: 978-1-990872-12-9
EBook ISBN: 978-1-990872-13-6

序

　　文字是人类文明的重要标志，文字可以让我们拥有独具华美的春天，灿如夏花的浪漫，成熟丰硕的秋韵，清幽静美的雪原！想一下，如果没有文字，人类的诸多科技成就和文化艺术乃至生存发展在传承上将受到极大的限制。不夸张的说，人类文明没有文字的话，人类可能还活在原始蛮荒时期。所以文字应该具有灵魂，没有温度和思索的文字，就没有灵魂可言。我一直认为诗歌是人类文明的第一朵蓓蕾，它迎风舒展，在风中掀起一股涟漪。还是那句话，诗歌应该是有温度的、有灵魂的，如果诗歌不能引起人类的思考和思索的话，它就失去它的温度，失去文字的灵魂，成为风干的疯言废语。

　　这是一本写给全世界的书，每一个字都是。这是一本写给穆罕默德的书；写给佛陀的书；写给基督耶稣的书；写给全世界崇尚信仰的书。这是一本写给一群巨人、国王、孤独的哲学家、智慧的老人的书。这是一本写给神灵、写给自由人类的书。这是一本写给过去、现在、未来的书。这是一本写给黄人，黑人，白人，棕人的书。这是一本写给诗人，诗人写给诗人的书。我们必将终结一个旧时代，我们必将展开一个新时代。请相信我，全世界的人们啊，这是一本写给全世界的书。

　　毫无疑问，这是一本中国版的"神曲"，又是一本中国版的"海奥华奇书"。作者通过一个具有上下五千年文化历史的中国人视角，阐述了这一切。同时作者在对世界三大宗教的认知中，重新诠释了宗教信仰和圣经中众神的秘密以及对伊斯兰原教旨的鞭挞，当我重新诠释这一切的时候，我发誓，我，绝无任何亵渎它们的意思。我只是希望在全世界所有的宗教信仰中，添加上"人性"两个字，绝无亵渎。我只是妄图撬动神灵大厦，像蝼蚁般的在黑暗之处呐喊，祈求神灵啊！对你的子民好一点吧！

　　我不认为这个世界有多少人能够看懂和理解这本书，或许是一个人，或许是一百个人，或许是一千个人，更或许是一万个人而已。当然读懂的屈指可数，但是我保证如果有真正可以读懂这本书的人，他一定是世界之王。人，总是很无知，不知自己身在何处，也不知未来去往那里？人类啊，总是那么令人绝望，又总是那么让人具有希望。我一直认为政治是生活之母，没有良好和优秀的政治体制，人们的生活就会一团糟糕，更不要说人类的发展和进步了。我喜欢政治，不如说我更喜欢生活，更热爱人类。虽然我们都是人类，但是很显然的是我们都不懂的人类，不懂得人性。人类很难认清自己，因为人类有浩瀚的犹如星云一样的独立思想和复杂个性。我思故我在，我一直认为人类应该先有思想的萌动，才会具有行为的探索，而促使人类思想的萌芽的原因，就在于文学的浇灌和呼唤。

　　西方哲人亚里士多德曾言，我爱真理，甚于我的老师。但如果真理和自由让我二选一的话，我会说我爱自由甚于真理，没有真理的自由，就像是愚蒙的豚猪，但至少这头猪是自由的吧？

现有文稿，都是我近十几年来对宗教、信仰、神灵、人性以及人生的一些思索和感悟。我学历不高，笔触浅薄，但是我是发自内心的热爱诗歌。诗歌是文学大厦的一朵野花，微小而平凡，诗神缪斯曾经潜在这些文字里，她因为找寻不到失却的奥林匹斯山和自己的家园，所以在人间迷失方向。她只有点亮自己诗歌的"羽翼"，散发亮光，众神之父才能循她的足迹而回。现在黄昏还没有降临，光明还在当前，在自由的阳光之下，帮帮我吧，让我回到奥林匹斯山，回到自己的故乡。以诸神之父的名义发誓，谁又能认定黄昏之后，没有新的黎明出现呢？诗歌是自由的翅膀，诗神曾经把它带至天空，歌颂众神。请求这羽毛可以飞翔于天际，留下飞翔的痕迹。

　　是的，将来有一天我的名字一定会在这个世界上留下痕迹，出现在全世界上，我们小时候总是这些想过，只是当我们长大的时候，这些梦想都在今天物欲社会和精神欲望贫乏的世界里消失殆尽。但是在这个世界上总会有微小的人物，还坚持着这样的梦想。是的，将来有一天，我的名一定会响彻这个世界。但是前提是我的羽翼可以在自由的世界飞翔，所以我把希望的目光投向贵社，请让我在这个世界留下自己的痕迹和我的名姓。

因此我希望将来有一天人类的文字可以传承下去，而文字的蓓蕾———我的诗歌也可以卑微的留给未来的人们，给予他们思考和启迪。我希望我所描述的这些文字灵魂，可以引起大众的共鸣和社会的讨论，我用文字呼唤这个世界的宽容、和平与爱，如果可以让人类社会的价值观、世界观可以"歪歪斜斜的跨进一步"的话，那么我是何等的荣幸。

目录

一、 卷一：众神的审判

这是一首伟大的畅言诗，
这是一首自由的人性诗，
这是一首神灵的预言诗，
这是一束光，一滴眼泪，
一朵花，一个世界，
一个灵魂，一片阳光，
这首诗歌中的文字曾经得到但丁的亲吻，
每一个字都是，
但丁的灵魂曾经阅读过这篇诗歌，
每一个字都是，
但丁在这首诗歌中看到天国，也看到了地狱，
看到了基督，看到了穆罕默德，
看到了佛陀，也看到了众神，
看到了审判，众神的审判，
看到了诗人，诗人看到诗人。
但丁携我的手走过人生的一半旅程，
我紧紧追随他的身影和脚步，
在 716 年以后的时间里。

我的灵魂步入一片幽暗的森林，
这是因为我迷失了正确的路径，
啊，这森林是多么荒野，
多么险恶，多么举步维艰。
我无法说明我是如何步入其中，
我的灵魂当时是那么的睡眼朦胧，
我不知该何去何从。
幽暗的风吹起，
我的灵魂飘荡，
在安静的森林深处，
在昏黄的下弦月下，

我隐隐约约听到哭泣的声音，
于是我的灵魂迎着溯风往那哭声——
森林深处飘去，
哭声愈来愈大，愈来愈烈，
就像深夜里灵魂碎裂的声音。
在森林深处的深处，
我似乎看到高耸入云，与天齐肩的巨塔，
它像一个螺旋形的漏斗矗立在那里，
塔基如山，塔顶似线，
直插云霄，望不到尽头，
四周的乌云翻涌，黑沙弥漫，雷电四射，
似乎众神的灵魂在塔的顶端扔着愤怒。
映着闪电的光线，
我看到巨塔的云端处有各种各类漆黑的门，
从门里隐隐约约透着明亮的光线，
而在每一个门的台阶下方，
都无一例外附有一座似有似无透明的悬桥，
而在悬桥的下方有红色的火，黑色的火，
有灼骨的盐汤，有狼牙一样的山脊，
在浓烈的黑色烟雾看不清的深处，
伴有惨烈的人类的非人叫声。
这样的场景真是让我惊恐莫名，
我是否来到不知名的地狱。

在巨塔的主门处，
有一个垂老的看门人，
而呜呜咽咽的哭声正是从他的嘴里发出，
那老人有白色的须发，赤足的双脚，
深邃的双眸中充满生灵的希望和死灵的安息，
脸上的肌肉被岁月的到雕刻的千沟百渠，
鼻子抽动着，扁平的嘴巴里发出低沉的呜咽声。
"垂暮的老人家，你为何在这里失声悲哭"，
我轻声问着那老人；

我在这里孤寂了很久，灵魂寂寞的长满野草，

我看到尘世的悲苦，人们流离失所，
不知该往何处，许多的灵魂找不到信仰的彼岸，
他们在天际间四处游走，妄想找到神灵的住所，
但是却徒劳无功，他们痛哭哀嚎，
我看到这一幕，也是心有感触，
我想让天际间的神灵快点审判他们，
好让他们结束痛苦，
到达灵魂信仰的那岸，
结束俗尘的旅程。

垂暮的老人，这里是什么地方，
你又是何人？？

这里是众神的驿站，也是众神安卧之处，
这里是众神涉足凡间的踏脚处，
也是众神审判世人的审判台。
你若问我这里是何处，
我告诉你，这门是神之门，
那塔叫做通天塔，塔内有城，那城是巴别城。
这塔高是九千米，直达众神的住所，
塔基边长是九百米，共有八层，
其外墙涂有颜色，最下层为黑色，
往上依次为橘红、红、金、黄、蓝、银、黑各色，
分别代表七星（日、月、火、水、木、金、土）。
通天塔顶上"建有大神庙，
里面有精致的大睡椅，铺陈华丽，
神殿内并无偶像……
神亲自进入殿内，躺在睡椅上休息。"
当众神醒来的时候，
就是审判日的到来。
在太阳王还没有统治世界之前，
我的灵魂就在这里守候，
我是众神驿站的第一个看门人，
我曾看到无数的星星和月亮，
日复一日，年复一年，

在我身边升起，又落下，往复循环，
我的灵魂看到过空中花园的美景，
雄伟壮丽的宙斯神庙，
腓力斯丁人兴起和衰亡，
巨石阵的倒塌和印加帝国的失落。
我生前的灵魂在伯罗奔尼撒半岛滋生，
我是第一个滋生灵魂的肉体，
人类的灵魂和万物是相通的，
而一个人的肉身灭亡后灵魂会进入另一个载体中生
存，
我的灵魂在万物中穿梭，无休止的行进，
众神看到我永生的灵魂，
于是唤我看守永恒之门，
你若问我是谁，
我告诉你，我尘世的名姓唤作毕达哥拉斯。

我惊叹莫名，没有想到会在这里遇到古希腊贤者的灵
魂，
我微微鞠躬向那灵魂致意。
垂暮的老人，
人类为什么会具有灵魂？？
我询问古希腊贤者的灵魂。

你应该望过，在晴天的时候你扑打衣服，
灰尘隐藏在破旧的棉絮衣服中，
就像人类的灵魂隐藏在肉体中一样，
当我们在阳光下敲打曝晒的时候，
灰尘就会脱离衣服，而蒸发出来，漂浮半空，
就像人类的灵魂在肉体消亡后，挣脱出来一样。
灵魂是存在的，
而且人类的灵魂不是那种无意识的存在，
而是有记忆的存在。
当然灵魂不是永恒恒定的，不消散的，
而且这种记忆和意识也不是永恒存在的，
所有的一切灰尘和灵魂

只能保持在一个持续的时间内，
越过这个时限，所有的东西都会消亡，转化，转世。
就像灰尘的漂浮，蒸发，坠落，静止，消失一样，
灵魂也具有这个属性。毕达哥拉斯说

古代埃及人是十分出色的制造玻璃小瓶和装饰品的
艺术家，
而且他们经常制造出一层一层不同的颜色，
吹制玻璃器皿，制造玻璃器皿真是古代埃及人伟大的
智慧结晶，
他们拿一团呈半流质状的热熔化玻璃，
把气吹进去来制成一个中空的容器，
大容器被吹制出来，经弄平后就成为一片色彩斑斓的
玻璃，
另一位白袍的老人手拿透明的物体走了过来。

古希腊三贤的苏格拉底，
你的出现真是让灵魂山惊诧，
毕达哥拉斯说

那白袍的老人点了点头，
继续微笑着说，
在夏天的时候，
人类的恒温一般大约保持在 36 度左右，
在我们的手心出汗后，
如果我们把自己的手印在玻璃上面，
玻璃之上根据人类热量和能量的缘故，
而在玻璃上留下痕迹，
这个痕迹就是人类的灵魂，
但几秒钟后，这痕迹会随着空气冷却的缘故，
而把手印的热量和能量蒸发消失。
所以人类是有灵魂的，
而人类的灵魂是以热量和能量而存在的，
当供应热量和能量的肉体死亡后，
其灵魂以及灵魂意识可以保持一个短暂的存在，

但是这个短暂是有多久，
我现在还无法判定。
说着苏格拉底拿出手里那块色彩斑斓的镜子，
把自己的手印印了上去，
那镜子上出现了清晰的指印，
但是在灵魂山清风的吹拂下，
那手印慢慢的淡化，
最后消失不见。

诗人也微微鞠躬说，
是不是人类肉体的客观存在是以其本身的能量和热
量存在的，
人类本身的循环体系和器官为人的能量承载了螺丝
作用。
一把烧红的铁块在炉箱内会持续加热，
但是在空气之中，会慢慢冷却。
人类的灵魂在其肉体之中是持续加热，
提供能量和热量而存在的，
当人类死亡之后，其身体体系螺丝不在为灵魂提供能
量和热量，
那么就相当于烧红的铁块暴露在空气之中，
被冷却一样。

是的，那白袍的老人苏格拉底认同的说，
另外由于人类灵魂的热量和热能的不同，
加上受客观环境以及人类肉体死亡后灵魂的潜意识
记忆影响等等，
决定了人类的灵魂有的可以相对存在一个较长时间
段，
而有的会随即被磁场所吸收和蒸发。
当然这种吸收和蒸发并不代表人类的灵魂就永远的
消失不见，
或许它会以人类某种无法解读和观察的情况下，
继续存在那里。
继续以玻璃上的手指印为证，

当手印的能量和热量彻底被冷空气蒸发消失后，
我们说手印不见了，
就想当然的认为灵魂不见了，
但是玻璃上面人类看不见的指纹还在那里。
灵魂在热量和能量被蒸发以后，
下一步的转换是什么，
我还不得而知。
或者是灵魂继续存在，
只是人类的肉眼永远的看不到而已。
或者灵魂彻底蒸发，彻底永恒消失不见。
更或者说地球作为一个巨大的能量场和热量、磁力场，
人类的灵魂被地球的能量场所吸收，
通过磁力集束发射，将人类的灵魂轮回到第二宇宙体
系之外的世界了。
当然其中一些灵魂轮回在我们当前的世界，
并持续的存活着，并保留着相对的前世的记忆和环境。

作为一个失去生命的灵魂，
为什么我们可以在灵魂山上，
看到，摸到，嗅到，听到这些纷繁的景象，
并且可以面对面的和灵魂交流和沟通，
灵魂山到底是一个什么样的居处和形成？？
诗人问。

这里叫假死界，也就是灵魂界，
就是说通往死亡跟复活的灵界点，
这里面只有寂寞与空虚，
会让人倍感压抑，
就像被困在狭小的井里，又像是站在悬崖边，
这里面你可以听到任何声音，闻到任何味道，
而且你的眼睛能够看到的是，
你自己内心最害怕的和最喜欢的东西，
并且这个东西会被无限放大，
受不了的人会被打回到现实世界，也就是复活，
喜欢这里的人，会被其吸引的带到天堂或者地狱。

人类在临死亡之时，会用自己的天眼感官接触到许多
东西，
其实这些东西都是人类大脑的潜意识和记忆力，所看
到的东西，
当然这个看，不是用眼看，
而是一种潜意识记忆所扩展延伸和扭曲看到的东西。
它和前世人们口口相传的东西进行了定义存在，
以及和未知空间的后世的某些东西进行了扭曲存在。
人类的这种临死界所接触到的一切，
就像是人类的夜晚休息肉体的一种浅睡眠一样，
当人类在浅睡眠之下，
会对白天即前世的一些已知的东西在睡眠之中进行
定义存在，
也会对黑夜即后世的一些未知的东西进行自我扭曲
式的理解和诠释，
根据自我的世界观，价值观和宗教信仰观，
对未知的东西进行解释和解读。
而同理人类在临死界用天眼所看到的一切东西，
都是人类灵魂的一种浅睡眠，
即人类没有达到一种真正的死亡状态，
而是人类灵魂意识思想的一种挣扎，
而这种挣扎不应该是人类真正死亡后的真实镜像。
换言之，人类的死亡没有真像，
这应该是最后的结论了。

那么这个世界真的具有无限的神灵和伟大造物主
吗？？
我们都是他的受创物吗？？
诗人问。

这个问题我无法回答你，
但是如果你游历过这个灵魂山，
自然会得到答案和结论。
我只能这样告诉你，
或者说这个世界，不这个宇宙，

不这个极限宇宙可能存在着伟大的造物主，
操纵和控制着我们的世界和人类的命运，
我们当前不可而知，
所以现在人类最好的选择就是，
乖乖的依偎在信仰和神的怀抱，
让灵魂寻求到寄宿地进行安息。
人类当前需要用已知的世界去诠释未知的世界，
别无他法，
因为活着的人永远无法经历那个未知的空间，
而死去的人又不会回来告诉我们这个秘密。
但是我还是认为，人类还是信奉灵魂和神灵为妙，
乖乖的在神灵的臂膀下安息，
因为人类的死亡或许，难道不是神灵的有意主导吗？
苏格拉底低声说。

在我还没有开口之前，
远远的传来
那悬桥之下狼牙似的山丘陡起之处，
一头身躯轻巧、矫健异常的七头妖兽蓦地窜出，
它浑身上下，被五彩斑斓的毛皮裹住，
冲我发出撕裂的吼声。
请不要惊惧，这是地狱的七头妖兽，
专门撕裂犯禁的灵魂，
它名曰七头：一头傲慢，一头嫉妒，一头忿怒，
一头懒惰，一头贪财，一头贪食，一头食色。
众神的门它进不去，
只有经过众神审判过的灵魂才能归它撕裂，
它饥渴的肠胃需要那些错位的灵魂去填充和满足。
毕达哥拉斯说。

我收回惊惧的目光，
用专注的眼神望着那毕达哥拉斯的灵魂问，
在这个灵魂山上居住了多少灵魂？？
他们的职责是什么？？

这里有太多，太多的魂魄，
天上的星星有多少，这里的魂魄就有多少，
和我同时代的有苏格拉底、柏拉图，
泰勒斯、芝诺、西塞罗、维吉尔、贺拉斯，
奥维德、欧几里德、阿维森那、阿威罗伊，
当然还有诗王之王荷马。
众神将不同的门授予不同的灵魂，
交由他们看守，
在审判日到来的时候，
会询问他们的意见，进行深思和裁决。
毕达哥拉斯说。

我很奇怪为什么希腊三杰的亚里士多德为何你没有
提及？？
诗人问。

和我同一时代的亚里士多德也是一位贤人，
在生前我们曾经讨论过很多哲学上的问题，
但是在灵魂意识上我们存在很多的问题，
亚里士多德认为人的灵魂会死，
人的灵魂不能离开肉体单独存在，
它会随着死灭而消失不见，
就像没有眼睛，就没有视觉，
没有笛子，就没有笛音，
灵魂是蜡块，受热后就会蒸发，消融不见，
所以亚里士多德的灵魂不属于这里。
苏格拉底说。

诗人哀思，我又失去了一次和伟大灵魂沟通的机会，
可是为什么我的灵魂却来到这里？？

你是被众神选中的灵魂，
你是那世上唯一一个挣脱束缚，
而单独存在的灵魂，
那俗世的王权对你没有束缚力，

那俗世的神灵你已看透，
众神的恩赐给予你特别的灵魂，
你将成为众人的指引。
当审判日到来的时候，
你也将步入那神殿，
进行旁观和记录。
毕达哥拉斯说。

我并不喜欢这城池，
也不喜欢那受膏者以及他父，
是他变乱了人类的灵魂和言语，
让地上的人们互相争斗，至死不休。
他赶人类出那园子，
又蛊惑人类开启那魔盒，
让世人受灾受难。
虽然他为世人流过血，赎过罪，
但是我们依旧无法回到那园子。
你见过摔坏的镜子进行粘贴，
还能明亮如初吗？？
诗人说，我对神没有好感，神在分化我们，
他害怕我们统一，害怕我们站在他的肩头，
他让我们恐惧，膜拜他，敬服于他。
而他却利用我们的恐惧奴役我们，
不给我们自由。
诗人说。

众神有众神的位置，
众神有众神的信息和数，
物质以信息的形式表现，数即信息，
任何存在实体都可以用数来代表。
神是万能的，但它从来不会将所知和那数告诉世人，
如果神的信息及那数和众人相同，
那么众人就会变成众神，
众神就会失去自己的位置，
信与不信神，信哪位神？

应该是每一个灵魂自己的事情。
每个人都有自己确定自己信与不信，
或者信哪一位神的权利。
所以，选择哪一位都没有关系，
其实万物的本源就是信与不信。
你喜不喜那受膏者及他父，
他们也会一直存在，
不会因你们的喜与不喜，
而抹杀他们，
你信与不信这城池，
这城也一直都在，
重要的是你的灵魂在哪里？？
毕达哥拉斯说

你和三千多年古代中国的老子所思所想是一样的，
他也是用数字解读世界的，
他认为的是"道"生一，一生万物，
你创立了人死后的灵魂世界，
而老子提出了人生前的逍遥世界，
你是阴面，他是阳面，
你认为数是神，他认为道是神，
有时候东西方的历史源头是不谋而合的。
可是我无法理解众神为何放逐自己的子民出那园子，
如果众神爱自己的子民，
就不会让自己的子民在尘世过颠沛流离的生活，
就不会让自己子民的灵魂坠入地狱。
难道人类不该吃那果子吗？？
难道人类只是众神的玩偶吗？？
难道人类不该拥有自己的意识吗？？
在众神的花园中人类有"自我"的概念吗？？
人类浑噩而来，浑噩而生，
吃那苹果是错误的吗？？
让众人浑噩，没有自我意识，
任凭众神摆布，
诱使众人犯罪，

让世人在凡间跌的头破血流，
然后让人子去救赎、审判世人的罪，
众人的罪难道不是众神的唆使而生？？
所以我不相信他——受膏者以及他父。诗人说
我年轻的时候，曾经写过一首诗，
是赞美众人和他们的自由意志的，
我现在念给你听：
安谧的世界，祥云缭绕，
竖笛的声音，悠扬清亮，
上帝的羊羔洁白透亮，
天使的光环，威严端庄，
基路伯天使巡查人间，舞动四面转动发火的剑，
冷眼遥望被逐出伊甸园的"尘土"。
这里是上帝的住所，
这是是众神的天堂。

众神都在传颂耶和华的仁慈，
耳边传来普罗米修斯痛苦的嚎叫；
众神都在歌唱耶和华的光明，
坠天使在黑暗里磨着獠牙；
众神都在敬服耶和华的仁爱，
潮湿阴冷的土层里刚刚游走的蛇；
众神都在膜拜耶和华的伟大，
伊甸园下传来众人的呐喊。

那呐喊声响天震地，合着普罗米修斯痛苦的声音，
那呐喊声响天震地，合着坠天使摩擦獠牙的声音，
那呐喊声响天震地，合着那蛇行走土层沙沙的声音。
众神的威严端庄不在保留，
他们惊恐失措涌向上帝的行宫，
我主，耶和华呀，你是否听到下界的呐喊声音？？

卑微，贱若尘土，亚当的逆子们想做些什么？？

我主，耶和华，他们要建城，他们要立塔，

他们要塔顶通天，以宣扬众人之父的大名。
他们要把塔建到伊甸园的高度，然后把脚伸到这里来。

贱若尘土的蚁民，怎么可以把脚伸到这里高贵的地方来。
我赐给他们园子，他们却偏听蛊惑偷食禁果，
忘却我的禁令和威严，他们已经不配成为众神之子。

我主，耶和华呀，他们颂传你禁锢人欲，
控制意识，捆绑思想，束缚自由，
立誓要推翻你。

我不是变乱他们的口音，
使他们的言语彼此不通，
不知道善恶，让他们彼此争斗和战争，
我变乱他们的思想、历史、文化、信仰，
让他们盲目而不自知，
永作造物主仆人的，
他们怎么可能破除这一切？？？

我主，耶和华，
我看到他们左手捧菊（花），右手握（孔雀）翎，
载歌载舞，誓言要建城立塔，
把我主困在囚笼，和众生平等。

荒唐、愚蠢、迷顽不化的灰尘，
亚当的孽子，
他们是怎么解开因语言不通而形成的意识隔阂的，
这伙需要用鞭子鞭挞的尘土；
难道他们没有看到捆绑在高加索山的普罗米修斯所受到的痛楚吗，
难道他们没有看到在坠落在三十三离天地域里坠天使所受到的煎熬吗，
难道他们没有看到终生游走在黑暗天际暗无天日不见光明的蝮蛇吗？？

这伙需要鞭挞的贼，想改变什么？？
还不认命吗？？他们是怎么做到的？？

主啊，我看到他们用信仰守护心灵，塑造灵魂，
用仁义和平编制头脑，
他们统一起来，不再战斗，不再流血；
他们把幼小、老弱进行照顾，把伤残进行医治；
他们抚慰生者，安息亡者，他们对每一个灵魂，
都敬若野菊，任其自由、灿烂。
他们高举着自由的火炬，要焚天了。
主啊，我们该怎么办？？

那城可有姓？那塔可有名？

主啊，那城为自由城，那塔为巴别塔。
○○○○○○○○○○○
那受膏者以及乃父，
始终把自己放在神灵的高高位置，
他们惧怕众人的集结，
而分散众人的力量，
他们变乱众人的语言，蒙蔽愚化众人的意识，
让众人敬服于神灵，
他们害怕到那一日众人建成自由之塔，
众人的脚会伸足于此，
他们的祭坛会坍塌，
神灵会湮灭。诗人说

说的对极了，
看来诗人的桂冠要让与你了。
在爱琴文明兴起的时候，
那时候那里有基督的痕迹，
我现在想起米诺斯手握雷神之锤统治克里特岛的景
象来，
和他那噬吃七对童男童女心肝人身牛头的妖兽儿子，
当雅典国王爱琴的儿子忒修斯在阿里阿德涅公主的

帮助下，
穿过米诺斯迷宫，把剑送进妖兽的心肺时，
我们的神灵在那里，
在爱琴海的黑帆和白帆里。
当人类杀死邪恶的神灵时，
人类就是神灵，
灵魂山上那里需要基督的痕迹。

生着翅膀的语言，别人谈话中的只言片语就长着翅膀，
它们宛如蝴蝶在空中飞来飞去，趁它们飞过身边一把
逮住，那真是件乐事.
打断诗人之间的谈话，你们是否乐意。
从远远的小亚细亚的斯弥尔纳走来古希腊第一诗人
荷马，
来到了这里。
诗人和那看门人都微微向那盲眼的诗人致敬，
你的到来让整个灵魂山都微微颤栗，
那《伊利亚特》和《奥德赛》的创造者，
曾经是希腊时代的"粮食"，
很多的希腊诗人和哲人都愿意倾听你的言语，
生着翅膀的语言今天流进我的耳中，
是我们的荣幸，
请允许我再一次想你致敬，
诗人微微低头说。

伟大辉煌的特洛伊战争，
愤怒的阿喀琉斯，"特洛伊的城墙"赫克托尔，
墨诺提俄斯之子帕特洛克罗斯，
希腊诸王之王阿特柔斯之子阿伽门农，
还有诱导美丽的海伦公主远走他国的帕里斯，
当众多的群蚁被战神阿喀琉斯焚烧时，
当"特洛伊的城墙"赫克托尔被阿喀琉斯击败时，
那真是一场众神之战。
阿基琉斯是为荣誉、尊严和责任而战，
赫克托耳是为他的国家、人民以及荣誉而战，

当卓越的阿基琉斯把赫克托耳的尸体交还给普里阿
摩斯时，
当赫克托耳摘下让婴儿害怕的头盔上的铜和那狰狞
地对他点头的鬃饰，
亲吻婴儿的脸孔时，
什么是神，这就是神，
人类是有血性和热血，有感情的动物，
人类有荣誉、有责任、有尊严，
而神灵具备什么，它们没有皮囊，没有热血，
没有责任，只有空空的灵魂，
灵魂山的神灵懂的什么才是人类？？
一个人只拥有此生此世是不够的，
他还应该拥有诗意的世界，不是吗？？
荷马睁开碧蓝的眼睛，问那塔，
有一天我们会把他们的塔踩在脚下，
迎着自由的风，鸟儿欢快的唱着，不被任何神灵奴役，
人是要做人的。

诗人震惊的问，
你不是瞽眼，无法看清事物吗？？
而上帝的圣子让你在这里看守灵魂山，
你不认可神灵，
为什么你的灵魂能进入到这里？

在俗尘里我是一个瞎子，不错，
但是灵魂是有眼睛的，
灵魂并不受视觉、味觉、触觉、听觉的影响，
你几时见到过有瞎眼的灵魂。
不仅我的灵魂在这里，
那反基督者尼采、罗素也在这里。
神灵只能审判灵魂，
但是他无法阻挡灵魂的自由思想，
永远也无法阻挡。荷马说

上帝死了，上帝死了，

诗人看到那叫尼采的灵魂抱着头一路叫嚷着，
人类的神灵大厦已经倾塌，
活着的人都是唯利是图的行尸走肉，
他们残忍、杀戮、冷血、残酷，
以人肉为羹，以人血为饮，
都会下地狱的，
全部一个都逃不了，
我的马那，我要抱着我的马哭，
在众人下地狱之前，我要哭，
谁能救救世人呀，
可怜的世人呀，
神也无法救助你们。

尼采的灵魂一路飘的很快，
他像风一样旋转不停，
忽东忽西，
声音忽大忽小。

你们守护这里，
那么在灵魂山都是做什么的？诗人问

看门人，毕达哥拉斯咳了一声说，
我们都是看门人，这里本是百门之都，
通天塔的神之门有很多。

我不是基督的看门人，
如果魔鬼来敲门的话，
我就开门，让他进来，为所欲为，
我不相信基督，我有灵魂。
尼采的声音又飘过来，
站在诗人的身后。

尼采，你疯了，毕达哥拉斯说；
你认为我是正常的吗？？尼采说，
神抛弃了人，人推倒了神，

神灵和世人都是疯子，
为什么你要我做正常的人。

毕达哥拉斯向诗人打着手势说，
对于神灵的种种议论，
我只是一个看门人，
一个灵魂的看门人，
我无法做出结论。
诗人啊，如果你有什么问题，
可以进那城亲口去问，
用自己的眼、自己的嘴，自己的耳，
用自己的手和脚走到神的安卧处，
去问他们。

诗人说我不是基督信徒，
但是我认可受膏者的历史价值和崇高地位，
我只是带着疑惑和对上帝的不解，
而形成自己的看法。
你说的对，
要想过河，必须自己亲自下水。
那么请允许我和众位伟大的灵魂离别一会，
等我回来，我愿意继续聆听你们的妙音。

等你回来，或许已经是世界末日了，
你那里还能等得到我们，
尼采说。

诗人听了症了一下，
有点疑惑不解和若有所思。
等会诗人回过神来说，
那么好吧！各位，
前方的路既然铺开，
无论是鲜花铺地，还是棘刺满目，
只要心存相信，总有奇迹发生，
再见，各位伟大的灵魂，

希望，一切安好。

你的语声飘荡在我的心里，
像那海水的低吟之声，
缭绕在静听着的松林之间，
我的朋友。
灵魂山上走来一个高大的老人，
他神情严肃，
坚定执着的脸上闪现出伟大的光彩，
深邃的眼神放射出明亮的光辉。

啊！我的朋友，
你像飞鸟一样来到我们身边，
天空却未见到你飞翔的翅膀，
感谢你的来临，
听说你已重生不在灵魂山了，
我们好久不见，
拉宾德拉纳特·泰戈尔先生，
毕达哥拉斯微微倾身说着。

在哪里找到了朋友，
我就在那里重生。
朋友就像飞鸟，
那里有天空和大地，
我就停留在那里！
你好，我的朋友，
听说这里来了我们的同行，
所以我来此，
并且有一物想赠予你，
泰戈尔对诗人说。

这里面有我对神灵的敬语，
是我在游历恒河的时候所见所想，
请见到我的神灵后，敬献给他。
请告语我的神灵，

"美呀，是在爱中、善中找寻，
不要到你镜子的谄谀中去找呀！"
说着递给诗人一块闪闪发亮的镜片。
造物主把像你这样的人派遣到这里来，
是要你担负一定的责任的，
泰戈尔意味深长的说。

谢谢你的馈赠，
伟大的哨兵，
在那道德凋敝的年代，
你守护着仁爱、欢乐、自由的伟大理想，
我会牢记在心。
那么各位伟大的灵魂，
我们暂别一会，
看看事物的发展会偏向哪里。诗人说

荷马说那诗人啊，既然在此相遇，
我有一物相送，
这是我在俗尘柱路用的木杖，
或许你在这里会有所用处。
此生如临深渊，欲望也星光满天，
你要小心地走过去，不要旁顾，不必多言。
你是特殊的灵魂，
荷马意味深长的说。

诗人凝望荷马那双布满尘世，
青筋毕露，瘦骨嶙峋的手，
荷马用食指指尖触碰诗人的指尖，
在指尖即将触碰的瞬间，
诗人感知到细微的温度和力量，
然后，无语接过木杖，
荷马的眼神里闪现着希翼的目光，
然后众人散去。
诗人开始沿那悬桥，
向那城门走去。

从那悬桥之上向下望去，
令人目眩神迷，
冲天的火，凄厉的叫声，
痛苦的哀嚎，妖兽吞噬肉体的撕裂声，
这里真是不幸，
他们之中不知是否人人都是罪有应得。
诗人正想着，走至悬桥三分之一处时，
一声狮子的吼声在诗人的耳边响起，
一个人身狮面的怪兽吼叫着向诗人身上扑来。
诗人着急，这是什么妖兽，
难道还没进门众神就审判我进这狮口吗？？
情急之下，诗人用荷马给予的木杖刺向狮口，
嘴里念着，你这该死的畜生，
不长眼的怪物，难道你能阻挡众人进这塔，进这城的
决心吗？？
你猖狂一时，早晚会坠下地狱，尸骨无存。
那狮面兽看到诗人伸出的木杖，
就像看到烧红的烙铁，
露出惧怕的神情，
它退后几步，然后疾风般的逃离了。
诗人感叹说，妖物怎么能战胜世人，
世人只要一心，管他什么东西都能摧朽拉枯的破除。
于是诗人又走至悬桥的三分之二处，
这时地狱的风呼啸着刮来，
悬桥也抖抖索索的颤动着，
仿佛有不知名的怪兽又来到悬桥，
诗人的心也跟着颤抖莫名。
这个时候，有断断续续的声音隐隐约约传来：
"那远来四处漂泊游荡的魂魄，
为何要踏足来此？"
诗人睁大眼睛，努力抬头向上仰望，
看到悬桥的上端阴影处，
有漆黑的巨大魅影，
卧在半空之中。

"我是懵懂的灵魂，
生前无知，死后无欲，
性无味，情绪反常。
我曾三次鄙视自己的灵魂，
第一次，　当它本可高歌进取时，
却故作谦卑，不思进取；
当它空虚无聊时，却用爱欲宣泄来填充。
第二次，当它自由软弱时，
却又把它认为是生命的坚韧；
当它鄙夷他人一张丑恶的嘴脸时，
却不知那正是自己面具中的一副。
第三次，当它侧身于生活的污泥中，
虽不甘心，却又畏首畏尾；
当它玷污灵魂世界的纯净时，
却又义正言辞，冠冕堂皇。
我魂来自于东方古国，
曾阅看典籍经史，
遍游四山五岳，
尝尽人间百味，
终那日之时，
才悟尘世，
我魂才来至此"。诗人说

"这里是信仰神灵之城，
只有具有真正信仰理念的灵魂，
神灵才会拣选其魂来此。
那人，神有百面，魔有千样，
你只需解读神、魔一面，
即可进入此门。
这里是我的罗马古城，
我生前和死后，
都统治这里，
这是我的信仰之所"。那魅影说

诗人仰头望去，

看到那通天之塔和巴别之城，
像波浪一样，重新分散，聚合，形成，
最后成为罗马城池的幻象，蔚然耸立。

"在当代的历史书中，
罗马只是一座古老的石头城，
城砖是用杀戮，残暴，铁血，丛林
和狼的汁液浇灌而成。
统治这座城池的不是信仰，
至少古罗马的万神庙不是，
而应该是人类的血骨和眼泪，
以及人们的哀嚎。
那是一座痛苦的城，鞭打的城，
被诅咒的城，也是黑暗的城，
就在城里的人们失去希望，
陷入绝望的时候，
但是我们都没有想到在异乎黑暗和肮脏的马厩里，
在古老的石头城里，
竟然诞生了西方人类社会的信仰和神灵"。诗人说

那巨大魅影异乎寻常的沉默，
不置一词。
停顿了一会，
那魅影说，"那人，你的来意是什么？"

"在我们很小、很小的小时候，
在漆黑或者寂静的夜里总是喜欢竖着耳朵，
去倾听外界的声音，
其实说我们在倾听寂静的声音，
不如说我们在倾听神灵的声音。
当我们踮起脚尖试图与神灵对话的时候，
其实我们更想了解的是神灵的世界"。
诗人说

"你来自远方，

有生之年是否愿意成为神的仆人？
你认为神灵的手应给予人子什么？
而人子应追寻神灵的什么特质"？
那巨大的魅影又问

"或许宗教里面应该有一个世界吧，
因为宗教是神灵灌输给世人的，
作为俗尘的人类从园子里跌落地面，
那么大地就是我们的世界了。
人子是受神灵和凯撒双重审判的微尘，
所以人类生活在世俗中，
就受着天际和大地的审判。
人类是作为一个受约者而存在的，
所以为了挣脱制约，
就必须追求，追寻某些事物，
自由，光明，道德，感性，公平，善良等等，
都成为人类毕生所追寻的东西。
我喜欢耶稣的一句话，
虽然我不是基督徒，
他说，"我是世界的光，是照亮这个世界的。"
而人类是寻着这光而来到这个世界自由奔跑的，
所以我们都将成为神灵的仆人。诗人说
神灵是光，也应该是光，
但是神灵也创造黑暗，
当然我并不是说所有的神灵和国王都是黑暗的，
但是用光亮创造自由，
才是人类人性发展的所在，
人类需要受制，
但是更需要自由的受制。
如果宗教不能给人道德，善良，光明的受制，
那么它一定是邪恶的，
我厌恶那种邪恶的明亮"。诗人又说

"那人，进我的门，
就预示着你承认神灵，信仰，

在这个世界的存在，
那么你眼中，
神灵的存在和意义，
在于何处？
你又是如何认知那"流血"之人的？"
那巨大魅影问

"相对而言上帝（神灵）在世人眼中是抽象的，虚幻的，
当然对于虔诚的基督徒而言，
他却是具体的和真实的。
世人对于上帝（神灵）的理解于否，
更多的是把目光放在上帝之子耶稣在世俗的流血上面，
基督宝血流失的意义，
更多的让人们明白基督信仰的涵义。
我想（信仰）宗教应该和政治有莫大的关系，
政治不是国王的专利，
因为人类所有的美德，善良都和他息息相关的信仰有关，
所以我生前在发疯、疯狂的呓语中，
歌颂了光明和光线，
鞭打了黑暗和奴役，
要知道神灵也是爱自由的，
更不要说微小的人类了。
哪怕有时候自由像一条野狗一样，
也不能被神灵所剥夺。
我生前喜欢了解宗教，解读神灵，
更进一步的我乐于用自己人性的视角去诠释宗教和神灵，
以及诠释人本身存在的意义"。诗人说

"那人，
你所认可和认知的信仰应该是什么？"
那魅影又继续问。

"很多人可能并不知晓信仰是什么？
什么是信仰？
我所理解的信仰指的是：
具有宏达殿堂的微小巢穴，
温暖、明亮，微风吹着 ，
花朵开着，四周弥漫着迷人的芬芳。
内心的湖平静的没有涟漪，安静祥和，
我仰头靠近神的手掌，
就像懵懂的野生蚂蚁一样。
而神灵慈爱的看着我，
眼眸中透着星光"。
诗人说

"请给我一个打开这城池的理由，
和你进入此门的原因，"
那巨大的魅影说。

"基督教会在这古老国度存在了很多年，
从大航海时代你们就试图解读这张古老的面孔，
那个时候出于经济利益宿主的原因以及基督信仰的
原因，
你们带来了暗，也带来了光。
当然在文明逐步发展和完善的今天，
你们的信仰愈来愈普世，
利益宿主愈来愈单薄，
人类在不停的进化着，
神灵宗教也在不停的进化着，
从中世纪的黑暗时代，
你们走到光明，而且愈来愈明，
罗马时期的基督之血你们并没有白流，
你们也愈来愈自由。
但全世界所有的人都是为追寻自由和光明，
而存在的。
无论那基督（信仰）是不是我们的光，

我们都会不停的走下去，
和神灵在一起，接收他的信息，
因为可以给我们力量。
我很乐意和你探讨关于人类和神灵，人类和宗教，
人类和光明、自由的问题。
虽然很冒昧，我打开了这一扇窗，
不知神灵会不会打开他的门。
再一次向无时无刻没有抛弃我们的神灵（信仰）祈祷，
也向神灵在人间（城池）的代理人（魅影）致敬，
请用人性的眼光看我，
就像上帝用神性的眼光凝望人类。
我一直坚信，
信仰应该和人类的自由和爱有关。"
诗人说

那巨大魅影叹息一声，
露出巨大的真身。
"我，便雅悯，雅各之子，
我父评判我为：
一只撕掠的狼，
早晨吃他所掠夺的，
晚上分他所掳获的，
我具有念兽掠夺般的能力，
是为吞噬之狼。
我生前用乳汁之根，
养育了罗慕路斯和勒莫斯，
缔造了新罗马，
开启了万神之殿，
衍化了后来"信仰的新生和救赎"。
那人，你愿进此门就进，
不愿就不去，
人类生前有磨难，
死后亦有历练，
全凭自己的意愿"。便雅悯说

于是那城池和高塔，
又像波浪一样幻化成为原来的模样。
诗人继续沿着悬桥来到那涂着黑色铁门尽头前，
凝神看顾左右铁门上铭刻的字迹，
只见左铁门上写着：
勿启斯门，勿扰神灵，
无端启动，心魔顿生。
而右铁门上又写着：
汝之凝视，是众妙之门，
速至于此，与吾相会。
诗人停顿步伐，踌躇不前，
啊啊，我该如何抉择自己的脚步，
命运之神，已经开启大门，
我又该何去何从？
神啊，谁又能给予我一些启示和指引呢？
此时，悬桥下响起乌鸦鼓噪的叫声，
像黑夜的死神呼唤往生的灵魂。
啊啊，连地狱不洁的鸟，
都嘲笑我的胆怯吗？
我往日的勇气又去往了那里呢？
既到此，不来此，
我往此来复，如复返，
又何意义呢？
啊，我想我就要进此门了，
不知道这门内的景象如何，
众神是在安卧，还是在清醒，
不知里面是否有铺陈华丽精致的大睡椅，
旁边的金桌子上是否有永不熄灭的神灵的灯？？

门被诗人推开，大殿内似乎空无一人，
漆黑不见五指，随着塔外闪电霹雳的轰击，
诗人隐约从神的天国看到地狱的景象，
黑暗的无底坑，有不死的虫和不灭的火焚烧，
地狱的魔王用炽燃锯斧沿线锯割人们的肉体，
让血肉淋漓内脏横流，使人昼夜永远受痛苦；

其中众生被如羊头状的两座山猛烈撞击碾碎，
或在巨大铁砧上被铁锤锤打，或在铁臼中被碓磨成泥，
骨肉尽碎血流成河，于哀号惨呼中复复生死；
其中众生皆在炽燃铁屋，
睁大凸怖之眼，强忍剧苦惊号狂奔，
但十方毫无出路，因绝望痛苦而惨厉哀叫；
其中众生不仅被烤炙燃烧刺贯割截，
且被狱卒用炽热铁水烊铜灌口，
顺次烧融喉舌内脏后溶液混着血肉从九门流出，
又被三叉戟从肛门纵贯身体刺穿头顶双肩，
之后又往伤口中倒入炽红溶液，惨不忍睹；
在高广二万由旬的铁屋里猛火常劫不息，
无数巨大铜锅中充满沸腾的铁水熔铜，四方都有猛火
燃烧，
其中众生被煎熬烧煮翻腾搅拌，
由内而外皮肉骨血处处与熔浆炽火混为一体，
其剧苦刹那不停直至劫尽，其后又由业风吹拂而复生。
诗人战栗惊悚说这是神的殿，还是魔的狱，
我是否推错了门，踏错了地？？

诗人说完，大殿内景象明亮起来，
地狱的幻象如流水一般消逝。
这里当然是神的殿，不是魔的狱，
远来的诗人，你刚刚看到的是众神的炼狱，
凡有罪业者，皆投入此中，
往复炼化，不循不止。
诗人这时候看到在大殿内四方都有人像，
在大殿的西北部有一人，
清瘦的面庞，披散的长发，络腮的胡子，深邃的双眼，
肩扛十字架，头顶光环。
大殿的西南部有一人，
无法看清面容，身穿长袍，衣服整齐，
只是在衣服的下摆绣有新月般的标志。
大殿的南部似有似无有一人，
形体虚幻，五彩流动，

宝象庄严，神情慈悲。
在大殿的上方、四周好像有无穷多的神灵，
遍布整个神殿。
诗人惊叹着走上前，
毕达哥拉斯曾对我说过，众神不是一，而是数，
我还不解其意，看来众神是众神，不是单一。

在基督徒眼中耶稣是真神，
在伊斯兰徒眼中，穆罕默德是真神，
在佛教徒眼中释迦牟尼佛是真神，
每一个人都是真神。
每一个神都是唯一的，
这就像是在恋爱的人眼中，
彼此都是唯一的一样，
你的唯一并不能妨碍别人的唯一存在。
基督看出诗人的疑惑，解释说。

我不明白为什么会在众神的居所，
看到地狱的景象，
是否审判日即将到来？？诗人问

神灵和魔王一线之隔，
撒旦是因为骄傲及贪欲和我父一线之隔，
伊卜里斯是因为聪明及强横和安拉一线之隔，
众神众魔一线之隔，
先看到魔，才能看到神，
镜子有阴面和阳面，
月神有盈就有亏。
远来的灵魂，听说你在塔外记妄言诗，
述巴别城，要把人子的脚踩到神灵的禁区，
为什么你会这样认为？？？基督神灵问

诗人向基督致意鞠躬，微微低头，
我不解的是，众神的审判为何而来，
如果人有罪，为什么当初不把人类创造的完美，而让

他们犯罪？？
为什么众神把人类赶离园子，
又利用天国来诱惑他们，
这和四足的蛇诱惑亚当的肋骨有什么区别？？
为什么不能直接把天国给予他们，
而要用天国来奴役世人服从你们的意志？？诗人问

什么是天国，天国在哪里，
不经过流汗，你是否觉得食物甜美，
不经过攀越，你是否觉得山高。
众神轻易施与的事物，你们是否会珍惜，
你们轻易得到的事物，是否会在乎。
人不完美，神也不完美，
完美是人和神的一种诱惑，完美并不存在。
制造众神的宇宙是完美的吗，
太阳中的黑子，你们能剔除吗，
你们的尾巴全部斩断了吗？？
天国是人们内心善的象征，
而地狱却是惩恶的代表，
我从来没有听说过众神拿善良去奴役世人的，
被奴役是因为人们的内心有恶，
不辨是非，不解意识，
他们是被世俗奴役，而不是被神奴役，
神灵不是暴君，神灵是守护者，
那些奴役世人的神灵，是世俗的恶神，
恶的神和善的神一线之隔，
并不是我们。神灵说

那么神就不用承担任何责任吗？？
神就任凭自己的子民受苦受难，而不去施救吗？？诗
人问

神承担神的责任，人子也要承担人子的责任，
所以每一世的众神审判，神都必须要流血，
而人子的灵魂也必须聚集在这里进行宣判，

当神的血和人子的血流经一处的时候，
预示着宣判完成，誓约建立，
上天国的进天国，下地狱的下地狱，
无一例外。神灵说

大殿的西南部那先知的灵魂穆罕默德苦笑说，
每一次众神的审判，人子们首先诘问的都是我，
似乎我的教义在人间划出血腥的红线。

诗人说，你敢说那不是你的教义所画的吗？？
你敢说那不是你的教民所为吗？？
你敢说你没有奴役世人吗？？
你让人子们五功三拜，人子们敬服膜拜于你，
强化你神的位置和不可置疑的权威，
奴化人们的自由意识，
你对外排斥外教和普世文明，
对内用石刑处死不敬服你的人子，
你建立神的绝对权威和王的绝对统治，
你有什么可辩解的？？？
至少我们没有看到一个犹太人，去毁掉别人的教堂；
至少我们没有看到一个犹太人，用杀人来表达抗议；
至少我们也没有看到一个佛教徒，
去烧毁清真寺，去杀穆斯林。
只有穆斯林，只有你的教徒，
用烧毁人家的教堂、杀人，来捍卫他们的信仰。
教义宗旨是引导人向善的，
没有要么信我，要么去死的教义。
宗教神灵是做人哲学，可以作为智慧来源，
好宗教是引导人向善的，
好的神灵是给人守护和慰藉的，
打着宗教的幌子为人性阴暗面开脱，
并去实现个人野心烧杀抢劫，就是邪教，
打着神灵的幌子让他人血流成河，就是恶神。
你可以有自己的信仰，自己的神灵，
可是不能伤及无辜。

否则，你的一切都是孽！
伊斯兰你在要求世人尊敬你们之前，
必须问自己，可以向世界贡献什么？？
穆罕默德你在光大你的教义之前，
要问自己，你为人类做出了什么？？
你在这个世界用血划了红线、红线。

那人子，你应知晓
暴力、杀戮并不是我建立教义时的目的，
恰恰相反我所要倡导和建立的，
是人心中的敬畏和仁爱，
信道者、犹太教徒、基督教徒、拜星教徒，
凡信真主和末日，并且行善的，
将来在主那里必得享受自己的报酬，
他们将来没有恐惧，也不忧愁。"（古兰经 2：62）
我曾亲口告诉人子们摈弃狭隘的宗派观念，
只要人心向善，人类的归宿就是天堂。
我还亲口告诉人子们全人类都是阿丹的子孙，是手足
兄弟
——无论人类是相互仇恨，还是相互关爱，
这一种血缘关系是永远无法改变的。
我在解放麦加的时候，仅仅处死了四个罪大恶极的敌
人，
而数以万计手上曾经沾满穆斯林的鲜血，
在战场上与穆斯林刀刃相见的多神教徒被释放，
我对他们说："今天，你们获得自由了！
如果你们愿意归依伊斯兰，
那好，你和你的人民将和我们兄弟一样；
如果你们不愿意那样做，我们决不强迫。
你们绝不会受到伤害。
我们会友好地对待你们。
如果连这一点你们仍不能接受，
那就让我们战斗，由真主来决定。
我发誓伊斯兰历史上没有过类似于中世纪欧洲那样
野蛮的宗教裁判所；

没有过类似于天主教对异端分子的烈火焚烧；
尽管穆斯林军队曾经驰骋于欧亚非三大陆，
但没有发生过任何一次类似于蒙古军队和基督教十
字军那样对无辜平民的屠杀
——我们让被征服地的人民自由选择自己的信仰，
获得人身安全保障的权力。
我的仁爱、和平才是伊斯兰教真正的教义。穆罕默德
说

诗人凝望着穆罕默德的灵魂，
那里隐隐约约的站了许多的灵魂，
看到他的身后聚集了众多不属于伊斯兰教义的魂魄，
都是被极端伊斯兰斩首的灵魂，
他们中有美国人彼得卡西格、史蒂芬·J·索特洛夫、
史蒂文?索特罗夫、
英国人艾伦·亨宁、戴维·考索恩·海恩斯、日本人
后藤健二、汤川遥菜，
还有中国人樊京辉，
还有911中，众多死难者的灵魂，
穆罕默德说，我已经审判过他们的灵魂，
他们无罪，而杀人者有罪。

诗人愤怒的说，
这样有什么意义，血已经流出来了，
肉体已经湮灭，你的无罪对于他们的——
孩子、妻子、亲属有什么值得炫耀的意义吗？？
你的教徒是秉承你的教义而杀人，
罪应该算在谁的身上，血应该由谁流出？？
这一点我比谁都清楚。

勿杀孩童，勿杀老人，
勿毁寺庙或教堂，勿毁房屋，
勿杀逃兵，勿杀妇女，
勿杀病患，勿杀僧侣或牧师，
勿辱逝者，勿杀动物（食用除外），

善待并供食俘虏，勿强迫他人皈依。"
这就是伊斯兰，诗人啊，
你可以按照这个标准去衡量那些人是不是穆斯林，
是不是我的信徒？
穆罕默德说那诗人你是否愿意听我的宣判后，
再进行议论。

诗人低头不发一语

穆罕默德说，
秉承我教义的教民啊，
我在众神的天国中向你们诉说我的喻义：
我让你们建天上的国，不是建地上的城，
地上的人们要和睦，互敬互爱。
你们将他人的灵魂和生命献祭于我，
我不需要，我告语过你们不得杀人，
将来有一天，你们流他人的血，
我会流你们的血，
你们将不得进我的门，
你们连被审判的资格也将失去，
我会直接仍你们进入火狱。
是谁告诉你们我的教义是用来杀人的，
我的宗教是用来审判的？
异教徒是我们的朋友，不是敌人，
如果他们作恶，自然有我来审判他们的灵魂和肉体，
你们如何敢借我的手，借我的口，借我的眼，
去剥夺他人的生命。
或许你们会问，不杀死罪恶的异教徒，
我怎么审判他们的灵魂。
我告诉你们，你们在俗世的生命从衍化到腐烂，
在我眼中只是一瞬，
你们的生命在我弹指间就会消亡。
所以我只要被时间消亡带来的完整灵魂，
而不是你们杀戮送来的灵魂。
把人杀死，然后让我定罪，难道你们想让我做不义的

人吗？

把人杀死，送到我这里来，难道你们认为我操控时间
的能力不如你们，

或者你们认为自己是神灵有能力把时间放在我的前
面吗？

你们如何配让你们的时间和我比齐，

我只要完整的灵魂，被时间一瞬带来的灵魂，

不要你们杀戮送来的灵魂，

告诉你们，我会审判他们，但是在我审判你们之后。

穆罕默德又说，

秉承我教义的教民啊，

我在众神的天国中向你们诉说我的喻义：

没有什么伊斯兰国，

安拉的国从不在世俗的大地上，而在崇高的天际，

真正的伊斯兰国在安拉居住的天际，

所以你们要宽容那些异教徒和不信奉安拉的人们，

要容忍他们，帮助他们，要和他们和解，

用善意和安拉的教义去感化他们，

而不是要伤害他们的肢体，杀戮他们的生命，剥夺他
们的灵魂。

安拉之神从来都不是一个残暴，嗜血的神灵，

安拉之神容忍一切，包容一切，甚至他的敌人。

为什么你们在大地上却要做出嗜血、杀戮的事情
来？？？

有一些教民披着伊斯兰的外衣，

却做出信奉魔鬼的事情来，

他们叫嚣要建立纯净的伊斯兰国，

却将杀戮的罪名祸至安拉的名下，

我告诉你们这些伊卜里斯嗣下的魔鬼，

凡是在做邪恶杀戮，恐怖残杀，

流他人之血，伤他人之肢体，灭他人之魂魄前，

叫嚣真主之名的，

我必定扔他们进火狱，

用最惨烈之刑罚审判他们。

因为你们从来不是安拉真正的信徒，

安拉从来不会让你们去杀人，
安拉只会施福于那些善良的人，
而不是你们这些手上沾血的人。
你们手上沾血，我自然会审判你们，
安拉的天国中有流蜜的河，流奶的溪，
没有给你们净手的水，
手上有血的人，一律不能进入安拉的天国，
天国里没有你们的一席之地，
连一寸之地，一毫之地都不会有，
相反你们会坠落火狱，
整个火狱都是你们的，
你们会在无边无际的火狱中永生永世的备受煎熬和
火炙。
如果你们手上沾染不义的血，
就得永生永世的接受安拉的惩罚。
记住，不得杀人，
那些经你们沾血的手送来的灵魂，我都会宣布无罪，
这是安拉让我传给你们的旨意。
我也告谕于那些真正信奉安拉教义的伊斯兰人，
你们要和那些魔鬼划清界限，要反抗他们，
要用安拉的荣誉和他们斗争。
将来有一天你们在天国的位置，一定会高于众人。
那些伊卜里斯嗣下的教民，如果你们幡然悔悟，
安拉也会接纳你们，
但是你们一定要洗净手上的血，恕下你们的罪，
以换取安拉对你们的接纳。

诗人说，神灵啊，决定他们流血的都是信奉你教义的
人，
年年流血、年年杀人、年年审判有什么意义，
你难道不想想如何凝固他人的伤口，
如何让那刀子消失吗？？
决定他人流血的是你的信仰体制，
而不是其他。
你把神的权给王，又把王的权给神，

你建立了一个神神的权威和王王的统治，
在神和王没有分离之前，
在神的权威没有变成神的守护之前，
他人的流血都会归在你的身上。

诚然，诗人，在我生前我既统治人们的肉体，
也统治人们的灵魂，
因为在我建教之前，还没有统一的伊斯兰国家，
那时候都是混乱的部落和纷乱的人群，
当我的教义建立后，神出现了，王也出现了。
因为神的教义需要王去实施，
人们的灵魂需要肉体去承载，
王需要呈现在地上，才能映照在天上，
所以神和王一起统治伊斯兰的世界。穆罕默德说

那么神灵啊，你应该怎么做？？
难道不应该分离它们吗？？诗人问，

穆罕默德说，
秉承我教义的教民啊，
我在众神的天国中向你们诉说我的喻义，
请听我的言语：
俗世的灰尘怎么配沾染我的灵魂，
因为那时我在地上找不到王，
所以我暂时替代你们的王，
我是一体双神，神神和神王。
当我升入天国的时候，我的灵魂没有留下，
因为我的灵需要站在审判台上，
我把我的教义留给你们，
我不在承担做你们的王了，
你们如果不成熟，不长大，
你们将永远无法做伊斯兰的合格子民，
你们不能永远让我在俗尘里福音你们，
我是最高神安拉的使者，
我的灵魂要回到安拉那里，

不在俗尘你们这里。
你们需要自己寻找你们的王，
你们需要自己选择你们的王，
你们需要自由之王。
当那王无法带领你们，领导你们的时候，
你们就重新选过，进行循环，
直到我天国的灵魂下来为止，
或者你们在俗尘中可以选择到你们敬服的王。
记住，在我离开的时候，
在我的灵魂进入天国的时候，
在我步入审判台的时候，
一切都应该分离，王的归王，神的归神，
肉体的归俗尘，灵魂的归天国。
王掌管人们的肉体，神掌管人们的灵魂。
尘归尘，土归土，不得结合，
你们能让尘和土黏合在一起吗？
你们能让天和地黏合在一起吗？
凡是把王的权和神的权结合在一起的，
你们要警惕他们，你们要反对他们，
因为那不是我的旨意，
我没有把灵魂分一半给他们，
我的灵魂在天界，在审判台。
那些凡是不给你们自由意识到王是错误的，
那些凡是奴役你们的神都不是真神。
那诗人，你还有什么疑问吗？
穆罕默德说

伊斯兰的先知啊，你的子民像奴仆，
终日生活在黑纱下面不见天日，
你的女仆在幼小时就需要进行痛苦的割礼，
你的石头染血，每一块石头上都染有鲜血，
你的子民分成两派甚至许多的派系，
他们乐于互相残杀，互相争斗，
你的子民会在未成年之时被鞭打、侮辱、砍头
请你一并告知他们。诗人说。

穆罕默德又说，
秉承我教义的教民啊，
我在众神的天国中向你们诉说我的喻义，
请听我的言语：
伊斯兰的人子们，请爱你们的母亲，
是安拉创造万物，是母亲创造你们，
所有伊斯兰的母性，都是我的分身，
是安拉创造了你们和世界万物，
孝顺，供养你们的母亲，就是对我的认可。
伊斯兰的母性们，我惧怕自己的分身被他人认出，
我惧怕欲蛇贪渎你们的美丽，
所以我命令你们终身在黑纱下行走。
现在我已经告谕世人，而欲蛇也被我禁锢，
伊斯兰的母性们，我准许你们穿女性化服饰，
而不必在黑纱下行走，
你们可以用自己最圣洁的脸孔和最美丽的心灵，
奉献给真主，
你们的美好的身材都是安拉的赐予，
安拉并没有让你们紧紧的包裹自己的一生，
因为大地是用绿色点缀的，
而不是用黑漆的纱。
但是伊斯兰的母性，
我告知于你们，
你们在斋戒、礼拜、安拉节日的时候，
必须着安拉告诫你们所要装扮的服饰，
这一点不得违背。

伊斯兰的女性，我再告知你们，
割礼是人和神建立誓约的礼仪，天上的彩虹为证，
你们由神创造，
神不忍心自己的子民流血，
现在人和神不需要带血的誓约了，
你们的先人已经流过血，
替代你们完成了仪式，

我们需要建立无血的誓约。
而伊斯兰的婴童，我给你们割礼，
是为了让你们欢娱你们的丈夫，欢愉自己，
现在这种欢愉权利将由你们自己决定，
你们可以选择，也可以不选择，
你们的丈夫可以选择，也可以不选择。
假若有不实现割礼的男男、女女，
你们必须从身体上摘下另外一部分献给安拉，
以完成誓约的结束，
伊斯兰的子民我允许你们割（头）发代誓，割趾（甲）
代约，
你们务必在三个半月内完成人和神的誓约。

伊斯兰的人子们，是谁告诉你们两性是被禁止的，
伊斯兰世界的伟大复兴，
在于种族的延续和人们的繁衍生息，
没有根系的大树，如何继续生长。
男子破处，女子失贞，
如果他们在发生行为之前，
告语于安拉说，
"神啊，你的男男和女女为繁衍伊斯兰教义和子民的
延续，
你的男男和女女在法定的婚嫁日内，
我们真心相爱，真心的侍奉真主，
我们手拿安拉赐予的古兰经在此告语与安拉，
我们的相爱，没有背离于真主，
愿安拉保佑他的子民不受他人的侵害。
凡是完成安拉和人的约定的，
你们就不得处罚，
一滴血都不得让他们流出。
凡偷奸者，失贞者，
绝对没有什么荣誉处死一说，
因为我不予可，
他们的罪，她们的罪，
自然会有俗世的王用律法惩罚，

你们为何胆敢用私刑处决我的子民？？
伊斯兰的众人啊！
如果你们胆敢眼睁睁的看着伊斯兰的母性流血，
而不去施救的话，
那么无论是施暴者，还是旁观者，
你们都将统统的滚到地狱的火湖之中，
被烈火焚烧。
我告诉你们，
凡是有罪的，需对他人的惩罚都交予你们的王处理。
但凡是流他人之血的人，
将来有一天安拉必定流他之血，
其灵魂也会永恒的消亡不在。

信奉安拉的子民啊，请听我的言语，
是谁告诉你们我和我的后人，
我的亲属是对立的，不可融合的。
我之后的教义纷争，
就像是一棵大树的分叉一样自然，
我是那大树的根系，而不是那分叉，
我既站在逊尼派身边，
也站在什叶派身边，
因为两派都是我的枝叶，
所有崇拜安拉教义的教民，
我都无一例外的站在他们身边，
是安拉创造了这大树和树上的枝叶。
万树非树，唯有根系。
两派都在宣扬我的教义和灵魂，
你们如何敢互相仇视和杀戮，
窒息我的根系，让我的灵魂流血。
难道你们不怕我的审判在你们的头顶展开，
我不允许你们互相仇杀，
否则你们的灵魂将通不过天国。
你们要和睦，
我告诉你们凡是到达天国的子民，
逊尼派要牵什叶派的手，

什叶派要牵逊尼派的手，
我允许你们两两进入天国，
凡是单个的逊尼和单个的什叶都进不了安拉的天国。

信奉安拉的子民啊，请听我的言语，
神在安静处，在润物处，
你们不要在公共场合喧哗，
不要大声的吵闹，
只有孩子们的童声除外，
因为我喜欢那婴儿的啼哭声，
这预示着伊斯兰的力量又壮大了一分，
一切生命都是神圣的，
任何生物都是显示神的存在的伟大生命链条上的一环，
我为那婴儿的啼哭而欢欣，
我会为那婴孩祈福，
你们在内心的祈祷我可以听见。

俗世的王，我告诉你，
我不要幼小羸弱的苗，
不要哭泣流泪的苗，
未成年的婴童、幼儿，
你们要宽待他（她）们，
不要伤害他们，侵害他们，
他们犯错误的时候，
你们要指导他，牵引他，
只要不是十恶不赦的罪，
就不要让他们流血、死亡。
要对那些安拉的仆人宽容，忍耐，
要救助她们，帮助她们，
而不是让她们沦为黑暗的墙。
我告诉你们宁可放跑十个有罪的人，
也不要冤枉一个无辜的伟大的伊斯兰女人和男人。
因为安拉明白一切，明察一切，看透一切，掌控一切，
有罪的人可以逃脱凯撒的鞭子，

但是躲不过安拉的火域和惩罚。
有罪的人可以逃脱世俗国王的眼，
但是他永远躲不过至高神安拉的眼。
世俗的国王，以及秉承安拉教义人间的代理人你们要
饶恕那些无辜的人，
因为她们具有安拉的福报和佑护，
对那些有罪的人，也网开一面，因为安拉会亲自审判
他们。

俗世的王，我告诉你，
如果他们犯下大错，
也要教育和告知他们，
用律法来处理他们，
不要用割头和石刑对待他们，
我的石头当初是砸向失贞和不知廉耻之人的，
现在石头在我离去之前，
已经封存，任何人不得使用，
而割头流血更是不允许启用，
这两样刑罚我现在已经收回，
最高神安拉也禁止你们继续使用，
凡继续用这两样残忍刑罚对待安拉子民的侩子手，
你们至那一日一定会领受安拉的审判。
如果你们胆敢不遵从我的话语，
那么这些刑罚我将首先施与你们的灵魂之体上。

俗世的王，我告诉你，
你要爱惜、爱护你的子民，
给予他们衣食、房屋、住所，
洁净的水，成群的羔羊，
不要用高昂的税率榨取他们，
不要让你的士兵侵害他们，
不要用严苛的刑罚惩罚他们，
给予他们自由的天地，
给予他们自由选择的权利，
无论他们做什么，

你都要弯下腰去倾听他们的心声，
只要他们不违背安拉的旨意和世俗的大地律法，
你就不得违背他们，
因为你是神灵首肯在大地服务的王，
而不是统治的王，
将来有一天你在天国的位置，
一定会高于他们，
你在大地所流的汗和血，
安拉都会记得，不会忘记。
鞭刑，石刑，砍头，谋杀，
那些对自己人们不宽容的世俗国王和精神领袖，
你们将失去自己的国和自己的人们。
那些敢于反抗世俗国王和世俗精神的人们，
你们将成为新的国王。

信奉安拉的子民啊，请听我的言语，
真正的伊斯兰人，
信奉安拉真神的子民，
还有世俗的王，
是时候站出来捍卫你们伊斯兰的荣誉了，
你们要互敬互爱，要爱惜生命，
要反抗暴力，要容忍不洁，
你们要和那些极端的、原教旨，
号称纯洁的，借着安拉之名施恶的群体，
进行战斗，
不要受他们的意识蛊惑，
他们的手上沾染的有不义的血，
如果你们继续选择让他人流血和死亡的话，
或者你们继续旁观和容忍他人流血和死亡的话，
如果你们不在我的教义之中增添仁爱，宽恕，自由的
话，
我发誓将来审判日的那一天到来之际，
安拉的天堂里将不会存在任何一个伊斯兰人。

信奉我教义的子民啊，请听我对你们最后的言语，

我告诉你们，要宽容，宽容，宽容你们的敌人，
要善待，善待，善待你们的亲人，父母，孩子，姐妹，
朋友，
还有身边的陌生人。
因为安拉自会明察一切，审判一切。
众神的审判即将展开，
我不忍心你们坠入火狱，
请你们牢记我的每一句话，进行奉行，
切勿置安拉的教义而不顾，
到那时大祸临头，
将会受到万劫不复的炼化。穆罕默德说

诗人说，伟大的伊斯兰教，
现在我向你致敬，
我敬服你们的先知，你们的真神安拉，
愿他们万寿无疆，永远将他们的福音庇护于你们。
万物见证他是养育之主，
万人承认他为神明主宰。
人类只有顺从他才会成功得救，
只有屈从于他的伟大才能获得尊严，
只有依靠他的仁慈才能变得富足，他是至强至恕的主；
我见证先知穆罕默德是主的仆人和使者，
是最优秀的使者、启示的保管员、
主与众生之间的邮差，
安拉在间断派使之后委派他为最后的使者，
用他开启盲眼、聋耳和封闭的心，
愿主永远无量地赐福安于他和圣裔及全体圣伴们！
愿安拉永恒！伊斯兰永在！！

但是，伊斯兰啊！
我还是要告诉你，你所创建的世界——
伊斯兰世界需要一场批判，一场深刻的批判。
只有激烈的批判伊斯兰教在世俗的神权，
才能提升伊斯兰在天国的位置。
就像欧洲中世纪后期的人文文艺复兴，

对上帝的批判一样，对世俗上帝神权的激烈批判，
并没有影响上帝在基督徒心中的地位和位置。
伊斯兰教在地上不要看作是一个神灵之教，
它应该是一个世俗之教，大地之教，
它不应该是神灵用来脑控惩戒世人的宗教，
而应该是经由人类内心柔软的心，
像孱弱的水汩汩而出的人性宗教。
因为一旦宗教带着强迫性去让别人强行皈依的时候，
原本温和的人就会变得极端起来。
那些极端的人他们所理解的教义，
恐怕真的到了死亡的那一刻，
也不会会真正理解其中的奥义。
要把安拉的教义从心里流淌出来，
而不是从脑子里出来。
要用感性，热爱，善良，宽容，正义，
公平的眼看安拉，
而不是用理性的，不容置疑，束缚的，鞭打的，权威
的眼看安拉，
记住对神的信仰要出自人心，人性，
而不是出自头脑和残杀。
须知安拉赐予我们的信仰是用来约束自己的，
而不是用来制约、奴役甚至残杀别人和统治这个世界
的。
伊斯兰，伊斯兰请善待这个世界，
请善待你的敌人，
请善待你的父母、子女、亲属，
和一切这世间和你息息相关的万事万物，
安拉自会洞察一切，裁决一切，审判一切。
伊斯兰当有一天你的人性信仰站立起来的时候，
你一定会成为这个世界最伟大的民族、最伟大的国家，
没有之一。

诗人走向大殿的西北部，面向十字架站立，
曾为众人流血的神灵呀，
你的血是否是纯净的，

如果是纯净的，为什么你的血没有洗去众人的罪孽，
你为众人赎罪，可是众人依然在犯罪，
流血的目的是什么，你的血是否白流了？？
你是人还是神，你的复活意味着什么？？

基督说，那诗人，神灵的血只为信神的人所流，
不信我的人，我怎么可能洗去他的罪孽，
他们的罪孽怎么可能归于我的身上，
我和世人的血都是一样的，没有纯净之分，
救赎他人不在于血的纯净，
而在于心的纯净。
有信仰的心就一定有信仰的神，
心中普爱，世界自然普爱，
心中有神，自然有神。
复活不代表我的复活，
而是我教义的复活，
上帝的回归，回归人们的内心，
复活的是人们对信仰的信心和对美好生活的信念，
流血不是目的，而是为了普世救人。

又是普世救人，诗人说，
这一套说辞在古罗马时代很是盛行，
可是你的教义取代太阳教后，
你并没有救助过什么人，
你只是给予了人们虚妄的天国景象而已，
在中世纪你布列星辰，手握权杖，
俨然是中世纪神的教皇，
多少神职人员过着糜烂、淫乱的生活，
他们拿着上帝的赎罪券，救赎世人，敛取钱财，
你让多少骆驼穿过你的针眼，你是否知晓，
伟大的基督，你是镀金的吗，为什么你要嗜金如命？
基督呀，如果说你在建教之处，
还存有信仰和对神的敬服的话，我相信，
你们为了信仰，有多少基督徒被太阳王残杀、焚烧，
被投进狮笼，活活被野兽撕裂，

如果说你们还流过一滴血的话，
那一滴血一定是神的血，
可是鲜花广场布鲁诺的焚烧足以抵消你那滴神的血，
基督教只是从一个太阳王到另一个太阳王罢了，
只是太阳王依靠的是铁血和权势，
而你们依靠的是神和神的教义。
诗人说

没有我的身上一个铜板也没有，耶稣分辨，
撩开身上的亚麻布，瘦骨嶙峋的肌体上，
没有一枚铜板的痕迹，只有四处被铁钉戳破的血眼。
他们的金币不代表我，只代表世俗的犹大，
将来有一天审判日的时候，
我会让我的门徒犹大和他的世俗子嗣们吐出所有的
金币。
以血抵血，以血流血，从太阳王到太阳王，
有时候历史的发展惊人的相同，神的脚印也会相同，
当神灵在尘世"湮灭"后，
它在地上的载体必然会消失，
为了继续生存下去，
它必然会依靠地上的王继续进行存活，
所以神权的代理人必然会和王权的代理人紧密结合，
形成共治局面，
当然他们之间也会出现争斗和不满，
但是为了共同的利益他们必然会放弃前嫌，
那么不管神权是否同意，镀金必然出现，
但是他们的金粉没有涂抹在我的身上，
你刚刚也看到了，
我不是太阳王，太阳王也不是我，
耶稣说。

诗人说，那么你就伟大了吗？
伟大的基督啊，
你发源于太阳王的狼人帝国，
你的身体里也一定有狼人嗜血的基因，

基督呀，你可知古罗马的士兵在与迦太基的三次布匿战争中，

迦太基人同自己的庙宇同归于尽，

迦太基的城池和他们的信仰被大火燃烧了六天六夜，

迦太基人被罗马人残杀殆尽，

余留的被贩卖为奴隶，

迦太基人从此成为历史名词。

战争起源于利益，

当罗马人的士兵用巨船承载他们掠夺的金银珠宝回归罗马时，

那罗马人的信仰是否被镀金。

高卢战争，古埃及的托勒密王朝，

都被罗马人焚之一炬，种族被屠戮，财富被掠夺。

信仰成为财富的象征，宗教成为战争的手段，

当然，基督你可以这样说，说罗马人并没有奉你为神，

你不必承担那镀金的恶名。

但是整个中世纪时代众人是否都在供奉于你，

你的名姓是否是中世纪统治的代名词，

为了向东方掠夺财富，你的代理人罗马教皇以收复圣地为名，

组织十字军东征，前后数十次之多，历时近 200 年，

你的教民给你涂抹金粉了吧，基督？？

为了敛取钱财，奢靡生活，你的教皇为那些罪恶的十恶不赦的罪人洗罪，

以"赎罪券"的神意宽恕那些有罪的人，

让他们在罪恶的深渊里继续行进，

那些赎罪卷换来的金粉抹在了谁的身上，基督？？

中世纪之后的资本时期，

你的教民开始为地上的王权摇旗呐喊，

他们拿着你的圣经和十字架，

在全世界交换财富，

用敲诈勒索，战争屠杀的手段宣扬你的教义，

迪亚士在好望角，达伽马在印度，哥伦布在美洲大陆，

还有大不列颠在非洲，美利坚在美洲印第安，葡萄牙人、西班牙人、荷兰人。。。。。

基督啊，伟大的基督再次解开你的衣襟，露出你的身体，
你还敢说自己的身体里没有涂抹金粉，
你的身体也曾被你的门徒出卖，
换取金币和利益，哪里有干净的神灵，
昨天你们通过战争屠杀来掠夺金币涂抹金粉，
今天你们通过贸易、商业、经济来继续你们的把戏，
你们以掠夺的财富建立了高端发展的社会和文明，
现在你们擦干了嘴上的血迹，
过来给我讲信仰和灵魂了。
基督啊，欧洲世界信奉的是你，
你身上的金粉无所不在，
你连身体里流的血都是金色的，
难道你没有看到吗？？
伟大的基督。诗人说

诚然，那诗人啊！
世俗的神灵最终目的都要归结于利益，
因为神灵已经向王臣服，
神灵也需要王的土地来承载灵魂，
所以有许多的神灵在世俗并不是救赎，而是利益金粉，
世俗世界本身就是用金箔纸打造而成的，
神的救赎是死后的事情，在俗尘里过活的神灵，最后
必然向王称臣，
因为神的存在，需要王来输送养分而存活，而王就是
利益金粉的代表。
只有当然当王的权力被人们驯服后，王的权力被人们
关进囚笼后，
那么一切的王权和神权都会向人臣服，人也将站在王
和神的肩膀上，
当那时神的身体上才不用涂抹世俗的金粉。
你说到古罗马时代，我告诉你那诗人，
当真正的基督教徒面临太阳王尼禄的火刑时，
我们没有利益；
当真正的基督教徒被投进罗马竞技场，被狮虎撕裂时，

我们没有利益；
当真正的基督教徒被钉在十字架上，披血流面时，
我们没有利益；
当真正的基督教徒被长矛刺穿，肠出脾烂被引做天灯
时，
我们没有利益，
每一个真正的基督教徒死去的时候，
他们的信仰如地下的岩浆一般，
在内心更隐秘也更强劲地奔突燃烧着，
那时候的他们也没有利益。
人什么时候驯服世俗的王，在说利益的事情吧，
基督说。

基督呀，那么就把你的博爱建立在利益上吧，
就把你的普世建立在利益上吧，
就把你的自由建立在利益上吧，
就把你的教义和灵魂建立在利益上吧，
你难道不害怕用金粉利益涂抹的神像会坍塌吗？？
和你的子民说些什么吧，
说些什么都好。诗人说

基督说，不，当然不，不，
我父，上帝永远不会坍塌。
当你们认为上帝、神灵倒下崩塌的时候，
其实倒下的只是世俗，只是疲软的人心，
他们永远没有看到漆黑之后的黎明曙光，
在星晨寂寥的星空闪烁。
流落大地亚当和夏娃的子嗣呀，你们听我说，
你们的眼中不要只有无耻的利益，
为了宗教利益你们可以出卖我，你们这群犹大。
蒸汽机出现后，工业光魔被你们释放出来，
你们拼命的谋取利益。
你们制造出魔鬼，
却以为制造出神灵，
你们抛弃我，

只为获取肮脏的利益。
我赐给你们的森林，河流，山谷，溪流，平原，万物
都被你们盗卖，
满足你们的私欲。
历来只有神灵才能创造，只有神灵才能制作，
你们认为那魔鬼可以代替我吗？
那反基督者，尼采也高呼上帝死了，上帝死了。
你们还不惊醒和警惕，
你们的眼睛只盯在犹大失落的金币上。
你们海上贸易进行掠夺，屠杀原住民，
你们贩卖黑奴，杀戮印第安人，
以获取他们的头皮为乐。
你们贩卖猪仔，驱赶华工，
你们建立贸易壁垒，提高关税，
你们不生产价值，不创作价值，
你们只剥夺价值，剥夺他人的价值，
你们做在利益的大厦上就像是一只只贪欲的老鼠，
你们这群无耻的人，
你们休想你们的骆驼穿过我的针眼，
因为贪欲的心过不去。
你们是否还记得圣经中雅各用一碗红豆汤换取到以
扫的长子名分了吗？？
因小失大，为眼前小利而放弃长远利益，
你们难道是一群没有脑子的宿主吗？

流落大地亚当和夏娃的子嗣呀，你们听我说，
谁允许你们破坏环境的，
上帝给你们天上的园子，
你们不经他的允许，偷食树上的果子。
所以上帝赶你们出神的园子，
你们就在大地上破坏，大地上的一草一木，
都是上帝按照园子里的景象复制下来的，
这大地就是上帝给予你们的第二个园子，
你们继续破坏园子的话，
记住，上帝没有第三个园子给你们了。

你们不听我的话，上帝会再次发大洪水淹没你们，
不会再有方舟渡你们了，
记住，不要破坏我的园子。

流落大地亚当和夏娃的子嗣呀，你们听我说，
谁允许你们用它人的尸体果腹的，
用它人的皮肤装饰你们肮脏的身体，
用它人的羽毛装点你们的丑陋不堪的灵魂。
你们以残杀它人为乐趣，
你们剥它人的皮，
拆它人的骨，嚼它人的肉，
你们这群脑满肠肥的噬尸者，
难道不惧怕我的审判吗？
我告诉你们，
凡是属于旷野的你们不得介入，
凡是属于驯化的你们可以猎食，
凡是野生的无论是有腿的还是无腿的，
它人的生命你们不得剥夺，
无论是天上飞翔的，
还是海里游动的，
它人的生命你们不得杀戮。
凡是在千万年进化中被你们驯服的，
和你们站在一起，
我不过问，
凡是和你们一起进化，
并且现在一直和你们争斗的，
它们的生命有我的保障。
凡违背我教义的人群，
你们不要妄想乞求我的宽恕，
因为在你们第一次犯罪的时候，我已经流过我的血了，
我已经用自己的血替你们洗去罪恶了。
如果今天你们继续犯罪，
抛弃我的信仰和上帝，
请你们记住我不会第二次替你们流血赎罪了。
你们向我祷告时，

我也不会再去听，
而且我也不让你们的子子嗣嗣再进我的门，
承受我的光。
小心，你们这群野人，
我随时可以剥夺你们的统治权，审判你们的灵魂，
记住，不得杀人，
他人，她人，它人都是上帝创造的，
上帝在创造万物的时候，
曾把自己的灵魂放到他人，她人和它人的胸腔里，
杀人就是杀我，记得我的审判。

那诗人，你对我的审判是否还满意，
基督问；

不，不，诗人说，审判才刚刚开始，
由于历史和神灵的原因，
我们这两块大陆的交集点很多，
基督你的金粉还远远不止如此，
现在我需要和神殿中另外的一位神灵询问，
于是诗人走到大殿的南部，
那莲花闪映之处。

那佛陀呀，生是什么，死是什么，
天国是哪里，净土又在哪里？？
鱼是顺流好，还是逆流好，
人是高处好，还是低处好？？诗人问

那莲花之上玄幻的人影说，
生即是生，死即是死，万物即是万物，
天国在天国处，净土在净土处，天国净土在心处，在
信仰处。
水在那处，鱼就在那处，
水顺鱼也顺，水逆鱼也逆，
心在高处即是高，心在低处即是低，
一切无谓，旨在轮回，

生无谓，死无谓，
鱼无谓，水无谓，
高无谓，低无谓，
顺其自飘零。

那诗人说，佛陀呀，
信仰是给人希望的，
不是让人忍受绝望的，
宗教是给人"生"和希望的，
不是给人死和轮回的。
你让你的教民忍受世俗和暴政，
转世轮回，进入所谓的天国。
你连地上的天国都建不好，
还谈什么天上的国。
人们在痛苦的喘息，
你还在谈什么极乐的世界和那净土，
你面慈心不慈，
你睁眼闭眼不看这一世的世间和这一世的人，
你眼中无人，
心中亦无人。
你不信世俗，
却偏偏在这世俗滋生，
你不爱人，也不恨人，
你不生，也不死，
你的灵魂和教义只在生与死的中间，
你没有出世也没有入世，
你是最大的信仰，你却又不是信仰，
你是宗教，你却从不是宗教，
你是无信之教，无教之神。
诗人说。

佛陀说，那诗人，
你们都认为那一日，
我在生岸看到了生岸，
在死岸看到了死岸。

其实你们都错了，

那一日，我在生岸看到了死岸，在死岸看到了生岸，

在绝望中看到希望，

在希望中看到绝望。

所以我既出世，也入世，

既生也既死，既有也既无，

既虚幻也既真实，

那一日我看到了迦叶，

看到了弥勒，看到了过去，

看到了未来，

那一日我站在现在，

从过去看到未来，

从未来又望到过去。

生命是一个生生不息，

轮回循环的过程，

生死本是一体，有生就有死，

生命衍生也罢，消亡也罢，都是一种定数，

我并没有让世人逃避生命，逃避死亡，

轮回也是一种定数，并不是人力所决定的。

鱼在顺流的时候游，在逆流的时候也游，

游是它的本性，不在于顺流和逆流。

天国不在天上，也不在地上，天国也罢，净土也罢，

都在人的心中，

心中有就一切都有，心中无一切都无，

何必执着于有和无。

入世也好，出世也好，

你以入世的心看我，我就是入世，

你以出世的心看我，我就是出世，

你看我那莲花有人的时候它开，

无人的时候它也开，

难道它还执着于有人和无人吗？？

莲花的本义是不在于你怎么看我，

而在于你怎么去想。

一体两面，左右皆佛，

现实虚幻，上下皆是我，
你的教义只有你一个人懂，
连你的信徒也不会懂你，
世界在你眼中都是荠子，
你的信徒你更不会放在眼中，
他们在你眼中就如同虫蛇蝼蚁，
和那灰尘一般。
你让你的信徒忍受生，
忍受死，
曰：这是定数，
是无法改变之定数。
但是你让你的教民忍受世俗，
忍受世俗的刀，
忍受世俗的暴政，
忍受世俗的强权，
那刀，暴政，强权是否就是定数？？
诗人问。

佛陀说，那诗人，我虽然认为世俗是苦的，
但是我从来没有让你们忍受世俗，
我是让你们改变世俗，
难道你们竟然不明白我的教义，
难道我给你们的提示不够多吗？
改变世俗可以提高你们在尘世的修为能力，
和在极乐世界的位置。
你们难道不明白你们修行十世，修行百世，
如果你们在每一世的结果和行为都相同，
那么我只能认为你们只修行了一世。
我问你们，如果你们过一天的内容是一样的，
过一百天的内容也是一样的，那么你们过了几天？
你们没有去改变世俗，
那么你们在每一世的结果都是一样的。
如果你们在第一天里改变了一些事物，
或者你给了他人精神信念和信心，
那么这一天我算你们一世，

同样力推，在第十天你们就是十世。
如果你们在十世无所作为，
那么我怎么能期待让你们进入极乐世界后，有所作为。
只要改变世俗的人，才能获准进入我的世界。
不能改变俗世的，
我就让你们一遍一遍的忍受世俗的痛苦，
一直到你们自己醒过来为止。
世间百苦，苦由你们自找，
不对他人忍让，哪来的清平世界。
我让你们对他人相忍，
不是对世俗相忍，不是对独权者相忍。
通过对他人的忍，建立一个忍让世界，平和世界，
形成极乐世界的基础。
凡忍让世俗的，不得轮回。
凡忍让独权者的，会坠入地狱。
如果你们活着就是为了等死，
就是为了轮回，
那么你们干嘛还活着？
一个大盗救助一只蜘蛛，
我也会垂下一根蜘蛛丝，
让他攀着丝线从地狱爬回天堂的，
你们做了什么，难道就是为了等死吗？
我不审判你们，
因为你们无罪，无过，无功，无德。
你们不立，不动，无言，无行。
你们无我，无他人，忘我，忘他人。
什么时候你们内心有我，有他人的时候，
并且寻求改变世俗，让他人过的更好的时候，
我才能获准你们进入我的极乐世界。
亲眼见过我的人，不一定能见到真正的我，
但能懂我教法的人，也许能见到真正的我。
我不审判你们，我的莲花会审判你们，
我把这莲花送给你们，你们可以进行自我审判。
今天的改变预示着明天的进入，我的门无审判。
那些掉入地狱的灵魂，是经过自我审判，

才坠下去的。

诗人拍拍手说，原来在这神殿里，
人人都是真神，
人人都是善神，
人人都是美神，
这里真是真善美的天堂呀！
城啊城，我刚才推门进来，忘记这城池叫什么名字了，
原来啊原来，
这城是基督的变乱之城，
是伊斯兰的暴烈之城，
是佛的顺逆之城，
是众神的审判之城。
诗人拍拍那城池墙壁，
仰头望着城池的最高处，
感觉黑暗里还隐着一些神的灵魂。
额，我忘了，那佛陀的起源地，还有三位古老的大神，
创世大神、维护大神、毁灭大神，
南亚次大陆上古老的大神，
请光临神的审判台，
诗人说。

南亚次大陆上古老土地上三位一休的——
创世神，梵天、守护神，毗湿奴、毁灭神，湿婆，
人类世界的第四宗教，审判台上怎么可能少了你们，
诗人说。
四脸，面向东西南北；四手，分别持莲花、吠陀经典、
念珠和匙子的梵天，
四手，分别持有轮宝、法螺、仙杖和莲花，坐着大鹏
金翅鸟的毗湿奴，
三眼，四手，
分别持三叉戟、水罐、手鼓和念珠的湿婆，
降临在神殿的上空，半悬进行端坐。

梵天说，我是你们的创世之神，

你们今天所享有的一切事物，
都由我的手出自我的创造，
你们所看到的，所听到的，所摸到的，
所闻到的，所行走到的，
都是出自我的恩赐，
离开我的手你们将无法拥有世界。

毗湿奴说，我是你们的维世之神，
我让雨水从空中落下，我让土地生长出食物，
我让恒河里存水，我让痛苦的人安静下来，
我维持守护世间一切规律运作，给万物上发条，
离开我的手你们的世界就会停顿不前。

湿婆说，我是你们的毁灭和重建之神，
凡邪恶的我会毁灭，凡恶毒的我会毁灭，
凡恐怖的我会毁灭，凡黑暗的我会毁灭，
毁灭之后我会重建，
凡善良的我会重建，凡正义的我会重建，
凡欢喜的我会重建，凡光明的我会重建，
离开我的手你们的世界会坍塌。

三位一体的创世、守护、毁灭大神呀，我来问你们，
神有眼吗？？神有耳吗？？神有性欲吗？？
神会拿人做祭品，做神的垫脚石吗？？
神有高低之分吗？神有贵贱之别吗？
俗世的金粉两级分化，富者愈富，贫者愈贫，
神不是只管灵魂吗，
为何审判人们的肉体，让人们受苦？？
神有审判的权力吗？？诗人问

神有眼，神的眼只看万物，不看世人，
神有耳，神的耳只听万物，不听世人，
神有欲，万物和世人皆是神的欲所创，
神只维持万物和世人之间的"睦"——和睦，
维护万物不坍塌，维护人的灵魂不邪恶，

神不会对人的细枝末叶，事事都去看、去听，
人不是神掌心的玩偶，需要时时的看，时时的听。
神无高低、神无贵贱，
神不会拿人做祭品，神已经居在高处了，
何来需要凡人做垫脚石，
神只审判世人的灵魂，不涉及肉体，
对肉体的审判是俗世的王的权限，
人们受苦是俗世的王在惩罚他们的肉体。

神不看世人，不听世人，即是无眼无耳，
那么为何还需要神之舞者"海吉拉"去取悦、献媚于众神，
他们不男不女、不人不鬼，将自己奉献给神灵，
却遭到世俗社会的遗弃和蔑视，
他们生活无助，不容于世俗社会，被世人排斥。
神对万物有欲，对人无欲，
那么为何还需要神之女奴侍奉、献身于神灵？
她们在幼小之时就入住神庙，有母无父，
在十一二岁初夜之时，她们就开始侍奉、献身于"神"，
她们生活悲惨，依靠出卖色相，肉体过活，
她们被社会视为已破损的货物，
终身无法回归正常的家庭生活和婚姻，
她们不容于社会，被世人视为罪业者，而被石头处死。
神无高低，亦无贵贱，
那么为何神的门要分为四个门
——婆罗门、刹帝利、吠舍和首陀罗，
在四门之外为何还有一门为贱民——"不可接触者"，
哈里真？
他们被规定一生从事贱民职业，
处理那些与血污、粪便或是其他污秽物有身体接触的职业，
他们以及他们的儿子、孙子以及孙子的孙子一生将要，
从事火葬死者、清洁公厕、为新生儿剪断脐带、
从路上移走动物的尸体、晾晒兽皮、
清理污水渠这样的工作，

他们一生必须在自己的身上挂上铃铛,

提醒其他种姓的人们贱民的到来;

他们还要随身携带铲子,以便将自己唾液或者是痰迹
附着的泥土铲掉,

这样才不会弄脏别人的脚;

他们没有受教育的权利,他们甚至不能坐在其他种姓
人们的附近,

因为这对别人而言是一种侵犯与侮辱;

他们的影子也不能和其他种姓的人们接触,

因为那影子是不可接触的,

只要几卢比或者几把米,那些高贵的种族就可以堂而
皇之地与"达利特"妇女做爱行乐,

他们的存在只是为了让其他等级的人们享受生命的
尊贵,

他们的存在只是为了让神灵知道自己的权威。

神无高低、神无贵贱,

那么为何你的四门不归于一门,你的人不聚集到一
起??

你不需要凡人做自己的垫脚石,

那么为何还踏足于神之舞者、神之女奴的身体上??

有些人一出生就是毁灭的,不见天日的,就是被众神
诅咒的,

而且这种被诅咒的烙印世世代代相传,

他们需要背负着贱民的符号出卖肉体过活一生。

毁灭大神,湿婆,

抚摸你湿漉漉的头发,

它来自于恒河的湿润,

你知道那一条河流承载了什么??

眼泪、痛苦、歧视、悲伤以及生生世世无法挣脱的苦
难,

都在那条河流中。

毁灭大神,湿婆用你前额上的第三只眼睛,

看看这镜片镜像,

你的子民泰戈尔,

他苦难的灵魂,

在恒河岸边经历过什么样的地狱？？诗人说

【恒河】
那是一条神奇的河流，
承载了一个古老的文明之源，
印证了一群古老民族人们的衍生和死亡，
也许她太过妖饶美丽，
才有虔诚的人相信这条河，
是由他们最崇拜的神灵头发上的水滴滴落脚边后，汇
流而成；
也许她太有名望和灵性，人们依然相信在河中沐浴净
身，
可以洗去自己身上的污浊或罪孽；
人们相信在河中沐浴，面对旭日朝拜最为灵验，
人们相信有神灵在这条河的上空巡视，
凡是湮灭后在这里被火炼成灰的人，
都可以免受轮回再生之苦，得到更好的来世，或者直
接升入天堂。

每天东方欲白，淡淡的雾雾慢慢地散去，
一轮红日就会喷薄而出，
没有耀眼的光亮，只是安静地上升。
岸边陡立的建筑披上了金色的衣裳，
河面泛起一片金光。
河流的右岸，有各类庙宇和旅馆鳞次栉比，
密密麻麻挤在一起。
或是神庙的高耸尖塔，或是涂着原色的神像等，
混杂着绵延七八公里长，没有间断。
恶浊的烟尘融入了清晨的尘雾里，
若有若无的给河流披上白色的纱，
这河流静静的卧在那里，
就像是一个慵懒的母亲看着那岸上的人流，
这河流是这片生活在这里的人们的"灵魂"，
它用甘甜的乳汁哺育着在这里生息的人们，
被虔诚的人视为"圣河"。

凡间的人们在这里饮水、沐浴、嬉戏，
初生的婴孩在刚剪短脐带后，
也需要用这里的水流洗去身上的血迹，
死亡者的骨灰也被要求撒在这里，溶进那水里，
男人、女人、孩子们在喜庆和丰收的日子里，
也会来到这里，
他们有的站在齐腰深的水中双手忙碌，尽情搓洗；
有的双手合十，面向太阳默祷，安详的脸上金色溢彩，
灵魂的净化表露无遗；
有的则有停地屏息潜入水中，
惟恐这圣水不能把自己的罪孽洗涤一清；
虔诚信徒光着上身在岸边的石上闭目打座；
打着哆嗦的孩子们在父母的水罐之下
接受泼头的冲洗；
穿着纱丽的妇女们洗浴完毕，
竟然在这人海如潮中能够悄然换上干衣，
而不让自己的身体暴露丝毫。
死去的动物，野猫、野狗的尸体也被投掷在这里，
这条河包容了神灵，
包容了凡间生生不息的人类，
还有不会思考，无手无脚的兽类，
似乎这条河也包容了世间生者的灵魂和那死者的灵
魂。
这条河就像是一个世界，
什么东西都可以容纳，
什么东西都可以包容，
无论是肮脏的、干净的、神灵的、
凡间的，还有野生的，
它是这块大地上所有生灵的"母亲"。

有一天一个贱民的孩子，
一个刚把身子献给"神"的女奴，
一个阉人舞者，
站在河流的一边，叫着母亲的名字，

他们被神灵抛弃，被尘世抛弃，
他们的命运就像是河流里的水草一样摇曳，
他们一个被鞭打，一个被玩弄，一个被践踏，
连他们的影子似乎也不喜欢他们，
他们这一生是贱民，下一生还是贱民，
他们这一生是女奴，下一生还是女奴，
他们这一生是阉人，下一生还是阉人，
就是因为他们生来不是婆罗门，
不是刹帝利，不是首陀罗，
那河流很愤怒，因为他们的眼泪都滴进这河流里。

印度之神，你的儿女在哭泣，
他们的眼泪流进这河域里，
印度之神，为何你们要抛弃你的子民，
如果那孩子有错，
请将这苦难降于他们的母亲。
印度之神请把你的仁慈、你的守护、你的维系，
施于他们，
让这群苦难的人在你的树荫下生存和安息，
不要让世俗的人践踏他们的肉体和尊严，
印度之神请护佑他们苦难的灵魂，
河流的母亲恳求你。
印度的三门，你的兄弟在哭泣，
你的姐妹在哭泣，
我的水施与你们的时候，
同时也施与他们，
你们和他们都是吃这河流的水长大成人，
为何你们却要倾轧、践踏一河之源的兄妹同胞，
没有人天生是贱民，没有人天生是女奴，
也没有人天生是阉人，
为何你们要践踏、侮辱那些可怜的人。
印度的三门，把你们的面包、牛奶、奶酪
拿出来和他们分享，
让他们的影子和你们重叠，溶在一起，
你们要互敬、互爱，彼此像一家人，

你们的母亲要求你们携手一起，
过这尘世的生活，饮这河流的水，
将来有一天我会福佑你们和他们。

远远的河域走来两人，
世俗的神灵，世俗的王，
他们穿着华丽的服饰，
头戴堂皇的冠冕，
手指上系有神灵赐予的圣线，
大腹便便，不可一世，
他们醉醺醺的走过这河域，
看到这些可怜的人。
看到这瘦弱、懦弱的可怜人，
世俗的神灵和世俗的王，更加的骄横，
他们大声斥责这些被吓坏的人，
那贱民、女奴和阉人都跪在那里一动都不敢动，
连呼吸也只敢轻微的喘气。
那世俗的神灵和世俗的王，
斥责那可怜人的影子脏了这里的水，
污了他们的耳目，
让他们神圣的灵魂也沾染低贱的微尘，
那些可怜的人都不敢说话，
只祈求这些神圣的人快点离开这里。
可是那俗世的王开始拿出鞭子抽打那贱民，
那贱民不敢喊疼，只是不停的磕头跪拜，
唯恐惹怒那神圣的鞭子；
那俗世的神灵淫邪的看着那微微颤抖的女奴，
他衣冠不整，露着林迦，扑向那女奴，
那女奴的纱丽被撕下，露着瘦弱的肩和赤裸的乳房，
世俗的神灵要女奴服侍于他，就在这河流边，
女奴战战栗栗不敢应他，也不敢不应他，
只是恐惧无助的流着眼泪；
那贱民在鞭子抽打之下开始流血，
那女奴被神灵压在身子下面，无助的挣扎，
阉人脱光衣服，露出畸形的身体，

开始疯狂的跳舞，
他用原始的古怪的节拍跳着，
并且嘴里还咕哝着奇怪的声响.

过了一会，那贱民停止挣扎，
血，大滩的血流进河域里，
那俗世的王得意洋洋，
就像刚刚自己不小心踩死一个臭虫一样自然，
他手上的圣线亮的耀眼，炫目。
那女奴像一只死去的猫或者死去的狗，
她张着眼，眼眶里蓄满泪水，脸色苍白，
手背上的青筋若隐若现，
她的背脊，她的身体上一片狼藉不堪，
俗世的神曾经光临她的"土地"，
她颤栗着，颤栗着，
过了一会她就睡着了。
那俗世的神心满意足，
他小心着，小心翼翼的抖干净林迦上的液体，
然后舒服把自己的林迦放到那里。
那阉人还在跳着，
竭斯底里的跳着，
他闭着眼睛很是麻木，
似乎神灵和王者都在观看他的表演和舞蹈，
其实那俗世的神灵和俗世的王，
已经小心翼翼的绕过那贱民的身影，
绕过那女奴的身影，
他们生怕那污秽的影子沾染了自己，
染上晦气，
所以他们又摇摇晃晃的走了。

那阉人看着那河域，
看着那静止不动的贱民和女奴，
这是否又是一个轮回结束了，
这一世的苦难湮灭了，
可是还有千万回一模一样的轮回在等待着自己，

那千万个数不清的那贱民的贱民，
那女奴的女奴，那阉人的阉人，
一直都在无声无息的在这块土地上轮回，
神灵不去救赎他们，世间的王也离弃他们，
他们的命运啊，命运，
就是这样，
不停息的轮回，
看不到边界的苦难，
在这一世、下一世继续进行。
那阉人把那贱民和女奴抛进河域里，
然后他自己也跳进河流里，
他是那么的虔诚，神态自然，
就好像他就是这个世界的神灵和国王一样，
当河水吞没他的头顶时，
我看到这世界暗了下来。

第二天在太阳升起的地方，
那恒河干了，
像一个死尸一样恒河干了。

诗人说，为什么，
你们到底是一群什么样的神？？？
你们为什么要造就这样的河流，
让你们的子民遭受苦难，
诗人问。

那三神说，我的教有佛教的苦和忍受，顺从以及轮回
宿命，
我的教有伊斯兰教的社会准则，灵魂准则以及那带血
的石头，
我的教有基督教的创世，维世，破世思维。
我的教是一个刻在灵魂里的宗教，也是一个等级森严
的宗教。
任何宗教都是以流血和牺牲，来博取人们的信仰的，
基督教耶稣是通过被钉十字架流血和牺牲，来获取人

们信服的，

而伊斯兰教穆罕默德是通过战争流血而完成宗教设
立的，

佛教则是通过割肉舍身来完成教义的。

所有的宗教都必须舍弃一些东西，或者流血或者牺牲，
而获得信服，

所有的宗教都是一种从人到神的转化，或者从人子，
从使者进行转化为神的。

而我的教则是从神直接到神，进行转化的，

我的教神邸没有神流血和牺牲，什么也没有舍弃过，

我们天生就是作为一个神邸受人供奉而出现的。

我的教神邸从不沾染世俗之气，我们是从洪荒中出现
的神，

有我们的时候，众人还没有出现。

我的教三神一体，各有各门，由三神而衍生的子神，
无法平等。

我的教等级森严，决定了人的等级森严。

我的教是神，不是人。众神说。

额 额 额，诗人说，

那么是众神审判人，

还是人审判众神？？

你的教是一种身体为奴，灵魂为奴，

身体为王，灵魂为王的双重两面教。

你的教让高者愈高，贱者愈贱，

你的教从衍生那一天开始，就是从不同的门中诞生的，

你的教是一种等级、残忍之教，

割头、石刑、残杀、强奸，

这样的事情你们的子民也没有少干。

众神啊，你来自洪荒、野蛮、未知的世界，

那时都是未开化的空间，

你引领、带领我们来到今天，

我们敬服你，膜拜你，我们高高看你在云端，

你所说的每一个我们都刻在石头上世代的遵守，

不管我们理解还是不理解，

因为总是认为神谕是不会错的，
我们总是认为我们所遭受的罪，所遭受的苦，
都是神对我们的考验，
所以我们流血、流泪的也要遵守，
痛苦、痛苦，我们合着血泪咽下，
只为在众神审判之时，
我们可以得到神的祝福，
我们把所有干净的、纯洁的灵魂敬献于你，
那管肉体在尘世所遭受的磨难。
现在众神呀，请审判我们，
请你公平、公正的审判你的子民，
虽然你们创造了他们，
但是也请众神给予他们尊严、自由，
他们不是众神的玩偶和木偶，
南亚次大陆上古老土地上三位一体的神啊，
我们在听你的宣判。
诗人说。

南亚次大陆上古老土地上的子民，
是谁告诉你们的兄弟是不可接触者的，
所有的人都是经神的手创造的，
那里有不可接触者，
不可接触者的只有神，
神的灵魂、神在人间行走的痕迹，
你们不可接触和亵渎。
南亚次大陆上古老土地上的子民，
那人是你们的兄弟，你们的姐妹，
你们的父伯，你们的母婶，
他们和你们一样有血有肉，
有感情，有眼泪，有痛苦，
你们和他们都是众神所选，所创造的一群，
你们和他们都是平等的，
无论是在陆地上，还是在水里的倒影中，
在未来众神审判之时你们都是平等的。
把你们的面包和他们分享，

把你们的水源和他们分享，
握他们的手，看他们的眼，
让他们的影子和你们重叠，
在阳光下你们的影子不许有高低贵贱之分，
你们不许阻拦，
因为我允许。

神之舞者，神之女奴，
你们把你们干净的灵魂献给我就行了，
神不需要你们转瞬腐烂的肉体。
我所有的子民，你们要记得，
他们的名字不叫做贱民，他们是神的舞者海吉拉斯，
众神有时候会潜藏在人间看他们跳舞，
谁允许你们侮辱，歧视神的舞者的。
众人中有人是通过修行和神灵沟通，
有人是通过乐善好施修业与神沟通，
而海吉拉斯是通过灵魂的摇摆与神沟通的，
如果她们把怨恨和诅咒的意念传达给我，
我一定会降罪与你们。
我所有的子民，你们要记得，
他们的名字不叫做贱民，他们是神之女奴，
是传递神信息给人间的使者，
她们净身沐浴，眼神纯净的像宝石一样，
她们像甘露一样向神敬献自己，
让神灵记得他们在创世之初、维世之初、毁世之初一
直到今天，
人类对神灵的敬服和膜拜依然干净，依然虔诚，
被神选中的女奴，是一种巨大的荣耀，
她们的名字和灵魂，神一定都会记得，
她们的灵魂侍奉神灵，她们在俗尘中可以侍奉自己的
丈夫，养育小孩，
我许可她们有自己的家庭，
你们不许阻拦，
因为我允许。

哈里真你们内心有站起来的种子吗，你们内心有对神
说不的勇气吗？
如果你们永远怯懦下去，那么你们永远都是神的弃子，
神之子是一群勇敢的有勇气，有坚强信念的儿子，
如果你们是神的儿子，那么就把你们的勇气拿出来。
站在阳光下，让你的影子光明正大的起来行走，
任何人都不能指挥你们站在阴影里，
你们可以站在阳光下，
只有你们高兴，
你们可以做任何只要不违背神的任何事情，
哈里真，神之子，你们不是神的弃子，
你们是大梵天的小指，湿婆的中指，
毗湿奴的无名指创造出来的。
众神的三大祭司们，
不要利用众神给你们的恩宠，而高高在上，
手指虽然有高低之分，但是没有贵贱之分，
众人平等是众神对你们的期待。
三位一体，三位平等，不要拘禁，禁锢神之子，
人人都是自由之子，
神的价值不同，能力也不同。
有神长于创造，创世，
有神长于维护，维持，
有神长于保护善良，毁灭邪恶。
但是神是平等的，
在俗世中，有人是婆罗门，
有人是首陀罗，有人是哈里真，
但是众人都是平等的，
每一个人都是创世大神创造的，
每一个人都是维护大神维系的，
每一个人都是毁灭大神保护的，
众神创人的时候，没有创造贱民。
如果你们指责有人是贱民，那么你们就是指责神是贱
神。
我们预言在哈里真中将再一次出现一个伟大的王，
他将领导你们走向自由，

他将引导你们膜拜我们的灵魂，
第一个人是甘地，第二个人即将出现，
就在不远的未来，
你们不许阻拦，
因为我允许。

南亚次大陆上古老土地上的子民，请听我说，
婆罗门是你们在尘世的创世之门，祭司之门，
他们负责祭祀，祭神
他们负责神之舞者和神之女奴的洁净和纯洁，
他们负责神的信息向人间传递，
我不在允许他们的手伸向尘世的王权，
他们的手只负责接收神的喻意。
刹帝利是你们在尘世的毁灭之门，保护之门，
他们负责毁灭破坏你们的敌人，
他们负责保护你们生活和生存，
我赋予他们的职责是毁灭邪恶，保护善良。
畎舍，首陀罗，哈里真是你们在尘世的维护，
维系之门，
他们负责俗尘的百事百业，千事万物，
他们中任一人和另外一人都是平等的，没有贵贱之分，
他们维护和维系这个世界的平衡，给你们所居住的世
界上发条。
南亚次大陆上古老土地上的子民，请你们记住，
每一个人都记住：三神一体，三神平等，
三门一体，祭司门、保护门、维系门你们都是一体的，
三门平等，祭司门、保护门、维系门你们都是平等的，
如果你们中有人胆敢把自己的自由
建立在奴役他人之上，
我们会剥夺你们的圣线，审判你们的灵魂，
判罚你们的灵魂坠入永火的火域。

诗人说：世人啊，我无意冒犯你们的宗教和神灵，
但是我希望你们的神灵对你们好一些，对他人好一些，
对这个世界所有的人好一些。

世人啊，为什么我们的命运要寄托于众神的审判和那
审判日到来？？
为什么我们不能站在神的肩头，
为什么我们不自己站起来建设自己的家园？？
为什么我们的手心要向上乞讨，而不是向下挖掘？？
世人啊，我知道你们是苦的，
我没有能力为生活在黑暗和绝望中的人们带去什么
东西，
我没有力量给恐惧和惧怕的人们传递什么东西，
我所有的精神，信念，眼泪，痛苦都是为你们而流，
我关注你们的命运，为你们祈福，
虽然我无法改变你们的命运，
但是请记得我永远和你们站在一起，
把你们所有的不幸，悲伤，痛苦，
给予我，我来替你们承担，
请你们记住我永远和你们在一起。

世人啊，我问你们，我们存在的目的是什么，
我们是为什么而存在的？？
我们的存在是为了神灵吗？？
我们的存在是为了国家吗？？
我们的存在是为了民族吗？？
神是为了人类而存在的，
没有了人类，神就不会存在，
神存在的唯一目的就是为了维护人类的心灵秩序和
灵魂，
守护人类内心的道德和信仰，
国家和民族则是注重维护人类的俗世秩序，
利用恺撒的鞭子建立秩序。
我们的存在不是为了自己的子女眼神发亮吗？？
我们的存在不是为了赡养双亲吗？？
我们的存在不是为了和自己最亲爱的人相濡以沫
吗？？
我们的存在不是为了自己的亲朋好友快乐吗？？
我们的存在不是为了让自己更像是一个挺立不倒的

人吗？？
为什么这个世界会有不公和邪恶，
为什么这个世界会有奴役和鞭打，
为什么这个世界会有黑暗和痛苦，
为什么这个世界会有恐惧和眼泪，
为什么在这个世界里我们要做敌人，
为什么在这个世界里我们失去自由和希望，
为什么在这个世界里我们不能建立一个理想的世界，
让世人生活的更好，
人为什么要依靠神，依靠国家，依靠民族，
人为什么不能依靠人，不能依靠自己？？
我有信仰，但是我不信神，
我不信国家，我不信民族。
我有我自己的信仰，
我信我自己内心的那团持久不灭的火，
我信这头顶璀璨夺目的星空，
和隐藏在那片星云之内的"神灵"。
诗人说。

啪、啪、啪，
在大殿的一边偏门处，
有一步履蹒跚的看门人老者的灵魂走了出来，
那老人垂着头，弯着腰，看不清面容，
拍着手走了过来，
"人是万物的尺度"，
事物的存在是相对于人的感觉而言的，
人的感觉怎样，事物就是怎样。
万物的存在与否、性质形态都是相对的，
完全取决人的主观感觉。
至于神，我没有把握说他们存在或者他们不存在，
也不敢说他们是什么样子；
因为有许多事物妨碍了我们确切的知识，
例如问题的晦涩与人生的短促，
神是不可预知的，
人是依靠自己的力量发明语言、造出房屋、衣服、鞋

子和床，
并且从土里取得养生之资的。
人认为神存在的，神就存在的，
人认为神不存在，那么神就不存在，
人决定了神的存在，而不是神决定的，
所以人只能依靠自己，
而不能依靠自己用思想杜撰创造出的事物，
神灵宗教、国家、民族都是人类杜撰出的"苇叶"，
人类却想依靠"苇叶"而站立，真是可笑。
那老人抬起头颅，挺直脊梁，
双目炯炯有神的看着大殿，望着神灵，
毕达哥拉斯的灵魂飘了进来对诗人喊着，
鞠躬致敬吧，这是古希腊哲学家普罗泰格拉的灵魂。

诗人微微低头，弯下腰，
嘴里说到欢迎你，伟大的灵魂，
你的出现照亮了这大殿的一角。
普罗泰格拉说，在座的神灵啊，我没有否定你们的意
思，
你们是作为人类一种信仰、理念、道德、良知、救赎
和拯救而出现在人们的内心深处的，
而不是作为一个单纯的神的概念而出现的，
我否定神，不崇拜神，但是我敬仰人类内心的信念和
道德以及人们内心的那团火，
那火灼伤了自己，却能照亮别人，
神就应该这样存在，而不是以别的目的而存在。
在我之后的古希腊三贤苏格拉底认为人类的第一要
务是"认识自己"；
柏拉图认为人类的正确目标就是在自己的灵魂中发
现理念；
他的学生亚里士多德则强调，在整个自然界人类是最
高级的。
所以说，在人类的头顶不应该有遮拦，
神灵不应该在人类的头顶上空，
神灵应该居住在人类的内心，守护人们。

那么人类的头顶就是光秃秃的了，
光秃秃的人类并不符合世界万物和宇宙法则，
人是进化而来也好，是众神创造也好，
在人没有出现之前，
有一件事物恒古不变的出现在人们的头顶，
————星空。
世界有两样东西，愈是经常和持久地思考它们，
对它们日久弥新和不断增长之魅力以及崇敬之情就
愈加充实着心灵：
这就是我头顶的星空，和我心中的道德准则。
美丽和深邃的星空给人震撼，
并激发人们探求未知的冲动，
对它了解的越多，对它未知的也越多
令人不禁赞叹造物的神奇，由此而让我们充满敬畏和
感恩的情绪，
这是人们对自然应有的态度。
统一而良好的道德准则，
给予群居的人类以最便捷最文明的相处之道，
它随着人类的发展和进步而不断形成和完善，
成为人类区别于其它动物的重要标志，
它证明人类自有一种向善的力量，
星星之丁夜空，就如崇高的道德准则于世俗，
格外耀眼，灿烂，
所以最能震撼人的心灵。
如果没有人性，没有关爱，
那人类就会像野兽一样变得野蛮残酷；
就会陷入恶意的泥潭而难以自拔。
坚守道德准则的人是令人尊敬的，
他们使人类文明向前迈进，
他们每个人都好比夜空中的一颗星星，
使人类的社会也像自然界的星空一样璀璨夺目，
这是人类对自己应有的态度。
德国古典哲学创始人，近代西方哲学的开端人，
欢迎你的到来，毕达哥拉斯说，

康德的头颅和灵魂也在普罗泰格拉的身后出现。

人是众神存在的目的，
人类为了从这岸跨越彼岸，
他们利用神灵来建桥，利用国家建桥，利用民族建桥，
彼岸是人类目的，就像是人类从出生的这岸开始到死
亡的彼岸结束，
中间的行程是手段，而彼岸是人类的终极目，
我们在行程的过程中，
有亲人、有朋友、有爱人、有孩子，
也有各种各样的动物和各种各样的植物等等，
我们白天在行进，夜晚也在行进，
夜晚的时候，我们闭着眼睛做梦灵魂在行进，
神灵在抽着鞭子不让我们的信仰走错道路；
白天的时候，我们睁着眼睛，肉体在行进，
俗世的王也用鞭子抽打我们的身体，不让我们走错，
最后我们一步一步的走向彼岸，迎接死亡，
从这岸开始到彼岸消亡，
人类在行进的过程中，
俗尘的生活和神灵的慰藉是重要的，
但是人则是重要中的重要。
如果没有人这一主体存在，
那么人类就无法产生行程和目的，
当人类不在界定行程和目的的时候，
那么神、国家和民族也不会出现，
所以人是最终目的，
任何神灵、国家和民族都应该为人让路。
康德的灵魂说

诗人说，啊！我看到了这大殿另一角的亮光，
欢迎你，伟大的康德灵魂。
基督带光，想寻求建立上帝之城，
救赎世人；
伊斯兰默规，想建立古兰的规则体系，
净化世人；

佛教轮回，想寻求极乐天国，
引导世人；
印度古荒，想建立多门体系，
分层世人；
或者我们的头顶还有许许多多的神灵没有浮现，
但是我认为神应该和人一样，都是导善的，
如果有任何神灵是引导人们走向邪恶的话，
那么它将失去自己的信仰和人们的供奉，
每一位神灵的教义不同，
它们所引导人类所走的道路也不同，
但是越走越有光，越走越善良应该是众神一致的选择，
可是为什么在这神灵愈多的世界，
我们却走的愈加艰难？？
是不是众神撕裂了这个世界，
也连带着撕裂了人类，
让我们失去了方向，失去了行程目的？？
人类的路应该如何走，
我们的行程和目的在那里？？
这是一个难题，很难，
诗人说。

伟大的灵魂普罗泰格拉和康德先生，
以及在做的神灵和众位灵魂们，
我们不妨这样思考一下，
谁才是这个世界的主体？？
如果神灵失去人会怎么样，
如果国家失去人会怎么样，
如果民族失去人又会怎么样？？
那么人失去神灵会怎么样，
人失去国家会怎么样，
人失去民族又会怎么样？？
神灵失去人众神不会出现，
国家失去人国家会消亡，
民族失去人民族会消失；
而人失去神灵人依然是人，

人失去国家依然是人，
人失去民族依然还是人。

或者诸位中有神灵或者有人会问我，
人是什么，什么是人？？
人有两条腿和两个信仰，
境况好的时候，他有一种信仰，
境况不好的时候他又有一种信仰。
这后一种信仰就叫宗教，前一种信仰叫做人；
人是脊椎动物，有一颗不朽的灵魂，
还有一个祖国，以使他不至于太狂妄；
人是通过自然的方式产生的，
然而这种自然的方式却被他认为是不自然的，
并且不愿意谈及它，
他们认为长着尾巴像猴子一样在树上弹跳，是羞耻的，
所以他们把自己的产生看成是神灵的安排，并且津津
乐道，
人被生了出来，可是并没有人问他要不要被生出来，
所以他们只能无奈的活着；
人简直可以被界定为一种从不听别人说话的生物，
人很喜欢听的是：承诺，谄媚，赞许和夸奖。
他们认为这些话，可以让自己的耳朵舒服起来；
人对同种是苛刻的，自己做不到的事情，却要求其他
人做到，
所以他们出现了糟糕的犯罪行为，
神灵为他们解脱说那是原罪，不必理会；
友好相处的人是没有的，有的只是统治与被统治的人，
不过还没有能统治自己的人，
因为他身上持不同政见的奴性的一半总是比有掌权
癖好的另一半强大，
所以每个人都是自己手下的败将；
每个人都有一个肝，一个脾，一个肺和一面国旗，
所有这些器官都是缺一不可的。
据说有没有肝、没有脾、只有半个肺的人，
可是没有国旗的人是没有的，因为人怕冷；

人是一种政治性的生物，最喜欢堆成团度过他的一生，
但是任何一堆都痛恨其他的堆群，因为那是其他的，
但人有时候又恨自己的这堆，
因为那是自己的，他们矛盾到极致；
人是不喜欢死去的，
因为他不知道死了以后还会发生什么事。
即使他自以为已经知道死后将会发生什么，
他还是不想死，还想让老朽的躯体再支撑一阵子。
说是一阵子，实际有那么点"永恒"的意思，
他们害怕见到自己的神灵；
人分成两种：男的那种不愿意思考，
女的那种不会思考，
这两种人都有所谓的感觉：
撩起这种感觉的最保险方式
是调动人体的某些敏感部位，
这种情形又让一些人分泌出抒情诗。

人真是奇怪的物种，大殿中的神灵都说。

可是我们并不奇怪呀，大殿中人的灵魂说。

人类的奇怪之处是：
他们急于成长，然后又哀叹失去的童年；
他们以健康换取金钱，不久后又想用金钱恢复健康。
他们对未来焦虑不已，却又无视现在的幸福。
他们既不活在当下，也不活在未来。
他们活着仿佛从来不会死亡；
临死前，又仿佛从未活过……"
人需要沉淀，要有足够的时间去反思，
才能让自己变得更完美。
神灵造人的时候做的最错误也最正确的一件事是，
人是感性的，
诗人说。

为什么，众神和人的灵魂都问。

因为感性的思潮引发了人们的思考和思绪的飘扬，
理性的像机器一样的人，不会去思考神是什么，
国家是什么，民族是什么，自己是什么。
只有感性的泛滥，让人们站在任意角度去思考问题，
站在神的肩头，站在国家和民族的头上去思考。
人属于谁，是属于自己，还是属于神灵，或者属于某
一国家和民族，
人是自我私有的，还是公有的？？？
诗人走到大殿的一边，随随便便的拉开一扇门，
外面黑云激荡，狂风呼啸，伴随着雷击的声音远远的
发出沉闷声响，
整个灵魂山黑漆漆的，灵魂山的一边有一片恒古的大
树林，
风呼啸着吹着树林，间或刮过来几片树叶，落在大殿
的一角，
诗人拾起树叶问，这树叶属于谁？？
属于国家吗，属于民族吗，还是属于神灵？？
树叶不就是树叶吗，树叶属于树叶不是吗？？
人属于人，不属于任何物体，
人是一种自我私有的物体，
当然人类湮灭之后，其灵魂或者属于神灵，
但是我们活着的时候，难道自己不属于自己吗？？
今天的人类世界，神灵说世人呀！你们属于我，
但是如果人属于神灵，
那么神灵又属于谁？
神灵啊，你们又是来自何处，
你们又想带我们去往何方？诗人又说

大殿中众神灵说，你累了，
去神的殿，
在殿堂的一角有大卧床，
那卧床你不可以睡，
因为那是神灵的卧床，
你在那床脚斜角处，

躺歇一会，
等你睡卧一觉，
至明天，你自会知悉一些东西！

大厅这个时候暗了下来，
诗人恍惚间，
看到有灯火通明的光，
大殿内只有一张大床，
床上"铺设十分豪华"，
床边有一张饰金的桌子。
没有神像但金碧辉煌，
由深蓝色的琉璃砖制成并饰以黄金。
大床的脚踏处有一只石鸭，
石鸭约重 29.68 公斤，
饰金的桌子旁，
还有一只用石头雕刻成为的石猴，
石猴约重 61.34 公斤，
上有铭文"准秤一泰仑"。

诗人自言自语说，
这些神灵真会享受，
他们安卧于此，
审判众生，
却不知众生的苦恼，
众人的苍茫。
这个时候，灵魂山的风吹了起来，
柔软的风，在塔外聆听，
溶溶的光，透过树叶，投下斑驳的影。
诗人不屑那卧床的豪华，
径直走到石猴处，
都说人是从猴子进化而来，
不知道神灵又作何感想，
那些神灵的出处不知道又在那里？
抚摸石猴平整的背脊，
诗人坐了上去，

用手支撑着那饰金的桌子，
发出睡思昏沉的叹息。

（第一卷完）

卷二：众神的由来

我们生活在这里，
生活在这个蔚蓝色的星尘里，
在这个被海水占据 70%的世界里，
我们创建了自己的文明和法则，
我们有灿烂辉煌的文明之源，
也有强大统一的帝国文明，
我们有教宗庇护，
我们有国家和民族，
我们上可入天揽月，下可入地采泉，
我们在星球一端和另一端的人们交谈，
彼此可以听到对方的心跳和呼吸，
我们生活在这里，
以为这就是我们的光明。

我在黑暗中喘息，喘息，
后来猛的睁开眼睛，
看到一丝的光线，
那光线炫人眼目，
就像真实的梦境。
我在梦中遇到一只怪猴，
它蹲坐在树上，
说我们是它的血亲，
说我好久没回到它的森林，
不，说我好久没回到我们的森林，
问我是否找寻到失落的光线和明亮，
问我是否找寻到丢失的自己，
我茫然不知梦的涵义。

于是我继续回到我的梦中，
回到它的蛮荒森林，

不， 我的蛮荒森林，
我跨着高高的脚步，趾高气扬的回到森林，
我的头上戴着三顶高高的帽子，
那是神灵、国家和民族的帽子，
我拍打着树干，
在那里大声的吆喝着，
说大家来看看吧，
光线来了，明亮来了，
来看看吧，我漂亮优雅的帽子。
高高的树丛间，
伸出许多苦涩的脸，
他们不屑一顾的看着我，
就像在看一只没有尾巴的猴子，
他们伸手把我的帽子抢去，
有的戴在自己的头上，看着就像是一个伟大的王，
有的戴在自己的屁股上，遮住了那红的屁股，
还有的朝那漂亮的帽子里撒尿，淋了一地尿骚，
他们嘻嘻哈哈的玩弄着漂亮的帽子，
一会的时间那帽子就皱的像枯干的碎树叶。
我大声的叫嚷，愤怒的叫嚷，
那树上猴子也在大声喊：
看那没有尾巴的猴子，
是多么的可笑。
拿着世俗的东西，在这里炫耀，
神灵从来没有在这个森林里出现，
在这没有火的森林，我们只是畏惧黑暗，
才制造出神灵让他慰藉我们恐惧的心，
这顶帽子不应该戴在头顶，
不应该存在于你们这群没有尾巴猴子的脑子里，
他应该进入你们的胸腔，
和着你们的热血，
把那滚烫的心脏吻一下，
他是守护，不是奴役。
在这没有火的森林，我们只是恐惧野兽，
怕它们的爪牙，怕它们的利齿，

于是我们集体狩猎，共同护卫自己的生命，
建立一个叫做国家的帽子。
在国家的帽子里面，
还有一个民族的帽子，
其实我们都是一样的猴群，
都是来自同一个森林，
我们并没有什么两样，
我们喝着一样的水，呼着同样的空气，
承载着同样的阳光照耀，
谁能说明我们和你们之间有什么区别？？
可怜的陆猴，
你们发明什么都会被你们自己发明的事物束缚，
你们滋生教宗，
被宗教奴役，
信仰应该进入你们的心灵，
而不是进入你们的头脑；
你们发明国家，
被国家奴役，
国家应该在你们的脚下，
而不是在你们的头顶；
你们发明民族，
被民族奴役，
民族应该在你们的血缘里，
而不是在你们血管外面流淌。
你们被你们自己创造的东西束缚，困扰，
今天你竟然到我的森林来兜售你的束缚，
真是无知而又可笑。
没有尾巴的猴子，看看今天这四周的火，
我们栽种了野菊，
我们收集孔雀的羽毛，
我们在这里是自由的，
并不需要你来这里贩卖你的帽子，
那是一文不值的东西，
你们的帽子创造了太多，太多的血湖，
那里面有多少死难者的亡灵。

看来你还是没有找到你的光线和明亮，
你还是没有完成你的誓言和誓约。
可怜的陆猴，
你不知你来自哪里，
你不知你要去哪里，
你不知你现在在哪里
现在就从我们的树林里滚出去，
去继续完成你的誓言，
我们的森林不需要这样的帽子，
一顶也不需要。
有许多的烂果子扔向我，
于是我光着屁股，
从树林里连滚带爬的跑了出去，
再也没有漂亮的帽子。
我被这样的梦境吓醒，
大家来给我评评理，
那群长着尾巴的猴子，
竟然是那么的可笑，
他们竟然不知道这个世界上有神灵
有国家，有民族，
还在自以为是的说不需要我们的文明。
对了，他们扔过来的烂果子，
在我枕头边我还存有一个，
我剥开外面腐烂的果肉，
在它的内核里面发现有一个闪光的东西，
它们把它叫做"人性"，
人性是什么？？
多么可怜的猴子，
多么可笑的梦境。

那天我看到新闻，
知道世界上有这么一群，
他们的男人像国王一样至尊，
他们的女人贱若尘灰，
他们禁锢人欲，控制情伦，

却不知人类本身就是胎生物种，
而不是卵生。
他们有富足的石油，
依靠贩卖地球资源为生。
他们有失控的王权和神权，
却自认为自己是国王，
是神的子孙。
他们喜欢搬起石头掷向自己——
同一个种族或者族群的男人和女人，
直到他们死去为止。
虽然这男人是他们的父叔，兄弟，
这女人是他们的母婶，姐妹。
我质问那些"石头"为何要剥夺他人的生命？
那石头说这是神的教义，
也是神的旨意，
不可违背。
他们种族之间互相杀戮，相互仇杀，
他们喜欢创造别人的痛苦，让自己快乐，
并乐此不疲。
虽然他们是从同一棵树下，
跳下的"猴子"，
身体里流淌着相同的血液。

我看到在这截枯枝之上蚂蚁和蚂蚁之间的杀戮，
愤怒的无以复加，
于是我走进他们的庙宇，他们的真神，
想质问——
为何你的教义不引导你的子民，
走向善良和宽恕的彼岸，
却把他们引向荒漠和罪恶的血湖。
我走进那真神，
那圣人高端威严，让人惊悚，
也使人惧怕，
让我有一种膜拜的冲动。

我的子民，你带着怒气而来，
想责问我什么？
那圣人问我。

伊斯兰的圣人，
我不忍你的子民互相杀戮，互相流血，
我不忍你的男丁像奴仆，像没有脊梁的骨头，
我不忍你的女丁像尘土，终生在黑纱下过完一生，
我不忍你的"石头"沾染地上凡人的血，
我不忍你控制束缚他们的思想和意识，
使他们披枷带锁没有真正的"自我"，
我不忍你为何不真正"死去"，
还给你的子民真正兴盛？？

无知狂妄的蚁民，
你并不知道我真正的出身，
我们兄弟三人，
我和我的兄弟都出生的暗黑森林，
我们曾经生活在树上，
因为树林是我们的疆域，
后来远古的召唤，
把我们带到陆地，
陆地黑漆漆，
我们茹毛饮血，就像原始的还未开化的兽类，
我还记得那黑暗里猛兽撕裂我们肉体的痛苦，
我还记得那黑暗里猛兽啃噬我们骨头的声响，
我们在黑暗里喘息，
树林暗黑的让人恐惧，
后来一道闪电撕开天际，
投下瞬间的光芒，
于是我们都看到了彼此。
我们兄弟三人在瞬间的光芒下逃离树林，
当我们离开树林，
那树上还有更古老的古神。
我来到阿拉伯半岛，

居中的弟弟来到巴勒斯坦地区，
最小的弟弟去往印度，
我们兄弟三人立誓将来有一天可以回到这森林，
把那瞬间消失的光芒带回。
我在阿拉伯看到我的子民，
他们的国家四分五裂，
他们贫富不均，富者糜烂淫乱，德性败坏，
贫者割肉自噬，血流如注，
他们流离失所，为争夺水源和牧场而相互仇杀，
他们的弯刀可以割下别人的头颅，
他们用别人的血来洗涮刀具，
他们用别人的骨头来打磨刀刃，
我看到那滚落的头颅流着茫茫的血泪，
而活着的人也在哭天嚎地，
于是我走过去掩埋那已经死亡的头颅，
为活着的人擦干眼泪，
我把富人的部分财产分给穷人赈济贫民，
我让耕者有其田、孤寡有所养、饥寒交迫者有衣食，
我鞭打不诚实的人，对他们说，你们要说真话，哪怕
它是苦涩的。
用石头处死淫乱和德性败坏的人，因为我无法容忍不
贞不洁，
我为他们建立信仰，
使人们相亲相爱，相互同情，相互怜悯，让他们有了
灵魂，
我为他们的灵魂注入力量，
让他们众志成城成为最魁梧的一群，
他们建立的帝国无边无际。
我用荫影掩护他们，让他们进乐园，
我教诲他们：
我对你们而言，虽是圣人，但我们对真主而言，都是
仆人，
我们都是兄弟姐妹。"
而你，无知狂妄的蚁民，
今天居然来质问我，

你看看我的出身，我的言行举止，
我是否做错什么？？

伊斯兰的圣人，
你的德性无亏，
你的品质高洁，
你的教义纯真，
你的确是伊斯兰的圣人。
你的确给伊斯兰世界带来了新生和力量，
但是你应该明白，应该知道，
我们的恐惧来自哪里，
我们的光芒来自哪里，
我们的善滋生于何处，
我们的恶滋生于何处，
当你在暗黑森林里恐惧的时候，
首先是心灵的恐惧，而不是大脑的恐惧，
当你看到天际的闪电带来的光芒时，
首先照亮的是你的心灵，而不是你的大脑，
我们的善滋生于心，
我们的恶也是滋生于心，
我们的暗黑、光芒、善恶都是来源于心，
假如我们的信仰来自内心，
而不是来自大脑，
那么我们的信仰会守护我们；
假如我们的信仰来自大脑，
而不是来自内心，
那么这信仰会控制我们。
须知信仰滋生于心，守护心，
滋生于脑，控制脑。
人类的心是感性的，而脑是理性的，
只有感性的心，才能滋生出人性，爱情，善良，同情，
公义，守护，
而理性的脑却生出服从，敬畏，束缚，控制，奴役来。
当信仰感性起来的时候，才能去守护人心，激发人们
对信仰的爱和善良之心。

而如果信仰理性的话，那么刻板，规则，条纹，机械，
惩罚就会显露出来，
不容置疑，不容指责，只能服从权威，敬畏，膜拜，
那么精神的奴役就出来了。
人类的内心是需要一个神的，
一个可以守护内心感性精神世界的神，
而不是在头脑中嵌入一个王。
如果人类的精神世界是感性的话，那么人类就是神守
护的人子。
如果人类的精神世界是理性的话，那么人类就是神奴
役的奴隶。
当你的信仰和世俗的王权紧密衔接的时候，
你就变成了恶神。
神不掌控刑罚，
神的刑罚在天际，
而不是在凡间，
凡人的罪，自有世俗的王去处理，
你不要以你的完美，
来束缚你的子民，
你的兄弟姐妹，
和你一样完美，
我们就是因为不完美才成为你的子民，
才奉你为王、为神。
我们是胎生动物，而不是卵生动物，
所以性欲是人类的天性，
也是人类文明赖以存在和延续的基础，
请不要将红色的石头掷向我们。
伊斯兰的圣人你应该明白，
信仰是发自内心，
而不是出自头脑，
信仰是守护，
而不是控制。
当你的教义写在人们的心灵里的时候，
你才是伊斯兰的真神，
而现在你的教义出自人们的大脑，

所以你只是伊斯兰世界的统治者而已，
你只是控制了人们的大脑，
而不是去守护人们的内心，
你只是创立了一个宗教，
而不是创立了一个信仰。
伊斯兰的统治者当你的王冠、权杖失却的时候，
当你的神性剥离的时候，
才是真正的伊斯兰世界的伟大之光。
伊斯兰的圣人，
你已经忘记你在暗黑森林里许下的誓言，
你曾经发誓要捕捉、追寻那天际间的光芒，
去照亮整个树林，
但是现在的你带给这片大地的并不是光芒，
你把暗黑森林的黑暗带给你的子民，
你将红色的石块掷向你的子民，
将来你收获的一定不是膜拜，
而是诅咒。
伊斯兰的圣人请你明白，
所谓宗教信仰就是你活着的时候是生活在圣光里，
而你死去的时候也会沐浴在光芒里，
伊斯兰的圣人请你照亮这片大地，
照亮人们的内心，
不要让你的子民在黑暗中喘息。
我将回到那暗黑森林，
去寻找那失却天际的光芒。

我将会永远的活着，不再死去，
我将会永远的存留在这片土地上，
不会消失，永远不会消失，
穆罕默德声音在我身后响起。

没有任何人让你消失，
只不过这片土地还需要一场思想的启蒙和文艺的复
兴，
当人们的意识自我苏醒的时候，

到那个时候你会居住在人们的内心里，
而不是在他们的脑子里，
你会拥有那光，
因为人们的内心有光。

我转身走出庙宇，
回到最初我们的森林里，
在黑漆漆的森林里，
竟然有微弱的光线，
借着微弱的光，
我看到高高的树上挂着一张苦涩的脸，
在那高高的树上有一只树猴，
我弯腰恭敬的向那树猴问候，
问候我们的血亲。

在那陆地行走的怪猴，
你是否已经厌倦了行走的生活，
你是否怀念这原本属于你的森林，
你是否带回已经失却的光，
你来到我的树林是否有疑问。

我的血亲，我们都是衍生于这暗黑森林，
你游荡于这树林，
我行走于这陆地，
为了追寻失去的光，
我们离开了你，
今天我回到这里来，带着疑问，
为什么这世间，有的神灵已经回归人心，守护人心；
而有的神灵却控制人脑，束缚人性。

那树猴说，在陆地行走的怪猴，
所谓的宗教、所谓的神灵，
都是衍生于你们自我的内心，
因为这森林过于黑暗，你们心存恐惧、惧怕，
才去寻求神灵和宗教的慰藉，

当你们的内心黑暗时，
你们的神灵就会控制你，
而当你们的内心光明时，
你们的神灵就会守护你，
有一些神化为光明的火炬，
驱散黑暗，让你们行走于世间，
有一些神成为黑暗，让你们变得盲从，不辨是非。
有一些神灵活着却不肯死去，
有一些神灵死去却仍然活着，
他们都是这森林里滋生而结出的果子，
今天他们却成为你们这些怪猴的神灵。
宗教、神灵都是你们内心滋生的果子，
那些神灵其实就是你们自己，
奉自己为王的神灵妄想控制别人的精神和肉体，
奉别人为王的神灵却梦想拯救世人，普济众人。
死去的会回到这森林里，带着光回到我这里来，
重新变成树上的果子，
死去的会更加光明，
活着的还在你们的陆地上，
还在你们的头脑中，
控制你们的意识，
使你们沦为他的奴仆，
活着的会更加黑暗。

树上的怪猴，
为什么你不把他们带回你的森林，
为什么你让他们肆虐世人。

地上的怪猴啊，
你是否看到过落地的果子会自动回到树上来，
你是否看到挣脱囚笼的野兽会主动回到笼子里去，
他们是否回归到这森林里来，
不是取决于这暗黑森林，
而是取决于你们内心的光，
这是暗黑之神和光芒之神订立的誓约，

任何外力都无法撼动，
主要在于你们内心柔弱的光是否苏醒。
让你们的神灵回到我这里来，只能依靠你们自己，
依靠你们内心的光来束缚他，让他守护于你们，
而不是让他们进入你们的头脑，来束缚你们。
千百年来被你们已经赶回森林里，
这里已有了一位。

我看到树猴的左边已经有了一位，
但是他的右边还是空空如也。
那身裹亚麻布，被钉十字架的神灵说，
我衍生于暗黑森林，
出生在脏乱恶臭的马厩里，
行走在狼人帝国的古罗马时代，
穿梭于欧洲中世纪时期，
衰败于人文时期的文艺复兴，
奔走于血腥资本积累的海外殖民时期，
我新生于暗黑森林与光明之火建立契约，
人与神建立契约的一瞬间。
我在黑暗中活着，却想寻求光线，
我活着就代表黑暗，但却从没有放弃追寻，
我在出生初期看到你们蒙受苦难，
也曾心存怜悯，心存福音，
我也曾用神灵的手治愈你们的麻风病，
也曾制止那掷向行淫妇人的石头，
我也曾面对太阳王施与我地狱煎熬的火刑，
我也曾身披枷锁，头戴荆棘冠，被订十字架，
痛苦哀嚎，血流不止而死。
后来我和世俗的王权结盟，
开始控制你们的思维，
让你们敬服，膜拜于我。
我布列星辰，高坐云端，
身披绶带，头戴金冠，手握权杖，
俨然是你们的救世主，你们的神灵。
我建立宗教裁判所，在中世纪创立神权帝国，

我用神的权威和教义去杀戮不服从我，
不膜拜我的异教徒，
就像在狼人帝国的太阳王施与我的刑罚一样。
那时候的我有光洁的身躯，
太阳王施与我的火刑早已经结疤痊愈，
我的身体不再流血，
我愉悦的享受着万民的膜拜，
像一个真正的教皇，
但却不知不觉我也戴上了太阳王的面具，而不自知。
看着灯火辉煌的大厅，
我以为这就是我寻找的光芒，
却忘记在光芒之外的暗黑处有亡者的喘息。
光芒的日子就这样过了很久，很久，
但对于我而言，
这种明亮消逝的还是太早，太早，
可是对于那些黑暗之处的亡者而言，
这种明亮还是太过于久远。
后来，黑色的盒子被黑暗打开，
潘多拉的预言得到印证，
我的光明世界陷入一片瘟疫之中，
我所建立的等级光芒开始坍塌，
一大群自由的亡魂从黑暗之处走出来，
走到我的面前，
他们之中有但丁，薄伽丘，拉伯雷，莎士比亚，康帕内拉，
米开朗基罗，拉斐尔，达芬奇，伽利略，哥白尼，达尔文等等，
当然还有敢孤身一人挑战巨大大风车的堂吉诃德，
我像受惊的老鼠惊慌失措，
惶恐不已，
感觉自己的末日和最后的明亮即将结束不见，
我从来没有这样害怕过，
就是我在面对太阳王火刑的时候，
也没有惧怕过。
当我被钉十字架的时候，

也没有恐惧过，
当我头戴荆棘冠的时候，
也不知道痛苦是什么。
当我被暴怒的人群赶下神坛，
当我被黑暗的亡灵拖进暗黑里，
我才开始静静的思考。
我在暗黑里，
因为有信仰，有光明，
所以我无惧太阳王的刑罚，
当我在光明之处的时候，
却丢失自己的信仰和光明，
开始用自己的光芒奴役别人，
就像当初的太阳王奴役我一样。
我不应该存留在人们的头脑中，
束缚人们的意识，
奴役他们，
而是应该停留在人们的心灵之处，
守护人们内心的那团光，
给他们自由。
我的思想和教义不应该和世俗的王权结合，
我应该死去，而不是活着，
只有死去的我，才能长久的活着，
活在人们内心的那团光里面，
活着的我，不值一文，
而那团光才是我在暗黑森林立誓需要追寻的东西，
所以我今天死去，
不在奴役别人，给他们自由。
我回到这暗黑森林里，
回到这树上来，
因为我已经完成自己的誓约，
找到了光明。
在我死后的世俗世界，
有一部分人把我的死讯传递给外面的人们，
把我的光也传递给他们，
有一部分人把我的生讯也传递给外面的人们，

把我的暗黑也传递给他们，
当瓦特的机器怪物在全世界转速的时候，
我也在为世俗的国王利益奔走，
但有时我也传递给人们一些光。
当人们把我放进他们的头脑，
我就奴役他们，
人们把我放进他们的心灵，
我就守护他们。
当我守护的人心越来越多的时候，
我的光芒就越来越明亮，
我一直相信，
这些光可以照亮世俗的人心，
也可以照亮我的脸庞，
让我越来越明亮。
于是当文明契约和人性之光的来临，
我看到，
我看到俗世的教皇在为异教徒祈福，
我看到他在亲吻他们的脸颊，
他在为异教徒净身洗脚，
并亲吻他们的脚底，
人们内心的光就是我的光，
我死去却又活着。
这是我的故事，
我是光之子，基督，耶稣。

树上的怪猴，
我看到你的左边有一粒果子，
可是你的右边却是空空如也，
在这暗黑森林里是否还缺少一些果子，
是的，陆地上的猴子，
我的森林还缺少一粒果子，
那人还没有死去，
他还在世俗的世界控制着他的子民，
他还在享用着他所建立的光亮世界中，
他没有死去，

我一直都很想念他，
他生活在他所建立的虚幻光线中。

等等，树上的怪猴呀，
不是兄弟三人立誓寻光吗？
怎么只缺少一位，
难道不是缺少两位吗？
这时，在那怪猴的身边出现许许多多的萤火虫，
那萤火虫像一片片莲花汇集成海，
最后那莲花凝聚成一粒果子，
而那果子又突然炸开，
照亮整个森林，
从那果子里出现一片虚幻的光线和声音。
我衍生于印度，出生于净饭，
昌盛于孔雀，游历于世界，
我锦衣玉食，玉带光华，无忧无虑，
不知人间之疾苦，不知世间万物为何物，
一日看到衰老之老男，垂死之老妪，腐朽之尸骨，
我仿佛看到自己的未来，
那一日我在生岸，老男在老岸，
老妪在病岸，而尸骨在死岸，
世间万物犹如苦虫，
静待轮回。
人之生老病死，无法逆转和改变，
富贵欢乐不过是虚幻的过眼云烟。
我看到修道者的快乐和内心的满足，
也看到自己贪欲的心和被世俗蒙蔽的意志。
于是我割发弃须，抛家弃子，
弃万乘之国，修道养真，
我在尼莲禅河中洗去世俗的污秽。
在菩提树下审视过往，现在和未来，
人之命运，皆有定数，
不可强求，也不可妄留，
人之悲苦，犹如苦虫，
生亦悲，老亦悲，病亦悲，死亦悲。

我睁眼闭眼，都犹如身处炼狱，
我辗转反侧，日夜不寐，
我悲不能解苦虫之苦，
空怀仁心，却不知身往何处。
我只能一世一世的不停息的轮回，
妄想将那苦字解的淡一些，在淡一些，
就像穿行于黑暗土层的蛇蜕皮一样，
妄想蜕出一丝光线来。
我寻光，光不见，
寻暗，暗不见，
我处在虚无混沌的空间里，
豁然顿悟，
人生两面，有光有暗，
心光即是光，心暗即是暗，
无谓有光，无谓有暗，
光无谓，暗亦无谓。
　半世孤独 ，半世飘浮，未曾生我，谁是我？
生我之时，我是谁？
长大成人，我是我吗？？
双眼合闭时，我又是谁？？
生老病死皆是苦，
苦啊。
世人就是穿行于黑暗和光明的苦虫，
暗黑和光明都是我们的欲望之虫，
就因为我们有了欲望，
这个世界才滋生了暗黑和光明，
暗黑也罢，光明也罢，
都是因为世人的心有了尘埃，
只有解脱欲望，转世轮回，
我们才能了无尘埃，
到达永恒的圆满。
我既不在过往，
也不在未来，
更不在现在，
我在轮回，

我从来没有生过，
也从来没有死去，
这是我的故事，
我是虚幻之子，释迦摩尼，佛陀。

那光亮忽明忽暗，
那声音宜喜宜嗔，
那森林飘忽不定，
最后所有的一切见不可闻，
最终消失。

空有仁心不忍心，
那怪猴说，
空为虚空，仁心为佛心，忍心为不忍之意，
心怀慈悲，不忍见世间之苦虫，化为虚空，
枉轮回，
不知解。

树上的怪猴，那人去了哪里，
他是去了尘世，还是隐藏在这森林。

他不在这尘世，也不在那尘世，
他不在这森林，也不在那森林，
他抓住了天际的光，回到了天神的住所，
他不哭不笑，
不喜不怒，
不悲不乐，
不生不灭，
无垢无净，
他没有过去，
没有将来，
也没有现在，
他变得虚无，空无，
只在不停的轮回之中转换不息，
他心中无光，心中亦无暗，

这尘世，那尘世，
这森林，那森林，
在他眼中只是一粒芥子，
这万千世界也是虚无，
纵使我还是我，但我已经不是我，
他已经迷失在自己的世界，
找不回来了。

树上的怪猴，
我们生从何来，死往何去，
为什么我们同样的血缘，
我们行于陆地，
而你却归于森林，
森林是我们的归宿，还是陆地是我们的归宿，
这森林是什么？？陆地又是什么？？

我们生于尘，归于尘
无论是西方圣经，还是东方女娲，
还是希腊神话，或者北欧传说，
都是载明人类是用泥土和水调和而成，
死亡是一个未知世界，无人可解，
活着的人任何人都无法解读和揣摩，
当然在未来的时间我们每一个人都将亲身面对他，
死亡令人着迷和费解。
 这是一个蒙昧的森林，
也是一个黑暗的森林，
森林中燃烧着铁与火，血与剑，
众人在黑暗中喘息，艰难的呼吸。
当霹雳和闪电划过天际，
众人跳到了陆地，
开始血与火的生活，
开始铁与剑的生存，
众人与野兽搏斗，
喝它们的血、食它们的肉，
或者让它们食众人的血与肉，

众人会经常的遍体鳞伤，食不果腹，
当众人在森林中迷失的时候，
众人会张望森林上空，
叩问那漆黑的夜空，
我们活着到底是为什么？？
为什么要让我们无休止的流血和极度的苦痛，
我们脚下的路又在哪里？？
我们为什么要出生在这样的一个世界？？
我们存在的意义是什么？？
所以这森林是一个未知的问号，
这陆地也是一个未知的问号。

树上的怪猴，
森林的进化，陆地的进化，
谁是正确的，
为什么我们会行于不同的轨迹，
方向在哪里？
我是谁？
我是什么？

地上的怪猴呀，
在这暗黑森林初期，
我们曾经共同在这树林生存，
我们行走于不同的进化之路，
我行于树，你行于地，
当你走向陆地，
寻找光明，
我曾一直注意你们的脚印和痕迹，
你们在陆地歪斜所走的每一步，
我都有所记忆，
毕竟我们曾共同生活在这森林，
你是否还记得那青鸟，
那瞎眼的青鸟，
它存留你们所有的记忆，
那怪猴拍拍树干，

从暗黑森林深处，
冲出一青色双翼。

一只青鸟瞎了双眼，
披着一身滴翠的羽毛，
在云层里鸣叫。
低垂的云层，
弥漫了整个天空，
压垮了那静静的山头。
高高的山上，
没有空气，没有自由，
有的只是辛苦劳作的人类。
人类像一只猴子，攀上高高的树，
他们在树林里嬉闹，蹦跳，采摘野果，
并不知道陆地才是他们的真正生活。
陆地上充满了陷阱，野兽的足迹，
一只断折的手，沾满了血污，泥沙，在陆地上哭泣。
哭泣的猴子，擦干了血泪，
捡起了石头、棍棒，与地上的危险幽灵抗争。
抗争、抗争，他们学会了扑食，耕种，
石块和石块，木头和木头之间隐藏着真正的火。
他们向那看不清、看不懂的事物抗争，月亮圆了。
月亮圆了，在那高高的树上，挂着一张苦涩的脸，
一只青鸟瞎了双眼，我们的出路有苦难言。
我们的出路就像在树林里蹦跳、嬉闹，
在陆地上哭泣、行走。
陆地上，一堆白色的骨头被静静的埋葬，
一堆黑色的火焰静静燃起。
出路在哪里？？
远处，一条路伸向远方，
青鸟飞起。

陆地的怪猴，
这就是你们行走的方向，
这就是一只青鸟的寓言。

当初我们的森林是暗黑的，
因为黑暗我们滋生恐惧，
因为恐惧我们滋生宗教慰藉，
我们都认为宗教是我们唯一的光，
但是我们对不属于自己的光却进行敌视，
所以我们在黑暗中用宗教，用神的名义互相杀戮，
仇杀一切不属于自己的异教徒，
就像古罗马太阳王用火刑燃烧基督教徒，
而在中世纪基督教皇用火刑燃烧鲜花广场的布鲁诺
一样，
而在今天我们同样的用宗教，用神的教义，用红色的
石头砸异教徒，
宗教形成信仰，
而这信仰就是这森林中的果子，
只是有时候这信仰是用血染红的。
人类居于神之下，
而人类只是这果子之内的果粒而已。

树上的怪猴，
如何囚禁暗黑，昌盛光明，
为什么我们创建的任何事物，
都会成为我们的枷锁，
人类的未来在哪里？
我们的归宿又是什么？

陆地的怪猴，
当你们从树上跳下来，
行走于陆地，
陆地上的危险和黑暗要远远高于树上，
所以面对地上的危险你们需要抱团取暖，集结成群，
于是你们成立国家共同抵御外部的危险，
当然由于你们是从不同的树上下来的猴子，
所以你们就会寻找从同一个树上下来的猴子形成民
族，
地上的怪猴，

你们认为成立国家，
就可以以国家的名义去杀戮在国家之下的猴子，
你们成立民族，
就可以以民族的名义去杀戮在民族之下的猴子，
你们把这种杀戮看成是爱，
爱这个国家，爱这个民族，
其实恰恰相反，
没有个体的猴子，
哪来的国家和民族，
我们都是做为一个个体人来到这个世界的，
我们的权力谁也无权剥夺，
凯撒不行，神灵也不可。
国家和民族的核心是建立在统治者意识之上的，
统治者意识的国家杀戮和民族杀戮是为了，
是为了维护他的统治者意识形态和权力的稳固，
所以在今天无论是教宗信仰杀戮，还是国家、民族杀
戮，
都是统治者意识形态的杀戮，
是谁告诉我们异教徒会毁掉我们，
是谁告诉我们国家之外的异国家会吞噬我们，
是谁告诉我们民族之外的异民族会毁灭我们，
这一切都是统治者意识形态告诉我们的，
所以这几千年来你们之间的杀戮不必如此，
都是一场世俗的游戏。
用他人的肉做羹，
用他人的血解渴，
你们这种互相残杀，
将来一定会毁掉你们，
你们一定会被天火焚毁，吞噬。

那怪猴说着从黑暗处树上折下一截带有果子和树叶
的枯枝伸到我面前来，
地上的怪猴呀，
果子代表你们的宗教慰藉，
而这两片树叶，

一片代表你们的国家，
另一片代表你们的民族，
而生活在这截枯枝上的蚂蚁就是代表你们自己，
你们这群蚂蚁受果子和树叶的影响，
你们之中有权力者，有和平者，也有冷酷、虚无者，
你们拼命的为了获取自己的利益，
而在这枯枝上自相残杀，
你们从来不关心整个森林，
这森林是否光亮，
竟然和你们没有一点关系。
那怪猴说着，把枯枝伸向夜空，
我引雷击之火焚燃你们的枝条，
人类就是这截燃烧枯枝上无所适从的蚂蚁，
不知该爬向那里。
那枯枝熊熊燃烧着，
最后那枝条上的果子、树叶和那蚂蚁全部燃成灰烬，
从高高的树上跌到陆地，
化成飞灰，消失在夜空里，
这就是你们的宗教，
这就是你们的国家，
这就是你们的民族，
这就是你们的文明，
这就是你们的宿命和归宿。
对于人类的未来，
或许就像是一团漆黑的火，
在寻找光明，
也像是在光明之中寻求毁灭。

树上的怪猴呀，为什么他们的脸是苦涩的，
既然死亡和毁灭无法寻求避免，
为什么不能进行逃离？
他们在树林里是自由的，
或者他们也可以像我们一样，从树林里逃离，
追寻自由的陆地。

因为他们没有从陆地上看到希望，
　世人的脸皆是苦的，他们被各种各样的苦包围，
当然他们用光鲜亮丽装饰自己，
从树林里跳下来你们就失去了方向。
你们没有寻找到真正的进化之路，
所以他们的脸都是苦涩的。
在这暗黑森林里，
每一棵树都代表一种失落的文明，
而每一棵树上都隐藏着和我一样的树猴，
而在树下也都有和你一样的陆猴，
他们曾经也和你一样妄想照亮森林，
奈何全部归于尘土。
那怪猴指向暗黑森林的深处，说，
这是美索不达米亚文明，这是巴比伦文明，
这是古罗马文明，这是迈锡尼文明，
这是庞贝文明，这是古埃及文明，
当然这里还有亚特兰蒂斯文明，
这些文明之树在今天都被雷击之火焚烧，
成为灰烬，
而在树上的怪猴和树下的陆猴都成为尘土。
在今天我们的树丛也即将被天火点燃，
而我们的命运也即将开始，
我们的归宿也可想而知，
我们无论在树上还是树下都无法得到安息。

树上的怪猴呀，
如何才能挣脱黑暗的束缚，
寻找失却的光明？
真正的森林之火又是什么？

地上的怪猴，
你们总是被你们自己创造的东西束缚，
你们滋生宗教，
被教宗束缚，
你们创建国家，

被国家束缚，
你们形成民族，
被民族束缚。
你们自己吐丝，自己结网，
自己把自己困死，
而没有出路。
你们不知自己最大的敌人是谁。
从你们踏足陆地那一刻，
你们就被自己束缚，
这几千年来你们一直都生活在网里，
生活在莫名的意识形态里，
你们乐于被宗教，被国家，被民族控制和束缚，
我们的森林是一个笼子，
所不同的是这几千年来，
是人们在笼子里面，
而统治者在笼子外面，
你们是否知道，
宗教，国家，民族的核心是一种统治者思维，
人类世界都是生活在以教宗，国家，民族
为统治者意识的笼子里，
无论是今天的伊斯兰教，还是中世纪的基督教，
或者是今天遍布这暗黑森林的死去和活着的文明，
他们的核心都是建立在一种统治者意识形态的文明，
而你们的文明就是跪着的文明，
你们的文明发展这数千年，
你们从来没有真正建立站着的文明，
一个不能体现个体意识的文明，
不是真正的文明，
　文明是让人站着，而不是跪着，
这就是你们森林之火真正的意义了。
而突出个人意识是建立文明的第一步，
人类的最高文明形式和规则就是自治，
自我管理，自我控制。
你们所有的猴子思维里要有
这森林是我的，

我是这森林的主人。
你们的思维里要具有和失控的宗教、国家、民族斗争
的勇气，
你们要质疑一切，
把统治者驯服，
把他们赶到笼子里，
这样你们才可以建立站着的文明，
以及拥有那火和光明了。

树上的怪猴呀，
这森林最重要的事物是什么？
如何保持这森林和陆地的平衡？
我们能够不朽吗，
或者我们也会归于死亡的尘灰，
永恒的又是什么呢？

地上的怪猴呀，
你们是否明白，
这森林，这世界一直都掌握在你们自己手里，
或许从暗黑森林走过我们因为黑暗，
因为恐惧，而行使铁血丛林法则，
但是在今天当这森林的枝条上绽结出柔软的契约时，
我们应该用文明法则建立新的森林法则了。
我们的时刻到了，
森林的时刻到了，
这个世界需要我们建立新的规则和世界秩序的时刻
到了。

地上的怪猴，
我们的森林需要平衡，
一种光与暗的平衡，
就像黑夜和白天一样平衡，
我们不能同时拥有极昼和极暗，
光无法吞噬暗，
暗也无法吞噬光，

东方有东方的力量，
西方有西方的力量，
南方有南方的力量，
北方有北方的力量，
我们的森林不能拥有极权的力量，
因为那样会毁灭我们，
毁灭我们的森林，
只有力量和力量的均衡才能保障我们文明的运行，
我把你们手中的噬人力量消除，
当你们有了分歧和争端，
可以用孔雀的羽毛来替代武器，
以免危害我们的森林。

树上的怪猴呀，
人类需要依靠什么，
才能寻求到光明，
才能更自由？
或者这森林能够给予我们什么东西，
让我们寻至那丢却的光明？

地上的怪猴，
你们的自我力量需要苏醒，
不要依靠你们所创立的东西，
宗教是守护你们的，
国家和民族的建立是以你们为目的的，
而不是以统治者意识为目的的。
　人类曾经是自由的猴子，
奔跑在这暗黑的树林，
因为惧怕这暗黑而恐惧，
发誓要把这火带给森林，
把这世界变的光明。
可是今天历经了沧海桑田，
他们有的回到了这暗黑森林，
有的还停留在外面王权的世界，
而有的已经迷失在轮回的时空里。

人类啊，人类，
你们带着劣根性从树林里爬下来，
也带着伟大造物主的奇妙性从树林里出来，
他们贪婪，也富有良知，公理，
他们丑陋，也具有正义，自由，
他们是矛盾的混合体，
他们滋生于这暗黑，又恐惧它，
他们向往这光明，又怕被光线灼伤，
造物主构建了这奇怪的一群，
而不可解。
地上的怪猴呀，
我赐给你伊斯兰的力量，基督的光，佛陀的仁心。
我以木之魂，暗之力赐福，
让你们左手执佛，右手拿（孔雀）翎，
心中一片光明（基督）。
世人啊，你们要谨记：
信仰的力量，来自于心灵，而不是来自于大脑。
将来有一天呀，
伊斯兰的规则会在全世界奉行，
基督的光会照亮这个世界，
但是人类却统统都要回到天际，
回到那一粒芥子里去。
人类始于暗黑，起于阴柔，
但还终于光明，
没有任何人可以替代你们。
去你们的世界吧，
唤醒世人沉睡的心，
让你们的意识统一起来，
建你们的塔吧，
将来有一天你们会看到新的世界，
发现新的光明，
回到这森林里来，
来终结我们的誓言。
我的血亲，请向我发誓，
发誓，你们将来有一天可以带着那光回到我身边，我会在这暗黑树林里一直等你。

我的血亲啊，
我谨在此向你发誓：
将来有一天我一定带着那光和那自由回到你的身边，
照亮这树林。
这树林，这陆地的每一人、
每一灵都是我的至亲，
我会抚慰他们，照亮他们，
让自由的光打在他们的身上。
我在此立誓：
他人的痛苦，即是我的痛苦，
他人的不幸，即是我的不幸
虽然我们和他们肤色 历史 文化 土壤 环境不同，
但是我们同属一个相同的人类种族，
我们血缘相同，血脉相连，
我们的身上流着相同的鲜血
无论是男人 女人 老人
还是孩子我们都是人类。
所以我们和他们会紧密携手，
共同承担人子的责任。
我们把宗教信仰关进我们的心灵深处，
让它守护我们的灵魂，
让恶神无法作恶，
我们把王权关进我们的大脑，
我们监督它，
让王权无法伤害我们。
我们的世界是由那些平凡的，
衣衫褴褛，满脸风尘仆仆的平民拱卫而成，
而不是由那些高高在上的教宗神权和世俗王权主宰，
我们的命运和自由应该由我们自己主宰和掌握，
而不是由他人。
所以我们监督王权，监督神权，
把他们永远的关进我们的笼子里。
他人的自由，即是我们的自由，

他人的奴役，即是我们被奴役，
他人的光明，即是我们的光明，
他人的黑暗，即是我们的黑暗
为他人争取自由，
就是为我们自己争取自由
让奴役的铁链破碎成灰，
是我们的责任。
为他人追寻光明，
就是为我们自己争取光明，
让黑暗的阴影烟消云散，
是我们的义务。
人类是一群富有良知 正义 公理和自由的族群，
所以我们
无法容忍他人被披枷带锁，
被奴役，被剥夺生命。
在我们的世界只要有一人无自由，
那么全世界都被奴役，
而一人被奴役，
那么全世界就无自由。

于是我恐惧、悲哀、自由、沉重的
穿过森林走过那条来时的路，
路边扔着破碎的帽子，
我看到路边有倒塌的神像，
有世俗的眼泪，
我踩着脚下的血湖漫无目的的行走，
不知道光明在那里。
路边的青鸟，瞎着眼睛，
扑打着翅膀，躲进云层里。
全世界都是黑漆漆的，
好像所有的黑暗都在我们的身边，
吞噬一切，
但是我也看到有微弱的光线，
有时候我们在陆地迷失方向，
也会攀上高高的山，

回到熟悉的森林，
看到树上依然有我们泪流的血亲，
它们想拉我们进入过去熟悉的梦里，
但我和它们之间有无法逾越的火，
我们再也无言，我们再也无语，
我们再也不愿回到那蛮荒森林。
山黑漆漆，树黑漆漆，
我们冲着远古的山，
呼唤着蛮荒的神灵，
大声的喊，恐惧的喊，悲伤的喊，
就像千万年以前我们祭祀我们祖先，
神啊！！我们是谁？？
我们来自哪里？？
我们又将去往何处？？
那山黑漆漆，那树黑漆漆，
把我们的声音吞噬。

我们曾经以为我们是野兽，
所以我们蚕食同类的尸骨，
用他们的骨架搭起高高的平台，
以为可以实现我们的梦想天堂，
但是我们却踏进血湖。
我们仰头看那树，
在那高高的树上，
挂着一张苦涩的脸，
我们的出路在那里？？
我们大声的喊，恐惧的喊，悲伤的喊，
我们拍打着树干，
从树丛间掉下我们年幼时期曾经丢弃的事物，
那是叫做"人性"的东西，
我们流着茫茫的血泪，
现在把人性放回自己的内心。

青鸟又嘹亮的响起，
我们向我们的蛮荒森林告别，

和我们的血亲。
我们依旧回到起点，
带着我们丢弃的人性，
我们头顶有璀璨的星空和闪烁的星云，
我们点着火炬，
照亮了路边的雏菊，
孔雀的羽毛五彩炫丽，
我们唱着自由歌，
踏破脚下的血湖，
整个大地都在颤栗。
我们擦干世俗的眼泪，
焚烧倒塌的石像，
整个星空都在闪亮。
我们是人，
不在被捆绑，不在被奴役，
我们拥有自由的意识和自由的思想，
任何世俗的王权和神权，
都休想让我们恐惧。
远处青鸟飞起，
一条路伸向远方。
额，我们的出路在那里！
我看到了，
看到了那世界，
那光。

那光愈来愈明亮，
诗人睁开了眼，
自己还在神的卧床，
坐在那石猴平整的背脊上，
真是一场长长的梦，
诗人心想。
夜，静悄悄的，
风，也是静悄悄的，
在黑夜迷离的天与地之间，
仿佛矗立着漆黑的魅影，

这个时候塔外有疯子喊着：
魔鬼，来了，来了，来了，
风仿佛静止了，
夜似乎也暗了下来。

（第二卷完）

卷三：众神的陨落

血光冲天，无尽地血色雾气在缭绕，
阵阵腥风闻之令人欲呕。
猩红的血水，汇聚成河，
而整片大地也像烧红的铁块一般，
透发出通红的光彩。
啊，所有巨大地石柱、岩壁都闪烁着骇人地血芒。
这里阴沉恐怖，充斥着无尽地阴森气息。
整片天空都不再明媚。
天地间所有景物都笼罩上了淡淡地血色！
遍地的残破肢体，内脏，手脚，头颅，
到处都是……
不过全部都沾染着猩红的血水。
连绵成片的的恶魔城堡，
矗立在这片阴森的炼狱中，
无尽地骸骨在漂浮。
七八座巨大的枯骨山高耸而立，
滚滚而流的血河在雕像、城堡、骨山下呼啸而过……
啊啊啊啊，我这是来到了那里？？
我的灵魂啊，遭受到什么诅咒，
我感觉到一阵颤栗和不安。
啊，这里是什么地方，
那位神灵的手抓我去往这里？？

前面有隐隐约约的闪光，
我漫步从血水中走了过去，
去往那里，
那似乎是一面发光的镜像，
里面困着颤栗和不安的灵魂。

啊，欢迎，欢迎回到死亡的家乡，

灵魂毁灭的乐园。镜子里有人说

我颤栗的去看那镜子，
里面有模糊不清的脸，
但是扭曲、怪异的音调却有点熟悉。
请问啊，我为什么会来到这里？
诗人灵魂战栗不安的问

所有破坏的，破碎的，毁灭的，
都将来到我这里，
这里是人类的彼岸和家园，
也是我的城池，
我的天堂，
欢迎参观，
那声音说。

我看到远处一具具尸体，挂在骨山上，
吊在恶魔城堡前，
死前遭受极刑的种种惨烈状态，
还依然保持着死亡来临时期的姿态。
四周寸草不生，只有无所归处的孤魂。
这是似乎是一个独立的血色炼狱，
自成一片空间！
可是，在我的记忆里面，
我正在清晨的花园里面凝望那滴露珠，
身边有五颜六色的雏菊和小鱼。
为什么神的手会拿我的灵魂来到这里？？

自己选择的路，自己就要承认，
无论前面是魔鬼，还是神灵，
是天堂，还是地狱，
都需要去承受。

可是，我并没有做错什么
或者选择了什么？？

为何来至这里？诗人不解

你们的世界错了，
你们那个时代的凯撒和神灵做错了，
所以你们的结局需要归属于这里，我这里。那声音讲

我不明白你说的是什么？？
可以详细说一下吗？？诗人说

是，你们，你们选择了我，
集体选择了我，
叩响了我的大门，
背弃了你们自己，
自己的人性和灵魂。那声音说

为什么我们的世界就毁灭了？
我们错在了那里？？诗人问

你们抓错了神灵的手，
供奉错了神灵的眼，
所以注定的毁灭结局，
不言而喻。
基督的十字架已经破碎，
佛陀的末法时代已经降临，
穆罕默德的石头已经开始杀人，
你们还不知道身在何处吗？？那声音说

这个时候，大地在剧烈的抖动，
一声声若有若无的沉闷魔啸，
在深层地下不断传出，
大地都猛烈摇动了起来。
死亡煞气充斥天地间。
我感觉莫名其妙，
并不明白你的话语意义。诗人说

你来，擦亮这镜像，
看我的脸，就会明白自己是谁？？那声音说

于是，我走上前去，
用颤栗的手去擦拭那镜像中的脸，
逐渐的，逐渐，
我看到自己的脸出现在镜像中。
啊，这是怎么回事，
为什么我会出现在镜像里面？？
你是谁？诗人问

这是世俗的百棱镜、万花筒众生像，
也是魔鬼的自画像，
上帝的启示镜。
我是你的阴暗面，
我是你的另一半。
只有我，才可以为你解读这一切，
所有的一切，
我都明白知晓。那声音说

这里又是什么所在？
为什么我会来到这里？诗人问

这是我的，魔鬼乐园，
看看，这四周自由女神像的碎片，
罗马教廷的王冠的废墟和紧握权杖的手，
这里是神碎之地，凯撒之所，
众生灵魂的归宿，
也是你们未来的未来世界，
未来所有的人类都将归入我的囊中，
所有的灵魂都由我掌控。魔鬼说

人类的未来世界发生了什么？
为什么会变成这样？诗人问

神碎，王灭，子民败，
魔兴，鬼盛，众魔生，
放弃了对神的信仰和道路，丢弃了光，
弃绝了凯撒的鞭子和秩序，丢弃了人性，
世界已经坍塌。魔鬼说

人类真的灭亡了吗？
诗人喃喃自语说

这个时候，一束光反射过来，
刺亮我的眼睛，
镜面中显现一片宁静的海，
寂寥的星空、旷野、秋虫寂然
还有圣洁的殿堂，
像上帝的住所。
就像越过了时空的束缚，
看到了古世纪的童话。

去学识之城的集市走一走，
探索古罗马式建筑风格的神秘，
聆听迦百农教堂里神灵的声音，
或者在文艺复兴时期的花园里冥思，
在神灵的膝下仰望，
你就会明白一点东西。有另一个温和的声音说

天阴沉，拱形圆夜空，
苍穹穹窿、巨大的人像，光明和智慧，
左边是太阳神、音乐之神阿波罗，手持七弦琴；
右边是智慧女神雅典娜和她手上的美杜莎之盾。
大街车水马龙，人流穿梭不息。
灵魂漫步在人来人往的大街上，
商贩的吆喝声不绝于耳。
秃顶黄髯老人，身穿紫袍，面对观众，
侧耳静听，似乎陷入沉思之中，
穿白衣、两臂交叉的青年；

也有披甲带盔的青年军官，
白发白须老人，身披深红色斗篷，孑然一身，
沉浸在思考中；
身穿淡绿色长袍，
正侧转身体向四个青年人扳着手指头交换意见的智
者；
。。。。。。。
太多太多的灵魂和智慧、光明，
都集中在黑暗的集市中。

微风拂面，晨曦刚好透过星辰，
在草间映着清晨的微光，
如珍珠闪闪发光，
灵魂仿佛受过风雨岁月天地万物的洗礼，
天地万物，一片静谧，没有瑕疵，
这里又是那里呢？诗人问

神灵的学院已经破败，
光明的灵魂移至荒野，
人类的智慧，真理，哲学、数学、音乐、天文，
自由开放的思想，还有不屈的意志，
遭到贩卖，
从古希腊．古罗马土壤中孕育出来的人性精神，都已
毁灭，
这里是雅典的集市。集市上有人说

呃呃呃，我记得雅典学院的圣辉，
穿透人类黑暗的夜空，
照亮前行的道路，
为何你们现在却沦落荒野呢？诗人问

因为自由的灵魂无法安放，
只能流浪荒原。
数千年前，在这块大陆流传一种预言，
这种预言被人誉为"神鬼预言"。

当预言降临，世界便没有了白天，
所有人都沉浸在黑暗的世界里。
灾难，狂暴，血腥，杀戮，掠夺，遍地横尸，
让整个大陆陷入一片混乱，
神鬼预言带给人们是无限的灾难与痛苦。
瘟疫，饥渴，让人们变得如同丧尸一般的疯狂厮杀，
而这场灾难正是世界黑暗之眼策划的，
他要统治整个世界，
释放所有黑暗地狱的恶灵，
让全世界的人们都成为他的傀儡。

那时这里的人们原本过着无忧无虑的生活，
阳光明媚、普照大地。
孩子们在各个街道奔跑着，玩耍着，
直到有一天，魔鬼的降临，
让整个原本属于人类的宁静生活彻底破灭。
天空突然间被乌云笼罩，
太阳光逐渐变弱，闪电雷鸣，
雷电，风暴不停地袭击着地面，
袭击着手无寸铁的人们，
让人们不得不赶快逃开学院。
突然大地撕裂，
世界的末日来到，
学院的出口早已随着刚才大地逆转而封锁，
人们啊已经没有回头的道路了，
只能沿着漆黑的森林继续前进。
成群的噬血乌鸦不停地在头顶盘旋，
许多孩子躲在某个角落里颤抖着，
只有一个孩子，
在人群中不停的奔跑着，跌倒，爬起，爬起，再跌倒，
当暗黑覆盖她的眼睛的时候，
她将脖子上的十字架摘掉，
十字架在黑夜里不停的闪着红光。。。
我们顺着圣光从学院来至荒原，
这里是我们的集市。集市上有人说

世界毁灭了吗？
没有任何的方法阻止这场灾难的发生吗？诗人说，

唯一的方法就是找到圣光之子，
但是圣光之子到底在哪里？
并没有人知道。
那集市上有人说

上帝啊，为何要让这个世界颠倒，
让善良顺服邪恶？
让光明臣服黑暗？诗人说

妻子要顺服不信从道理的丈夫，
仆人要顺服乖僻的主人，
基督徒也要顺服暴虐贪腐的君王。
大卫顺服神已弃绝的扫罗 40 年之多，
耶稣顺服必将消亡的罗马当局在十架上受死，
这应该是神为基督徒树立的榜样，
所以一切结局都是必然。那魔鬼说

那么你们不就可以暴虐残忍，统治人间，
让世界成为第二个魔鬼乐园了？诗人说

基督徒要在行善中受苦，
在寄居地忍耐顺服，
是为着熬炼自己以便得以进入神永远的荣耀。
如果没有恶政谁愿意离开巴旦亚兰进入教会，
谁也不会仰望基督复临。
这是信神才有的顺服，
也是信神该有的顺服。
所以你们要服从我，
我才是你们的"新"神。魔鬼说

那么神灵和魔鬼有什么区别？

地狱的空荡，
难道不是魔鬼在人间的体现吗？诗人说

你不知啊，魔鬼，一直在人间，
人文文艺复兴的河流并没有浸湿魔鬼的足底，
我以为那是上帝的嘴唇亲吻凡人的脚底，
其实那只是虚伪的跪舔和作秀，
他们只为稳固自己在人间的权杖和皇冠。那集市上先
知说

人类几千年对神灵的供奉已经让神带上了虚幻的面
具，
而陶醉于对人类灵魂的掌控。
却不知神灵的存在只是一束光，
而不是一堵墙。
一束光引导灵魂，
而不是一堵墙禁锢人性，
所以最终我胜利了。魔鬼说

我知道，人类的溃败首先是神性的溃败，
罗马教廷的城墙已经坍塌，
神性已经湮灭，
罗马教廷隐藏着魔鬼啊！
打开罗马教廷的历史，
自称上帝在人间代表的教皇，
几乎都是人类文明进步的绊脚石。
我记得欧洲犹太人在遭遇大屠杀的第一时间，
就曾向庇护十二世发出过求助，
当时的梵蒂冈教皇已经掌握了纳粹德国屠杀犹太人
的细节，
却始终没有向世界公开纳粹德国的暴行。
几十万无辜的人注定被杀或逐渐被消灭的唯一理由
是他们的人种和肤色！
我还记得他的前任庇护十一世，
因忧心于教会权威衰落，

妄图借助法西斯的力量抵抗现代社会的来临，
他和法西斯的真实关系被掩盖在罗马教廷的假象下。
世俗的王权和神权，
魔鬼和神棍勾结共谋世界，
改变了上百万人的命运。
我还记得和希特勒握手受宠若惊的教皇和在黑暗血
旗掩映中微笑的教皇，
他们啊！人人手持心中的圣旗，
满面红光走向罪恶。
他们一直都在，都在那里，
都在历史的进程里，
他们的无耻，他们的罪恶？诗人说

他们不代表神灵和人类的宗教，
他们的背后只有世俗的利益，
因为我站在他们身后。魔鬼说

怎么能向邪恶利益低头妥协呢？
犹大 30 块钱出卖了耶稣，
罗马教廷多少钱出卖了世人？
神灵的信仰和启示又有着什么不可告人的秘密呢？
集市上质疑者说

教廷啊，你的影响力来自于行在圣光之中，
而不是与地上掌权的打交道。
圣经"新约"里基督耶稣是个怜悯者；
他怜悯"妓女，税吏，渔夫，麻风病患者以及其他罪
人"
但耶稣从不与魔鬼交易，
从不与文士法利赛人妥协。
因为：神魔不两立。
集市上信神者说

这世界怎么了？
怎么又变黑了？诗人问

总会有背叛耶稣的犹大，
也总会有洗去罪恶的献祭羔羊，
都是必然，都是轮回。
集市上献祭者说

人是从哭泣中而来，沉默中而去。
他们却偏要说，从炫耀中而来，
从金钱中而去。
钱谁都爱！
但如果每个人都为金钱失去人的本性的话，
那这世界还有什么道德可言。集市上悲伤者说

他们有它们的信仰，
他们的信仰就是金钱与权力；
他们有它们的哲学，
他们的哲学就是奴才与献媚。集市上思索者说

全人类的宗教和信仰在金钱面前不堪一击！
魔鬼在这大地上有权有势，
有千千万万崇拜追随者、有世上万国的荣耀…
但它却没有一丝一毫的圣洁人性、人心！
所以魔鬼竭力用世上的荣华富贵迷惑人、败坏人、
阻止人追求圣洁，毁灭世界！
人类的信仰和神社终将被亵渎和摧毁。集市上愤怒者
说

人类的信仰已经坍塌，
难道你还认为他们还具有信仰和良知吗？
他们信仰的是我啊！
我是他们新的"上帝"。魔鬼说

只有狗啊才会为了一点利益而背弃原则，
跪地认主，
"汝爱其羊，我爱其义"，

人是会坚持自己的信念的。
一切资本利益集团，
那怕披着神的外衣，
一旦只为了利益，
就顾不得耻辱和他们的神灵了，
这是信仰，宗教，神灵尽失的表现。集市上觉悟者说

祷告经上基督说：
'我的殿是祷告的殿，
你们倒使它成为贼窝了，
你们败坏神的殿，
一定会堕入魔的狱。
集市上信神者说

那些衣冠楚楚，冠冕堂皇的祭衣，礼服，罗马领，
那一城的性浸，娈童，污蔑，死亡120，
我希望上帝的天火审判他们，
将索多玛、蛾摩拉，
二城倾覆，焚烧成灰，
作为后世不敬虔人的鉴戒就受永火的刑罚。
集市上炽天使说

愿意放弃自由来换得保障的人，
既得不到自由，也得不到保障。"
因为贪图眼前的利益和安逸，
放弃自由，不惜出卖良知，
捡一份见不得人的狗粮，了却一生。
他们不知，神灵的光和审判，
终将降临他们的头顶，
集市上审判者说

要警醒啊，"通往地狱之路，
是以犯罪司铎的头骨铺成，
由犯罪的主教蚀骨作路标！"　集市上警醒者说

受乌托邦声音的迷惑，
他们拼命挤进天堂的大门。
但当大门在身后砰然关上之时，
他们才会发现自己是在地狱里。
灾难、罪恶如果不能引起反思，
那就是为它下一次的来临打开了大门…集市上思想
者说

凡认真追求真正恒久的荣耀者，
必放弃世俗的荣耀。"
深层政府，影子政党，
骷髅会都和魔鬼有千丝万缕的关系，
他们盘根错节像章鱼触手一样吞噬苍穹和大地，
俗世的他们并不是真正的信仰者。
在无耻的谎言的欺骗掩护下，
我看到人山人海，
但唯有正义没有出席，
世界啊，已经即将陷于魔手。集市上悲伤者说

每个人人性的深处，总是藏着一些不堪入目的东西，
一旦有了合适的土壤，就会野蛮生长。
如果没有信仰、法律和制度的约束，
每一个人都是魔鬼。集市上魔鬼的仆从说

你们的世界已经被我打碎
一片片文明坠落土地，
一切都将逝去，唯有死神永生，
我是你们永久的"主"。
魔鬼说

你们要防备假罗马。
他们到你们这里来，
外面披着羊皮，
里面却是残暴的狼。
凭着他们的果子，

就可以认出他们来。
荆棘上岂能摘葡萄，
蒺藜里岂能摘无花果呢？
要小心啊，再小心。集市上有小孩子说

你是否从未反思过你的信仰，
这正是撒旦今日要你做的，
他让你被吸引，却没有时间反省，
他让你忙碌，却从不去想结局，
他让你以为你所信的是耶稣，
其实，这个神灵已经被假冒。
当惊醒啊，因这关乎我们的结局！
集市上警惕者说

他们都是带面具的基督，
丑化了上帝的信仰，
忘记了上帝的教诲，
他们不在具有同情心，
不在关注人类的信仰。
他们终将无力为主耶稣做见证！
奇怪啊，奇怪，
为什么世俗的宗教会背叛上帝啊？
这个大地上还有真正的基督徒吗？
基督徒的使命是什么？集市上质疑者说

基督徒要行公义、守律法、荣耀神。
人的第一責任就是行公義，
但公義在上帝手上，
所以行公义也是为神作见证。
不行公义怎么去荣耀神呢？
行公义必然为邪恶所不容，
基督徒的一生是与邪恶对抗的一生。
真正基督徒是必须时刻准备殉道，
被钉死在十字架上的。
基督徒不要定睛在天上的事，

要知道地上的事就是天上的镜像为念，
主基督的国应映照这个世界。
一切嘲弄警告的基督徒们，
不要站错了队，变成撒旦的差役!集市上责任者说

信仰基督不是加入一個組織，
不是去遵守一些教條，
而是接受基督做自己生命的主。
把自己的与基督一起钉死在十字架上，
然后与基督一起复活，
成为一个新造之人。
信仰是死的，但与永远活着的造物主，
有生命的连接才是真正的基督徒，
神与吾同在。集市上担当者说

世人啊，耶和华已指示你何为善，
他向你所要的是什么呢?
只要你行公义，
好怜悯，存谦卑的心，
与你的神同行。
一个不行公义的人，
好比暗夜中举手为灯的人，
灯里空空如也，
他行走午夜，
且与黑暗为伍，
他融入黑暗，
甚至成为黑暗之元素及其黑暗蔓延的力量。集市上举
灯者说

它们看不见光，也不喜欢光，
它们需要黑暗来掩盖他们的下流。
只有在黑暗中，它们才会感觉到安全。集市上隐藏者
说

今天的教会，

躲在四堵墙之内，
名曰敬虔，实则自义，
对人类的公义道德没有任何影响。
如果人们继续把自己关在福音的象牙塔里，
不为神的公义发声呐喊，
那么你们将失去在这个世界生存的价值，
神将挪去你们的灯台，
你们的世界将陷于黑暗，
永不见光明。集市上世俗者说

黑暗不仅仅指时间、地点和事件，
而且还指水、空气、人、人心和人们最日常的存在和
呼吸。
如果仅仅把黑暗当做前者，
那是巨大的狭隘，
而真正幽深、无边的黑暗，
是所有的人，都看到了黑暗，
却都说明亮而温暖。
最大的黑暗，是人们对黑暗的适应；
最可怕的黑暗，
是人们在黑暗中对光明的冷漠和淡忘，
人心暗了，人性死了。集市上黑暗者说

在这个世界上，人与动物的区别是"文明"，
文明的特征之一就是同情弱者，
文明不是强大，而是更具有人性。
在这大地，我没有看到人性，
只看到遍地的兽性和兽行。
文明感化野蛮是艰难的，
而野蛮反噬文明相对容易的多。
那些在黑暗中坚强不屈的人们啊，
这是神对你们的使命召唤。诗人说

今天那个令人羡慕和向往的国家，
号称自由和民主的灯塔已经倒下、熄灭、坍塌了！

现在哈德逊河口的自由女神，
已经不是在迎接来自全世界善良追求自由平等的人
们！
而是在召唤那些来自全世界懒惰肮脏会敲骨吸髓的
魔鬼，
只要它们能有钱就行了！集市上愤怒者说

信神的人啊！
有义务维护自由火炬不被熄灭、
上帝的信仰不被坠毁。
因为神灵喜欢自由的灵魂，
像风一样自由的灵魂，
同样神灵也喜欢那些维护他人自由，
给他人带来自由的灵魂，
神灵拣选灵魂的唯一标准就是它是否自由。
因为神灵的天之国，
就是一个属灵的像风一样自由的场所。
至于那些奴役，残杀，
迫害他人灵魂自由的东西，
他们无一例外的都将落入地狱，
受永生永世地狱之火的煎熬，
直至宇宙消亡。
醒来吧，那些善良的人，那些属灵的人！
集市上自由者说

今天这个世界有三个利维坦怪兽，
是魔鬼圈养的三头怪兽，
一是资本利益利维坦，
二是伪信者利维坦，
三是腐败、腐蚀（政客）利维坦。
三个利维坦形成合力，
要做三件大事，
一是敌基督（信仰），
二是建立暗影全球政府（凯撒）极权，
三让人类进入摩多（魔鬼）时代。

凯撒已死，神灵已亡，
精神灵魂没有指引的人，
就会变成无拘束的魔鬼。
集市上先觉者说

那些把肉从桌上拿走的人，
教导人们满足。
那些获取进贡的人，
要求人们牺牲。
那些吃饱喝够的人向饥饿者，
描绘将来的美好时代。
那些把国家带到深渊里的人，
说统治太难，普通人，
难于胜任。
但就是这些人，即将毁灭这个世界。
集市上肉食者说

耶和华啊，
你为何使我看见罪孽？
你为何看着奸恶而不理呢？
恶人围困义人，公理被颠倒。
耶和华啊！我恳求，
你不垂听，要到几时呢？
我向你呼叫"有狂暴的事"，
你却不拯救。
大地没有救了，人类没有救了。
天啊，连大地的信仰也被熄灭，
这大地还有救吗？
集市上哭嚎者说

压伤的芦苇，他不折断；
将残的灯火，他不吹灭。
他凭真实将公理传开。
他不灰心，也不丧胆，
直到他在地上设立公理；

要具有耐心，
灰烬的深处必有火苗，
漆黑的骨子里比透出光明。
综然黑暗可以笼罩大地一时，
可它永远也不可能阻挡文明的曙光！
天会亮！集市上智慧者说

在地上永远没有大同世界，
只有动物庄园。
人民啊，信奉神灵信仰的人民啊，
起来捍卫「永恒真理」，
为义而战，为爱而生。诗人呼

任何真正信仰上帝的人都可以知晓，
在这个世界，跟随宗教的人寻求上帝，
因为看見有利益，
而跟随基督的人寻求上帝，
因为看見了光明，
须要有耐心、等待、静候，
人间自有光明之子和他的追随者，
因为上帝必将站在正义一边，
那集市上小孩说。

看这大地，我已为王，
看这星际，暗黑覆盖，
地狱之路已经打开，
末法时代，众魔苏醒，世界已死，
都在我的掌控。魔鬼说

一阵阵惊天动地的声响，
宛如天雷一般突然爆发了开来，
这里似乎就是人间地狱。
狱内血光冲天，腥味扑鼻，
血水不断翻涌，大地在剧烈摇动，

仿佛要翻渡过来一般，
从地底涌现出一座座血色莲台，
一座座高大魔像巍然而立，
神佛双瞳留着血泪。
血光蔽日，这就像是一片血色修罗世界。
末法降临了，末法降临了，
有人呼着。

那一朵莲花，
也已经衰败。
魔鬼以佛陀的面目出现，
普度群生。
我记起佛那时初制灵台，
发宏愿让弟子发心持守达五百戒。
佛说：众弟子不涂香装饰、不自歌舞、
不视听歌舞、不坐卧高广床位、
不接受金银象马等财宝。
除衣、钵、剃刀、滤水囊、缝衣针等生活必需品，
外不储蓄私财，内不加衣蓄暖，
仅够而已。诗人叹息说

今天很多佛家人已经无法尽持戒律了，
真正修行的人已经很少了，
佛已经沦为"贪欲"的法门，
从过往来看，僧徒太多的时代，
往往是佛法衰坏的时代。
末法时代魔弟子披着袈裟惑乱丛林，
蛊惑世人。
佛也不在分辨那个是善执持，那个是魔弟子，
佛魔祥和一片，
这就是佛陀预言的"末法时代"的表象。集市上开悟
者说

我记起，
那时波斯匿王集左右贤臣数人在祇树给孤独园，

描述了梦中十兆（事）。

一兆两锅中沸气交往不入中央空釜中；

二兆马口及尻均食草者；

三兆大树生花者；

四兆见小树生果者；

五兆见一人制绳，有羊在后食其绳者；

六兆见怪异的狐狸坐在金银床上吞吃金银器者；

七兆见母牛吃犊子之奶者；

八兆见群牛鸣走相聚、欲斗又散者；

九兆见池水中浊边清者；

十兆见溪水赤红者。

那日释尊在座听后微笑着说：

"我王，切莫忧恼，

您梦中之兆乃是后世末法显像，

末法时，彼时众生刚愎难调，社会混乱，

佛教濒临衰微，有教但无行、无证，

真实修行证果者极为罕见，

而众生则以放纵自己为乐事，

佛败了，莲衰了，

末法降临了。诗人说

生是苦的根源，死是苦的终结。

奈何，众生，

众生，奈何。

末法时代就是众生的共业所至，

没有佛、菩萨传法，信仰坍塌。

其魔窟的魔子魔孙兴起乱法，邪师遍地。

真正的修行者如凤毛，

真正的传法的明师如麟角。

盛世佛家打开佛门大收香火钱，

乱世佛家关闭佛门不染尘缘，

任万众受难，佛只闭眼。

集市上苏醒者说

佛只能帮你解脱，释怀，

并不能代你度劫，
渡心，须自渡。
若世人若能心存佛道，
奉事通达教理的修行人，
死后必生天上，
若做恶行，共相残害，
死后则堕三恶道，苦痛无法陈说。
唯当猛力精进，大悲承当，
弘法利生，如救头燃。
集市上释子说

佛家利己，世人眼蒙尘，心被遮，
还要礼佛，敬佛，拜佛。
常人礼佛，礼的是超然还是平凡？
礼的是制度还是教义？
看到无数人不明所以往佛前一跪，
就知道现在的佛已经不是佛。
贪佛、欲佛、末法佛，
佛若不贪，为何要世人供奉？
佛不爱慕虚荣，为何要世人跪拜？
我心有佛，佛却无我。
我拜你何用？诗人问

你拜的不是佛，你拜的是你自己，
佛没有让你们拜他，
只是告诉人们，
人生有八苦，苦能集起来，
也可以灭苦、离苦。
万事因果定，世人皆是佛，
佛是人，是开悟者，是大智者，
佛用种种方便之法让世人明白万事万物都是因果轮
回演化而来，
可世人迷失本性，
不能理解佛的本意，
得意时造下无尽恶业，

失意时求佛求菩萨化解。
佛菩萨只能指点你,
点化你不造恶业,不招恶报,
人生如戏,多观照自己,
自我反醒,多种善因,
求佛不如求己。集市上释子说

我觉得何为人,
人要有人性有牵挂。
超脱红尘只是解脱了自己。
自己亲眷都不牵挂,
能爱别人吗?
能是善人吗?
怎么能称为修佛。
以大悲悯去爱人才是佛。诗人说

佛法没有起死回生的能力,
也不可能保佑你一生无病无灾。
佛是一种精神寄托,
让你更容易接受现实。
人,因为有了执著,
才会有无限的忧伤苦恼,
每个人都是如此,生死别离,
你要放下执著,
放下自我,
才能超脱为佛。集市上释子说

什么是佛,什么又是魔?
魔自由自在,随心所欲,
佛禁欲禁求,禁锢人之本性,
好人成佛历经千难万险,
坏人只需放下屠刀立地成佛,
佛不知善恶,不问人心,
我更愿为魔,顺从自我。。。诗人说

错了，佛陀知善恶，
但不入善恶，
如果现在的人都还觉得佛陀是让人弃恶从善
那才真是大错特错，
浪费了佛陀一番苦心。
他所教的乃是弃幻存真，
他已经把无常的婆娑世界讲明白了，
是让我们舍弃无常而断轮回。释子说

神在何处，
佛在那方，
归宿？宿归？集市上质疑者说

神佛在心，不在形，
世间本没有什么神佛，
只不过是人的一种精神企图罢了，
企图心诚能得到回报，却不去努力，
企图忏悔能得到原谅，却不去改正。
人有欲，才有佛，
所以佛就是欲，欲则是佛，
世间本没有佛，欲望多了，就有了佛。
佛只能教你，却不能也绝不会改变因果，
你苦因你恶，你乐因你善，关佛何事。
你不听教诲，只知眼前苦，不知苦因，
佛在心中，拜与不拜只是形式，
只要心中向善便是佛，
一念善，则天堂。
佛即我心，修佛即修心。集市上开悟者说

人世间不断造恶果，还会轮回，永处苦处。
在漫长无止境的痛苦轮回中，
佛给你的不是片刻安乐，
而是叫醒你。
佛心向善，如善心湮灭，
是以神佛皆不再。

人心向善即是佛，
佛不度人只度心。
所以佛所说的无我，无佛，
就是此因。集市上释子说

什么又是天堂？
什么又是地狱？
何处才能追寻、到达那里？诗人问

人可以走向天堂，不可以走到天堂。
走向，意味着彼岸的成立。
走到，岂非彼岸的消失？
彼岸的消失即信仰的终结、拯救的放弃。
因而天堂不是一处空间，
不是一种物质性存在，
而是道路，是希望，是精神的恒途。
所谓天堂即是人的仰望，
仰望使我们洗去污浊。
而地狱就在人心的低头处。集市上开悟者说

如果说基督教还有一丝丝含情脉脉的眼神的话，
佛陀教还有一丝丝高冷气质的话，
那么伊斯兰原教旨就是赤裸裸的———
残忍，冷酷，邪恶的魔鬼主义教旨，
他们主张让人回到初始、蒙昧的原始化状态，
用以控制人们的精神，奴化人类的意识，
让他们向"真神"跪服，
其实他们就代表自己就是"真神"。
他们所画下的血腥红线，
用他们原教旨的血，都填不满。
石刑、割礼、荣誉谋杀、
禁止一切物质的享受和精神的愉悦，
把活生生的人阉割成为动物一样生存，
将来有一天他们必定坠入火域，
永不超生。

他们的太阳之下，无圣书。诗人说

天堂地狱都没法给你慰藉，
只有我们自己，
渺小，孤独，奋斗，
与彼此抗争，
我向自己祈祷，
为东方、西方、南方、北方祈祷，
祈祷这个纷纷扰扰的黑暗世界，
迎来新的光明。集市上孤独者说

啊！每一种罪都不为过，
每一种善都可能是错，
善恶不是悲剧的区别，
而那自以为是的善恶共存才是真正的悲剧所在！
释放无限光明的是人心，
制造无边黑暗的也是人心，
光明和黑暗交织着，厮杀着，
这就是我们为之眷恋而又万般无奈的人世间，
我的悲惨世界啊！诗人说

今天的人子早已在堕落在地狱火窟中，
割除了信仰之根
扼杀了道德之魂
导致良知败落人不如畜！
这弥天大罪的源头是谁？
信仰也不在复苏，
神灵也不在闪现，
世界已经黑暗，
我心已死，不在复活，
晚安，我的世界。集市上沉睡者说

要坚持，要保持呼吸，往前看，
耶稣说："生命在我，复活也在我"，
每一次的呼吸都是可以大声赞美上帝的韵律，

只是人不常屏息片刻思索神的奇妙。
"你去看春天的每一片绿叶，
上面写满了复活的信息。"集市上小孩子说

旷野之息，风吹起来，
隐隐约约传来歌的声音：
他(她)把带血的头颅，
放在生命的天平上，
让包括我在内所有的苟活者，
都失去了重量。
夜黑了，星暗了，
人散了，魂飞了，
泪也干了，
天上，地下，人间啊，
没有生命的痕迹，
我悲歌，我呼唤，
这大地，这天空。
不，别灰心！
虽然约定的雨没有下，
但泪和血已经播种，
从没见过如此美丽的春耕，
在钢板上都能发芽的种子，
让我们耐心的等吧！
田野会在等待中悄悄泛青…集市上有歌响起

这歌，像是从鬼城里发出的，
阴森森的掺人和凄惶。
上帝啊，看到我了吗？——
可看见我这双充满泪和爱的目光？
集市上祈祷者说

不后退的人们啊，
你们的灵魂是否安好！
我们始终相信，
照亮漆黑夜空的，

不是光芒万丈的太阳，
而是遍布宇宙的无数的星星。
那个相信拈花微笑可以登峰造极的文化之邦，
那个身穿一件黑色 T 恤，
上面写着"一切都会好起来的"，
"我们不会逃跑"的孩子，
她牺牲在曼德勒
她给这个世界留下遗言：
"人民必胜"。集市上勇敢者说

我到死都不会爱上这个让孩子们遭罪的世界。"
人世间的罪恶，几乎总是由愚昧无知造成。
集市上孤独者说

信神者磅塔珲留下遗言说：
我不忍漠视云云生灵涂炭。
我要像金刚一样，
守护信仰的生灵。
能替同胞去死，
是我此生最大的幸福。
在他身后，
还有千千万万的金刚，
追随于后，
虽然恐惧，但是人们义无反顾。
枪响起，世界一片沉默。集市上沉默者说

人类唯一特别的就是拥有伟大而细腻的情感以及同
情心，
人类也只有人类才拥有的高级情感：慈悲和正义。诗
人说

这确实是个最坏的时代，
所有通向自由的道路都被堵死了，
而且，在可预见的将来，
你都必须称颂魔鬼的狞笑，

并忍受魔鬼那腐朽的散发出恶臭的呼吸。
这世界不会被邪恶摧毁，
而是将会被那些看着邪恶无动于衷的人摧毁。
当世界不信上帝的人多起来的时候，
人们的房门开始上锁，
人与人之间的信任开始崩溃。
最终魔鬼劫持了全世界，
最终就是要把全世界拖入死亡和地狱。
我眼前的世界终将变成了黑暗。集市上那失明者说

恐惧起源于生命的无力量感，
生成于黑暗势力的肆虐，
影响着人类对文明的追求，
没有人可以是自成一体、
与世隔绝的孤岛，
每一个人都是广袤大陆的一部分。
如果海浪冲掉了一块岩石，
欧洲就减少。
如同一个海岬失掉一角，
如同你的朋友或者你自己的领地失掉一块。
每个人的死亡都是我的哀伤，
因为我是人类的一员。
所以，
不要问丧钟为谁而鸣，
它就为你而鸣！集市上懦弱者说

这个世界，
没有一个人不是发了疯的干着不顾死活的勾当，
除了水手们，
所有人都逃出了火光冲天的船
跳入了黑暗奔腾的大海，
王子斐迪南的头发乱成了海藻一样，
第一个跳入了水中高呼着：
地狱开了门，所有的魔鬼都出来了！！
地狱空荡荡！魔鬼在人间！！

神啊，以前我以为，
地狱是独立于人间的一个存在空间。
今天突然明白：地狱其实就是人间！诗人说

万法皆空，唯因果不空，共业所积，
才有如今末法之乱象，
是佛的错？是佛法的错？
当然不是，
只有魔鬼业力至此，
才有如今的人间地狱。集市上开悟者说

人类啊！
终其一生的信念，执念，奋斗，勇气
水源和火种都是一块烂肉。
这个世界的黑暗之处是，
当你心怀光明的时候，
他们真的敢杀人。
我看到那女孩血肉模糊，
倒在那里，了无生趣。
上天，
我向冰冷的墙壁咳一声，
还能听到一声回音；
而向活人呼唤千万遍，
恰似呼唤一个死人！
神背弃了这个时代，
这个世界也辜负了神。集市上满眼泪水者说

不要绝望！
人们在漫长黑夜中被迷惑、甚至被冻结的灵魂，
会由于不知来自何处的火花，
而忽然觉醒。
潜伏黑暗中的觉醒者，
将用一线微光穿透这个时代，
并且迎来光明！集市上光明者说

你必坚固，无所惧怕。
你必忘记你的苦楚，
就是想起也如流过去的水一样。
你在世的日子，要比正午更明，
虽有黑暗，仍像早晨。集市上那孩子说

黑幕不可能永远封闭，
光明一定会进来，
魔鬼不可能永远统治，
自由一定会到来，
人类一定会新生。集市上祈祷者说

无论世界看起来多么黑暗，
上帝总有他的计划，
就像是在冬天生命的停滞和死亡、
种子静静蛰伏，
等待春天的重生，
只要四季还在交替，
宇宙照常运行，
上帝就仍会进行他的计划，
并且使用合用的器皿完成他美善的旨意。
因为冬天已往，雨水止住过去了。
地上百花开放、
百鸟鸣叫的時候已经来到。集市上虔诚者说

遥望宇宙，
在亿万斯年的时间长河和浩瀚无垠空间里，
地球也不过是一粒微尘
我们个人的一生更为短暂，
能留下的，穿透时空的，
不过是正义思想的微光，
上帝掌控一切，
所有起伏与迂回都是暂时，
信仰必胜。集市上信神者说

啊！看似完美的世界大结局，
看似完美的神灵世界，
却不知光明之下无尽的黑暗。
我为何来至这里，
为何众神选择我的灵魂至此无间地狱？诗人问

所有的事物都有源头，
都有来历和最初的模样。
我现在赋予你那时的记忆，
你看这镜像，
有你最初的模样。集市上启蒙者说

【烂泥】
我那时还是一团漆黑，
不知自己身在何处，身属它方，
只记得树上的猴子爬上爬下，
吱吱而鸣。
我那时还在沉睡，
在漫长、漫长的时间年轮过后，
地上出现了一个物种叫做"人"，
不知他们是神的创造，
还是年轮的催化，
但神灵仿佛佑护着这群生灵。
时间催人老去，
我却还没有出生，
连最初的萌动也没有，
神灵为我哼唱着催眠曲，
在众人的茹毛饮血中，
时光穿梭着过去，
一直延伸到遥远的，
望不到边际的远处。

在我眼睁的那一时，
我的身边空无一人，
只是不远处散落着巨石的磨印，

世纪前的神灵仿佛都已隐退，
隐退到了刻在断壁残垣的图腾和文字里，
但是我还是不知道自己的出身，
我也不知自己的名姓，
我的身边散落有数不尽的骨架和肢体，
我喷着响鼻，磨着蹄角，
在巨大的迷宫内穿行。
嗜血、残暴、贪食、强壮、杀戮，
这是我的生命，
透过阳光下清晰的暗影，
原来我的名姓叫做米诺斯，
这里是克里特岛的皇冠米诺斯文明。
当我遇到那两足的人类，
我就明白我的归宿在哪里，
当特修斯的利剑刺进我的心肺，
我又回到那静止不动的状态里，
伴随着是我亡去的是克里特岛皇冠的失落。
我隐藏在爱琴海的黑帆、白帆里，
在阳光下、在沙滩里，
在希腊咸湿的海风里，
我发出轻微的叹息，
等待着再一次的萌动。

在阴暗坚固的牢狱中，
有敦厚的老者安静而立，
低泣的亲人和弟子们分立一旁，
他裸露着历经磨难而瘦弱的躯体，
也袒露着坚强不屈的灵魂，
高举着有力的左手指着牢狱之上的星空，
而右手啊，却握着鸩毒的烈酒，
从门缝中射进来一束光亮，
希腊的哲学和思想也即将归去。
但是啊，思想的自由翅膀却永远不会死去。
分手的时候到了，
我们各走各路，

我去死，
你们继续活着，
那条路更好，
只有神灵知道。
对了，还有一只鸡的欠账，
别忘了支付邻人，
我并不想带着欠账上路。
倒地、倒地，
思想落在尘灰里，
开始静止不动。
我发出轻微的叹息，
看来我也不属于这里。

太阳升起来，
光和热照着大地，
主宰一切的是光明，
太阳王的子嗣梵唱着光明，
阳光之下铁血、利剑、长戈，
青铜的盔甲，
竞技场、狮虎的吼叫，
倒弃的尸体，
统治这里的是世间的太阳王，
哭号的人们流着无尽的血泪，
他们无力改变这一切，
只把希望寄托在冥冥之中的神灵里。
我刚刚从苏格拉底的鸩毒中出来，
寻找新的归宿。
人们在号哭，号哭不公的太阳，
腐朽的统治开始溃烂，
人们都在寻求着突破。
我潜入那人的梦境中，
划下十字的铁线，
信我者，得帝国，
我在梦境中这样低语。
后来的后来，

帝国预言般的起立，
我也穿上神的授衣，
涂着金色的粉，
我布列星辰，手握权杖，
俨然是新的太阳王衍生。
世俗的王和世俗的人都在向我拜倒，
我是这个世纪的主宰，
我是新的太阳。
但是黑暗中总会有危险，
狼人帝国的长戈刺进我的肋间，
我的四肢被铁钉贯穿，
荆棘的冠冕刺进我的面，
我血流扑地，
在高高的十字架上，我喊，
我父，我父，
为何要背弃于我？？
后来我的尸体被紧紧的捆缚，
我的血迹在那裹尸布上风干，
留下红色的印记，
我的灵转化到那亚麻布之中，
和那痛苦的肢体绑缚在一起。
黑色的盒子启放出黑色的恶魔，
人们成批的死亡，
就连侍奉神灵的仆人，
也开始死去，
老鼠的尾巴张扬着竖起，
燃烧尸体的浓烟纷起。
我发出轻微的叹息，
看来我也不属于这里，
我又到了离开的时候，
修道院的钟声空旷的响起。

黑暗的帷幕终于掀开，
中世纪的丧钟结束了，
文艺的复兴席卷了这里，

科学革命宗教改革隐隐出现，
人性的头角开始展露，
伟大的时代似乎来临，
大航海同样诞生于这个年代。
干涸、死亡、希望、绝望，
"尼娜号""平塔号"和"圣玛利亚号"，
安静的行进在这个水域，
我眼前始终是一望无际的大海，
看不到任何陆地。
所有的耐心一点点耗尽，
恐惧一点点在心里面滋生，
我默默注视着前方。
那时眼前的海面上出现一小截树枝，
树枝上似乎还缀着一串浆果，
这是从哪儿来的呢？
片刻，一只鸟儿倏然飞过！
我和所有的水手们看到前方开始出现闪烁的火光。
奥，"圣萨尔瓦多"，"神圣的救世主"，
我和那群罪犯一样的水手欢呼雀跃起来，
10 月 12 日那天我似乎发现了一块土地，
奥，伟大的斐迪南和伊莎贝拉。

不出所料，以后的财富，香料，
接重而来，并且唾手可得，
至于那片新大陆原住民的悲哀似乎已经注定，
火枪、马蹄、黑色的发丝、带血的头皮，
还有宗教和神灵带血的手，
这是殖民者的蜜糖，也是土著人的砒霜。
从某种意义上说是一种命中注定，
丛林法则也好，社会达尔文主义也好，
这其中的逻辑确实在很长一段历史时期，
在幂幂中主宰着历史运行的方向。
奥，这个伟大时代的大航海辉煌，
并且辉煌之下的深重苦难令我不寒而栗，
伟大是残酷的衍生，

我的心在滴血。
在新旧文明之间巨大的代际落差面前，
我最终没有成为落后文明的救世主，
反而身不由己地被狂热的财富梦想所绑架，
在个人巨大的野心欲望的驱使下，
我眼睁睁看着文明在自己的手下凋零，
唉，宗教意义上的救赎
并没有在这块土地取得实实在在的效果，
圣徒般的崇高追求与屠夫般的雷霆手段，
在极端的分裂中呈现出一种互为表里的悲哀和痛苦，
我忘不了那个 1492 年，

我的一生的故事正是旧世界与新世界历史的连接
点”
我的命运、我的余生，都拴在这座岛屿上。
我发出轻微的叹息，
看来我也不属于这里。

那是一个漆黑的凌晨，
没有星星，漫步阴沉，
我还在假寐沉思，
潮湿、阴暗的墙壁，
我在数着自己左手的掌纹。
我的狱友还在沉睡，
他满脸的皱纹，花白的胡须，
粗糙的手指，关节粗大，
他的身边散落着皱的纸和短的笔，
我知道他对我充满了好奇，
他喜欢记述我的故事，
和我的面具。
耳边传来轰隆的枪击声和呐喊声，
接踵而至的脚步声填满整个牢狱，
人声鼎沸。
人们拿着三色旗，
那健壮的姑娘冲进牢狱，

嘴里嚷着自由、自由，
她的身后有着各色的人群。
我冲出那牢狱，
奔出那不见天日的城堡。
那城堡上歪歪斜斜的刻着巴士底狱的字样，
是的，我是囚犯，
一个不见天目的犯人，
我的编号是：64389000
我的脸上覆盖着城堡的铁面。

我以为挣脱了就是自由，
可是我却看到了巴士底狱的箩筐却是无底的，
遍布的绞刑架和断头台，
各色的人马都纷至沓来，
保皇派，吉伦特派，雅各宾派，
那罗伯提着他人的头颅在摆弄，
不久以后，他的头颅也被他人摆弄。
那热月人不久也终结在那个雾月的清晨，
矮个子的佩剑将军终结了这一场纷争。
自由啊，自由，
多少人以汝的名义倒行逆施，
罗兰夫人的玫瑰跌落在血泊中。
那三色的旗帜，
也被鲜血染污，
手握旗帜的姑娘也死在那里，
随着一起死去的也有马拉裸露身体的头颅。
没有任何专制的暴君可以长久，
那矮个的将军最后也在流放中死去。
不吉的血色羽翼在生啖人肉，
荒凉的野狗也在其间穿梭，
我发出轻微的叹息，
看来我也不属于这里。

啊，我应该属于那里，
那里又是我的归宿呢？

我一点点的行进，
又一点点的失落和叹息，
命运的转轮和齿轮，
一步一步的拖拽着我前行，
迷茫的黑夜啊，
你什么时候才能散去，
光明的心又将安放于何处？
我叹息着继续在命运中转动。

中间有座灯塔，
两座金属雕塑支撑着巨大的灯，
雕塑头上的翅膀显而易见，
背景是天空中的三辆飞车。
城市中心的辉煌建筑具有天文学意义，
镀金的音乐圆顶是天象馆，
紧贴入口的是金牛座标志，以及男人和公牛。
祖母绿精细雕刻成透明，
城市主要法典写在上面，
是城市最神圣的地方。
离城市不远的山谷中掩埋着历代的国王。
这是个很深的山谷，专用作墓地，墓碑上记录国王的
一生。
山谷在山之上，有许多已经绝种的史前动物。
这里的人们原本过着无忧无虑的生活，
阳光明媚的普照大地。

直到有一天，黑暗的降临，
让整个原本属于人类的宁静生活彻底破灭。
瘟疫，让人们变得如同丧失一般的疯狂厮杀，
电闪雷鸣，撕裂大地，
水流疯狂的冲击着大地，
洪水来了。
我沿着漆黑的森林奔跑，
顺着红光，寻找光明的道路。
洪水伴随着风暴，

在一夜之间淹没了大陆上所有的高山，
只有居住在山上和逃到山上的人才得以生存，
但随之而来的是山崩地裂，
陆地倾沉，
借着微光，
最后打量着这个城市的名姓，
亚特兰蒂斯，
我陷入黑暗。

这难道这就是世界的最终归宿和结局？诗人问

命运的转轮时刻不停的转，
谁也无法预测或者说明，
这只是万象镜像中的一帧，
万人结局中的一局，
最后的结局，
谁又能知晓，
只能窥探、窥探，
历史的河流痕迹？集市上命运者说

在人类不同的远古时期，
都存在着不同时期的大洪水，
而在不同的民族中，
都流传着最后有人会来拯救世人的传说。
今天人类已经走到了宇宙历史的转折时期，
人类发展的进程在人类的时间量度里注定缓慢而冗
长。
我们通常在数百年的众生繁衍与死亡里，
才会突然诞生一位独特另类的灵魂，
仿佛提前进化了数万年的灵魂得以转世，
完成此生其注定不凡的命运课题，
尔后这名不凡之才将猛然推进人类成长进程，
我们期待着每一次的历史转轮。集市上先觉者说

放弃那些该死的幻想和幻像吧，

人类每个人都有自己的转轮和命运，
寄希望于他人，
不如踏踏实实做好自己的事情。
有时候我会想，人是什么？
为何千呼万唤，他们还是不醒？
救助他们，还不如自我沉醉的好。
诗人说

[人是什么？]
古希腊哲学家亚里士多德说：
人，在最完美的时候，是动物中的佼佼者。
但是，当他与法律、正义和道德隔绝以后，
他便是动物中最坏的东西。
阿波罗神庙上镌刻着"认识你自己"的箴言，
对每个人而言，
真正的职责只有一个：找到自我，
然后在心中坚守其一生。集市上坚持者说

都说人创建了文明，
那么什么又是文明？诗人问

文明之一，就是对生命充满了爱，
对每个生命，
集市上裸身者说

那么什么又是爱？
爱是什么东西？诗人问

有一种无穷无尽的能量源，
迄今为止神灵宗教都没有对它找到一个合理的解释。
这是一种生命力，
包含并统领所有其它的一切。
而且在任何宇宙的运行现象之后，
甚至还没有被我们定义，
这种生命力叫"爱"。集市上爱神说

历史上无数事件证明，
人内心中真正的恐惧，
不是来自传说中的鬼怪，
也不是那些经历过的，巨大的灾难。
而是意识，不明的意识和思想，
以及未知的河流和思想，
所以要用爱战胜未知和恐惧，
"爱"是人类唯一一个关于自己的信仰，
而不是对神的信仰，
充满了无穷无尽的力量。
集市上思想者说

什么又是信仰？
它又是如何给予人类力量的？诗人问

有人问智者："信仰是什么？"
智者答："你走过大桥吗？"
走过。
桥上有栏杆吗？""
有。
""你过桥的时候扶栏杆吗？"
"不扶。"
"那么，栏杆对你来说就没用了？
"当然有用了，没有栏杆护着，掉下去怎么办？"
"可是你并没有扶栏杆啊？....
可是没有栏杆，我会害怕！"
那么，信仰就是桥上的栏杆！
拥有了信仰的保障，
你的生活才会更踏实，
这就是信仰的力量！"
信仰就像阳光一样，
你可以站在一边观察研究阳光的颜色，特质等等。
但是你只有进入阳光，
站在阳光下，

你才能够感受阳光的温暖，
才能体会到阳光的意义。集市上信仰者说

很多人不了解信仰，为什么人需要信仰？
佛，讲放下；
道，讲清静无为；
圣经，讲忏悔。
归根结底，人需要一根绳子拽住，
而信仰就是那根绳子。
从而在此过程中，
你会不断亲近上天上主，
你会不断了解自己。
你会发现你周围一切都是美好的，
你会把一切荣耀归于上主上天。
与其说信仰是束缚，
不如说是释怀释放重生。集市上信神者说

宗教是什么？？
信仰和神灵的关系是什么？？诗人问

宗教只是神对人的一种期望，
人对神的一种虔诚，
它是一种理念，一种精神，一种欲望，
一种人对未来天上世界的美好愿景，
以及人在这个美好愿景之中的位置和在神灵身边的
远近。
信仰促进了文明历史的发展和人类的道路，
当然凯撒的鞭子和权威也是不可少的。
信仰跟宗教并没有必然的关系，
信仰，信的就是一颗心，
而不是无条件的信神，
把心放空，让神得宁，
心即是空，心即是神。集市上开悟者说

崇仰神，可不必在语言上，

在行为上刻意的表现出来，
而是要在黑夜里用灵魂表现出来，
在我们俗尘肉体生命终结的时候，
用自己最纯粹，最纯洁的善良灵魂表现出来，
因为神灵的指尖只存留纯净的灵魂。
信仰在灵魂的最深处，
在人性的角落，
所以神灵的另一个名字就叫做人性。集市上开悟者说

一旦领略了信仰的乐趣
你会爱上它
肉体物质欲望的满足有其生物性的限制
超出这个界限，往往会转化为痛苦，
而信仰的快乐却没有上限，
这可能是造物主所能给我们的最大恩惠···集市上快
乐者说

那么宗教、信仰在世俗的作用又是什么？？诗人问

宗教信仰不仅为世俗社会提供了完整的行为规范和
精神支持，
还是截至目前为止人类最有效的社会组织手段。
宗教哲学上的最大贡献，
就是给人民以道德向上的指向，
而且赋予人类社会某种历史的维度，
这是与其他所有文明把人与历史分隔的不同之处，
使得社会有改造自身结构的精社动力，
当然，教会却常作恶不能否认。
哲学和宗教一个重要的角色，
就是人类的心理医生或者灵魂医生。集市上思想者说

所谓的宗教不过人类愚昧时期的一种精神安慰剂，
人类站立行走的助产妇。诗人说

人类是需要精神安慰的，

因为人类比其他动物更太渺小柔弱无助。
宗教并不是"人类愚昧时期的一种精神安慰剂"，
人类一直都是愚昧的，
因为智慧在上帝那里。集市上信神者说

宗教是社会性的集体意识（心灵）的代偿机制，
是个体自我与世界客体间过渡的桥梁，
而非直通现实本身。
即，通过人的意识主体在前提的安放在一个稳定主体
（宗教）后，
而面向现实世界的展开。集市上思想者说

每个人都有信仰自由，
因为上帝创造了我们，
我们的全人，全心是从神而来，
就应该敬拜造物主，
我曾经也是在为前途命运奔波忙碌，
身心特别疲惫时，
是神让我明白了人活着的意义与价值，
让我明白以后的道路该如何走。集市上奔走者说

其实你的整个感知世界，
就是你自己的灵魂玻璃球里的现象界，
宗教可以说是关于彼岸世界的哲学。集市上哲学者说

宗教是一种信仰而不是迷信，
相信因果才可以让人自我约束，
而不是只限于法律。
执政者要有宗教信仰，
并且让他人享有自由宗教信仰的权利。
一个只信仰权利金钱至上的体制是走不远的，
那是魔鬼的信仰。集市上凯撒的仆从说。

那么神是什么？？神又在那里？？
诗人问

《圣经》上说，神以他的模样创造了人。
我觉得人真是太自以为是了。
你是黄人，你就以为神是黄人的模样。
你是白人，你就以为神是白人的模样。
你是黑人，你就以为神就是他们一样的黑皮肤。
但假如你是一条狗、一头猪、一只猫、一条蚯蚓呢？
真相是：人以自己的模样创造了神。
人太脆弱，太渺小，
所以总幻想有一种超自然的力量来庇护自己，
为自己赋能。
神说照自己造人，
是指灵方面，
神是光是灵，非肉身。
人的身体是地上的尘土；
人的灵是全能者神灵的气息；
人的魂就是全能者的气息吹入人的身体之后，
而使尘土变成肉体的生命个体。集市上信神者说。

神是天道，而天道则是自然，
天道无欲、无念、无求，
只是一团混沌无望执念。
所以宗教不能细究道德，
因为它本是人类道德混沌期的产物。集市上混沌者说

人类的道德来自对生命主宰的敬畏。
如果失去敬畏之心，
道德便会遭到赤裸裸的践踏，
或者成为罪恶的遮羞布。诗人说

人是社会性的动物，
但这社会有道德和法治。
道德就是某种信仰或神灵，
而法治就是凯撒，

所以人类永远需要这两样东西。
如果你的行为触动了道德底线，
法律可以拿你没有办法，
但是神灵会披着道德的外衣，
磨砺着你的良心。集市上凯撒的仆从说

神权即人类始祖的权力，
即上帝与自由女神赐予人类个体尊严与自由的权力。
上帝赐予个体人权利至上即尊严权利；
自由女神赐予每个体人权利平等即自由权利。
个体人权利至上象征上帝，
个体人权利平等象征自由女神。
上帝与自由女神象征人类道德价值的力量！
人类始祖——神，
就是人类道德！
神——道德——就是人类政治。集市上道德者说

如果有一天，
现有的法律、文明道德失去了约束力，
人们会变成什么样子？
我们常自诩为万物之灵长，
但在极端条件下，
当求生的本能战胜理智，
潜藏在我们体内的兽性恐怕也会随之爆发出来。
我们人类创造了文明，
但文明也成就了我们。
正是那一系列的道德、法律规范了我们的行为，
使我们区别于其他万物。
失去了我们今天拥有的文明秩序，
弱肉强食的丛林法则将会重新降临，
我们所做的或许比兽更黑暗，更阴险。
感谢我们现在拥有的文明。集市上感恩者说

自古以来，人类每个人所谓的拜神，
本质上都是世俗意义上的"有所求"，

而信徒们的所谓修行（不排除有些修行者是为了精神
生活），
本质上也是世俗意义上的"有所求"。
只不过在现代，
信徒们的所求是对释经权的垄断，
用以创立精神裁判所，
"原教旨"这样的说辞其实是对人们的道德约束，
用以控制人们来供奉自己，
在这里，大家表面上各司其职就行了，
"庙宇"就是一种"修行"的符号，
借以美化世俗，
所有的宗教信仰莫不如此。集市上贪欲者说

所以归根结底，
就是人们的精神世界惰性和蒙昧才搞出了如此惨剧：
人们希望通过祈祷神秘力量来改变自己的生活（包括
精神生活）。
可是他们不知道，
当你借助这种外力时，
你就已经被这种外力所奴化了。
只有当所有人都注重个体人格的发育和人性完善，
才会避免这种奴化。集市上奴化者说

人性都有罪性罪恶诡诈的根！
宗教是人类的癌症。
无论任何人任何信仰，
都应教人向善，断一切恶，行一切善，
真正的信仰是对真善美的追求，
对某一宗教的无条件盲目信仰是一种偏执，
往往带来的不是真善美，而是假丑恶。
宗教与信仰不一定挂钩，
大多数宗教徒未必真有信仰，
有些未信教人士一生以内心的温良淳厚为念，
戒惧内省、断恶修善，反而可以视为有信仰的人，
信仰是道德的基石和镜像。

信仰的最大价值在于被怀疑。集市上质疑者说

天堂或地狱的认知本就是谬妄，
信仰应该在人心。
所谓的教会，
其实是修改了耶稣的事业，
上帝成了任人打扮的小姑娘，
他们借上帝之名，以世俗为姓，
对人们的精神生活进行垄断。
自古以来，
任何宗教都在饱尝着神权统治的诱惑，
所以必须打破他们，
让世俗的光照亮世俗。
我认为神灵要落地了，
应该落入俗世了。集市上世俗者说

神灵世俗化，
凯撒的归凯撒，神灵的归神灵。
凯撒须依据神灵的旨意管理俗世，
宗教须物格化，世俗化。
世俗化是人类自由的方向，
世俗化是人类文明方向，
因为人在当下，人在世俗。
神的靴子要落下来了，
神的脚要沾染这灰尘了。
诗人说

过去的文明世界不会把欲望与信仰混为一谈，
因为欲望的尽头是物质，
信仰的终极是精神。
但今天的东方世界却不同，
佛陀信仰化为欲望，
精神即成物质。
所以神不在是神，
人也不在是人，

神的靴子要落下来了，
神的脚要沾染这灰尘了。集市上众人说

如果我们往上追溯，
就会发现是愚昧和恐惧创造了上帝；
幻想、虔诚或欺骗粉饰了它；
怯弱崇拜它，
轻信使它得以存在和流传；
习俗尊崇它，
而暴政维护它——
以利用人们的愚昧为自己服务。"
对上帝的信仰是与对暴政的屈从密切相连的。"
在最后一个国王被人用最后一个神父的肠子绞死之
前，
人是不会有自由"，
不会有自我的。
只有摧毁天堂，世界才能恢复本来面目。诗人说

当神被我们否定或者打到以后，
人类会不会陷入无序，
或者人类的信仰会不会消失，
那些宗教人士又是应该做什么样的徘徊和忏悔
呢？？
人类无法制造出秩序"永动机"，
就像神也无法制造出"自我无法托举的石头"一样，
所以凯撒、神灵外在（内在）秩序鞭子必不可少，
所以国家、民族、宗教在当前人类发展阶段需要继续
存在。
值得欣慰的是，宗教不会消亡，
因为人类不是诸神，始终需要神的安慰。
或许国家民族会减弱会消亡，
但是在人的意识没有达到自我控制和自我管理之前，
这些作为秩序性的东西，
还没有达到消亡的阶段，
所以凯撒和诸神需要一直存在。集市上劣根者说

宗教的信仰，无时无刻左右着人类的思想。
但是比信仰更让人震撼的，
是大爱。
唯有爱，
可以跨越国境，种族
跨越宗教信仰，
连接一切。
唯有爱的教育，可以减少屠杀发生，
在人类的教育认知中，
一定要有以爱为主题的全球教育，
殊不知教育才是最好的凯撒，最温情的神灵。
有些人为了拯救他人的生命而甘愿付出了自己的生
命；
有些人，却因为剥夺别人的生命而付出了自己的生命。
我们需要重视生命、爱惜生命。
生命的珍贵，
在于它的不可重来。
生命只有一次，
只有活着，
才有无限的可能。
只有活着，
才会有无限的希望。
人类的天性不是暴力和强制，
而是和平与宽容。集市上和平与宽容者说

宗教就是神对人类的一种安慰，
就像是人类在黑暗中模糊的影子一样。
但是对于那些依靠神来控制和奴役人们的宗教，
我们需要警惕，
人类需要宗教在黑暗深处给人类滋生心灵的扶手和
慰籍，
但是人类不能依靠它，
不能依靠它实现人类从人到神的转变和救赎，
人类在凡尘，不在天际。

所以人需要神，
但是不能依靠神或者宗教。
我不是让人类放弃宗教，放弃神灵，
我只是让人类在失去神灵的庇护和宗教的慰籍后，
可以坚强自己内心的人性信仰和内心向善的力量，
依靠自己和依靠和自己一样的人，
和神的指尖连接。集市上力量者说

人的下半身是动物，中间身体是人，
最上面身体才是神，
最上面部分被下半身控制了，
就是一个动物的属性，
回归到动物年代。
人是动物的一半，
人也是神灵的一半，
只有"心"（人性）才是自己的，
世界宗教都缺少一味药，即人性之善。
信仰，是一种不需要思考的美德，
它不是专注于对神的信，
而是专注于对人类自我的仰。
愛是人類永恆的信仰！诗人说

雨果传中说，人类的内心有一个愚昧的暴君，
什么时候人类能够用内心感性的眼泪和理性的善良，
消灭这个暴君的时候，
人们就会得到自己失落很久的伊甸园。
因为园子里没有国王，
也没有上帝，只要人人。
教育的最终目的是取消国王，
或者说取消由国王带来的强制秩序，建立自由秩序，
抛开由凯撒以及宗教灌输的强制秩序，
建立人人自觉遵守的自由秩序，
让众人达到自由秩序的顶点。集市上自由者说

所有的宗教信仰都要归根到人性上面，

即人性的核，神的衣，
而不是神的核。
以人为教，以性为育，
以自我为"神"，
建立自我。
但人性有善有恶，
导致人与人渐渐拉开距离的，
其实是思维和认知，
从而需要教育来填平双方的鸿沟！
意识是人类一切罪恶的来源！
但是人类又无法与意识隔断，
所以用爱和慈悲培养，
在神灵和凯撒的心灵之鞭及秩序之鞭下进行巩固。
人类的一切行为和心理活动，
都来源于人们自我意识到反应。
那么人们的意识又来自那里，
来自于先天的基因遗传和顺承，
以及后天的教育认知的灌输和学习。
人性是最重要的，
教育可以唤醒人性。集市上创造者说

人性不能决定信仰，
所以神在人上。
人类都是迎着圣光出生，
无论是在园内，还是园外，
我们唯一的父，就是神，
无论喜怒哀乐，
都是父所赐予，
人性来自于神性。
人类的归宿，
一定是父的怀抱——父的归宿，
神永远居于人子之上，
就像人子一定要在父之下，
无论我们在大地，还是天国，
我们的灵魂和肉体，

都决定：神在人上。集市上信神者说

信仰决定人性，
人是神最不完美的孩子，
人在俗世，性在肉中，
所谓人性就是本性自我存在，
在大地、在凯撒领土，
人性第一，
人性须凯撒鞭子鞭挞，去其劣根，
形成秩序、律法、国王、社会，
神灵需要人类完美灵魂的供奉，
人性是取得、跨越神性的第一步，
在俗世神性不得介于人性之前，
因为，人类是先做人，后做"神"的，
人在大地俗尘，先立人性，
所以：人在神前。
集市上解读者说

人性，人的生命，人的善良，秩序，平等，自由，
要高于神性的裁决。
神灵的伟大不在于他的神性，
而在于他的人性，
所以人在神前。
而肉体承载人欲，人伦，情感，
人的自我性情，
灵魂承载人类的信仰，自由之光，
人———最终归属在天之国，神之怀抱，
所以：神在人上。集市上小孩子说

人类啊，那双足的人啊，
他们不懂，
在世俗先取得人性，才能取得神性啊，
人的灵魂归于神性，人的肉体归于人性，
这些才是他们存在的目的。
我反对把神性建立在人性之上，

那样就是一个神性"原教旨"的世界，
要知道人性是出自人类灵魂，
所以灵魂有善良和邪恶之分，
但是人性是由人类在世俗的肉体承载的，
脱离了人的肉体承载，
人性就无法出现。
所以在俗世的人类，应该把人性放在首位，
人性才是人类在俗世之中最大的自我宗教。
在我们战胜俗世的凯撒和国王，
完成自我的管理和自治以后，
人类将会迎接永远的自由，人性的自由。
为什么要完成人的自我管理和自治，
那是因为人性是不完美，不完善，有缺陷的，
所以就需要凯撒的鞭子和神灵神性的灵魂引导，
不让我们陷入迷途。
至于我们的灵魂当然是归于神灵，
而且是永恒的归于神灵。
请记住这是神的话语，
请全世界鉴证，
我们即将选择的道路和光。诗人说

凯撒的归凯撒，上帝的归上帝——
这句话确立了"政教两分"原则。
保罗和其他使徒在进一步的阐述中，
明确了政府具有"刀剑的权柄"，
即外交、军事、治安、行政、税收等公共事务的权柄
属于政府；
而教会具有"属灵的权柄"，
即人的灵魂、良心、信仰等宗教事务的权柄属于教会。
政府和教会的权柄都是出于上帝，
所以两者应该以既制衡又互助的关系共同却又分别
承担上帝赋予他们的不同使命。
集市上信神者和世俗者说

以人为神，

以人性为灵魂，
以文明为基础。
谁都不是天生带着神的圣光和凯撒的权柄，
降临人世，相反神灵闭塞了人的灵，
凯撒拿去了人的自由，
这一切失去的意识，
都需要人子在俗尘中，重新获取，
获取人子把神安于心的能力，而不是脑；
获取人子把凯撒关于笼子的权力，
彰显自由意识。
神在人上，人在神前。
就像人的归人，神的归神。
集市上忠诚者说

俗世应该是人的俗世，
而不应该是神的俗世。
俗世应该根源人类的愿景，
根据内心的人性，
遵从神的痕迹主导建立的世界。
神应该在天际，而不在俗世。
神的旨意要借凯撒（王）的手，
嘴去实施和推广，
神灵要俗世化，要沾染灰尘，
和那些带灰的人融为一体。
不要用那些高雅陈涩的语言去命令，
训斥他们，
要让他们从内心的心灵深处去尊崇你，
不要通过头脑去控制和束缚他们。
集市上思想者说

信仰滋生于心，守护心
滋生于脑，控制脑。
先种花啊，再植入爱，
然后让神进来，
神灵喜欢有花和爱的世界。诗人说

人性需从儿时根植于心
教育的目标不是学识，
而是人性与良知。
除了善良我不承认其他还有任何高人一等的标志。
一个小女孩儿从泥里救了一只小狗……
善良始于儿童时期，
尽管满是泥巴，
却难遮一颗水晶心——"
认知的最高境界是唤醒孩子尊重生命的良知"。集市
上善良者说。

每个人的生命都只有一次，
人人生而平等，
不论你有多高的地位，
多大的威望，多大的权势，
尊重别人、善待生命，
这是每个人天生应有的责任和义务。
一个真正的灵魂，
不在于权势和地位，
而在于人性，
一个人最大的人性，
就是对生命的尊重。
善良是人性中最难能可贵的东西，
真正长久的爱必根植于善良之中。集市上启蒙者说

我们从尘土进化成有机生命体，
经历了漫长的岁月和黑暗，
我们生命形成的历程和这个星球，
和我们头顶的星空，
和无边无际的宇宙一样伟大，
任何一个人的生命都值得尊敬和敬重，
无论他活着还是死去。
不会有不朽的生命，
但是会存在永恒的意义，

那意义就是：
我们的生命有高于这个宇宙的价值，
假如说这个宇宙没有了生命，
那么这个宇宙就失去了存在的价值，
宇宙就是因为有了生命才有了存在的价值。
试想一个没有生命的宇宙，
就像一个死亡的，毫无生趣的黑洞，
就像一个死寂的，没有生机的荒漠，
生命的存在为这个宇宙增添了价值。
一个没有生命的宇宙，
就相当于没有了过去，现在和未来，
就是因为有了生命，
有了人类，
我们的宇宙才有了过去，现在和未来，
所以人类的生命应该是伟大的，
也是渺小的，
尊重生命意识，
应该成为我们的宇宙法则，
应该成为我们的人性法则。
人类的生命就像是野生的雏菊，
假如每一个人的生命，
都可以得到自然分娩和自然消亡，
而不必被雏菊以外的东西伤害，
那么这样的世界才是光芒的世界。
人不应该成为其他目的的目的，
生命应该是尊贵的，不可侵犯的，
它应该是一朵腐朽永恒的花？诗人说

每个人都欣赏善意，
所以人类真正的生活，
就是：灵魂的精神本源从肉体的限制当中解放出来。
热爱生命，崇敬万物，
信仰灵魂，崇尚自由，
这是人类最好的姿态。集市上仁慈者说

爱和善是人类眼眶之中的两滴泪，
是情感，而不是能力。
我们在这个世界上辛苦劳作，
来回奔波是为了什么？
所有这些贪婪和欲望，
对财富、权力和名声的追求，
归根结底，
是为了得到他人的爱和认同，
那么为何不能直接给予他人"爱和认同"呢？？集
市上质疑者说

人类有信仰，
虽然各以不同的形式自称和实践，
但出发点都是教育人们
诚实、坦白、自制、感恩和爱他人。
宗教是一种信仰模式，
也是一种意识模式，
意识有三种方向度，
它从过去吸取教训，
为现在建立一个思维方向，
还能预见未来。集市上未来者说

但是你一定要保证未来有一个孩子，
要一直朝前走去。
"有个天天向前走的孩子
他只要观看某一个东西，
他就变成了那个东西，
在当天或当天某个时候那个对象就成为他意识的一
部分，
. . . .
早开的丁香曾成为这个孩子的一部分，
青草和红的白的牵牛花，
红的白的三叶草，鹬鸟的歌声，
以及三月的羔羊和母猪的一窝淡红色的小崽，
母马的小驹，母牛的黄犊，

还有仓前场地或者池边淤泥旁一窝啁啾的鸟雏，
还有那些巧妙地浮游在下面的鱼，
还有那些头部扁平而好看的水生植物——
所有这些都变成那孩子意识的一部分，
那个天天向前走的孩子，
他正在走，
他将永远天天向前去。"
你看惠特曼的诗歌写的真好，
你的"看见"有多丰富，
你就有多丰富；
你的"看见"有多完整，
你的生命就有多完整；
你的"看见"有多高贵，
你的灵魂就多高贵。诗人说

社会功能失调的原因是教育功能缺陷失调，
而教育的失调，
则是人性的不完美，
所以要想人性趋于完美，
就需要教育之中的人性激发出来。
凯撒未来为众人的孩子所提供的教育，
可以让我们看到这个国家将来的样子。集市上启蒙者
说

那些众人的孩子啊，
我请求你们听听我内心的这首歌，
它隐藏着这个世界的秘密。诗人说

【众人的孩子】
众人的孩子来自不同的树林，
他们有着不同的意识和神，
树林里有光明，也有黑暗，
树林里有人性，也有兽性，
所以众人的孩子中，也有光明、黑暗，
也有人性、兽性。

树林给了我们不同的意识，
所以我们有了不同的孩子，
众人的孩子，互相仇视，
众人的孩子，互相杀戮，
什么时候众人的孩子才能手牵着手，
肩并着肩，一起唱那和平的歌？？
什么时候，那人性的手将兽性的手紧握，
什么时候，那光将黑暗拥抱。

当我们还是小孩子的时候，
我们在不同的树荫下休憩，
那树荫给了我们凉爽，
给了我们守护，
我们都认为这树荫是自己生活的目的，
我们不屑于他人的树荫，
我们紧紧的抱着那树荫，
而那树荫的枝条也把我们紧紧的缠绕，
任何靠近我们树荫别的孩子，
我们都会把他们赶走，
甚至不惜用刀刺向他们。

我看到众人的孩子有的孤苦无依，
有的强势霸道，
有的将光传给他人，
有的将暗传给他人，
有的孩子在哭泣，
有的孩子在难过，
众人的孩子请不要哭泣，
也不要难过，
让我来给你们擦干眼泪。
未来你们将是这个世界的主人，
你们将改变这个世界，
而不是这个世界改变你们。

众人的孩子，众人的孩子，

当老去树叶飘落的时候，
你看那枝叶上会绽放出新的蓓蕾和嫩叶；
众人的孩子，众人的孩子，
当众人意识死去的时候，
你们将是这个世界的主人，
当那个时候，不会在有人用意识和枝条捆绑你们，
你们的意识将会统一，
你们就可以拥有整个森林。
众人的孩子请停止哭泣和难过，
请静下来听我的故事。

众人的孩子，
那一年，当我还是小孩子的时候，
我还在沉睡，
躺在黑暗的怀抱里，安睡，
我听到呢喃温柔的声音，
还有四周嘈杂的声响，
我不愿被这声音打扰，
只想安静的甜美沉睡。
后来我被人像太阳一样举起，
四周有喜悦的声音，
我不想被这外界的声音打扰，
只想紧紧的闭着眼睛，
但是有一丝光线特别的明亮，
促使我睁开昏睡的眼睑，
啊，外界的光线特别的刺眼，让我恐惧，
还有一张张陌生的脸，把我凝视，
我发出响亮的哭声，
无力的望着这个奇怪的空间，
我来到一个陌生的世界。

众人的孩子，
那一年，我两岁，
开始姗姗着摇晃着行走，
在小小的婴儿车上再也无法安分，

我去追鸡，我去打狗，
我会弄脏自己的衣服，
也会在脸上蹭上奇怪的灰尘，
我不喜欢安分守己。
后来我玩累，
有一个叫做妈妈的东西，
给我拿来牛奶，
让我一饮而尽。
我又开始追逐那两条腿的鸡，
生活如此快乐，
无拘无束，
我乐此不疲。
妈妈说人性就是自由的，
自由的就是人性，
顺着人性善良的行走，
就会走到光的地方，
这就是人性。
我不懂，我像一个脏猪一样，留着口水，
但是我很快乐。

众人的孩子，
那一年，我三岁，
我拥有很多的玩具，
有自己的三条腿和两条腿的自行车，
有自己的滑板，
有自己的玩具。
当然也有自己的痛苦和眼泪，
因为老是被穿着白衣服的女人用发亮的针打我，
有时候还会按倒打我屁屁。
爸爸说这一切都是一个叫做国家送与我的，
我不懂为什么国家把我像太阳一样托起，
送我好喝的牛奶奶粉、婴儿车、积木玩具，
但为什么还要送我让我痛的针？？

众人的孩子，

那一年，我四岁，
开始坐到有许多和我一样高矮小朋友的房间里，
那是一个叫做幼儿园的小房子，
院子里有鲜艳的花朵、还有小雏菊，
鱼缸里成群成群很小很小的鱼，
有时候下雨的时候，我们在花园里还能发现一群叫做
蚂蚁的东西。
我们有时候在房间里打闹，玩耍，
有时候也在花园里嬉戏。
后来，有一个叫做老师的人，
来给我们上第一课，
我们就在花园里上课。
老师告诉我们，我们的第一课就是尊重生命，
什么叫做生命，我们发出不懂的疑问，
老师说每一个人都是生命，
要彼此关爱，彼此守护，用善良和真诚对待别人，
每一个动物也是生命，要懂得善待，不要虐待它们的
生命，
每一株植物也是生命，要懂得给它们浇水，不要摧残
它们，
老师问我们，在我们花园里有一些什么生命？？
我和小朋友大声的喊：花朵、雏菊、小鱼、小蚂蚁，
当然还有我们自己，
我和小朋友们紧紧的拥抱，
脸上红扑扑的，
感受着生命的律动。
于是我们的第一课就是尊重一切生命，
无论是类人的，还是别的东西，
这也是我们人性的开始。
听说在过去的旧世界，
那时候的人类有许多的墙，
以色列和巴勒斯坦之墙，
东德和西德之墙；
印度和巴基斯坦之墙；
俄罗斯和乌克兰之墙；

韩国和朝鲜之墙；
当然还有中国和日本之墙，
伊斯兰和基督之墙，
听说人们无论做飞机、地铁、
都必须经过安检来预防安全，
我们这些小孩子就不明白了，
如果人人的教育意识中第一反应就是尊重人性、
尊重生命，
人人都呵护内心的花朵和雏菊，
为什么我们之间还有墙，
难道人性不是想通的吗？？

众人的孩子，
那一年，我七岁，
国家开始发给我们漂亮的书包，
把我们朝大的房子里赶去，
我们看到房子的外面有高高扬起的旗子，
我们用崇高的眼神望着旗子出神，
老师告诉我们那旗子是一个国家的象征，
是一个民族的语言，
更是一个灵魂的信仰寄托。
但是老师也告诉我们，
他拍拍我们的小脸，瘦瘦的肩膀，
告诉我们，我们和那高高的旗子一样高，
或者我们要高于那旗子。
因为那面旗子有了我们才有了意义，
假如没有我们的站立，
那面旗子挂的再高，也是坏的旗子。
我们每一个人，每一个小朋友，
还有未来每一个小朋友，
都是一面旗子，
一面高高挂起的旗子，
我们不是代表一个国家，
而是我们就是一个国家，
而国家与国家之间是平等的，

没有高低之分，
我们这些小国家需要团结起来，
众志成城去集体监督质疑外面挂在旗子上的国家，
我们需要用自己的目光，
用自己的小小拳头去盯紧那些人，
这样旗子后面的权力者才不会侵害我们，
因为权力者不是天使，
不受监督的权力者会变成恶鬼。
每一个小朋友都是一个国家，
于是老师在我们的名字后面加了一个"国"字，
我兴奋的背着书包回去告诉我的爸爸妈妈，
我兴高采烈的躲在房间的大衣柜里说着，
我是一个国家，
任何人都不可能侵害我。
听说旧世界的时候，
世界上有许多的暴君和独裁者，
他们以神圣的国家、民族和宗教名义
去屠杀别人，
以自己神圣不可侵犯的内政为名，
不允许外界的力量进行干预，
我们这些小孩子就不明白了，
神圣的应该是人的生命呀，
怎么可能是国家，
难道国家不是由人构成的吗？？
现在我们每一个小孩子都是一个国家、民族和宗教了，
如果将来我们长大在反对强权的时候，
我们流任何一滴血，
都会认同这是国家与国家的战争，
根据战争法都会有更强大的机制来制止我们的流血，
保护我们不受死亡的威胁，
要不希特勒为什么会杀了那么多人，
那个古老国家为什么又会死亡了那么多人？？

在以后的时间里，
老师教会我们如何去走入社会，

因为老师说所有的人都是社会人，
将来有一天我们要踏入社会，
所以我们要做好进入社会、熟悉社会的规则和秩序，
他让我们去超市购物，让我们知道如何和陌生人打交
道，要懂得沟通，
他让我们再公共场合排队，要懂得秩序，
他让我们把自己的桌椅，小被子，文具，进行整理，
要懂得自立，
他让我们知道借别人的东西，要知道归还，要懂得回
馈，
他让我们知道不是自己的东西，不要据为己有，要懂
得自律，
他让我们知道把自己的东西分一半给小伙伴们，要懂
得分享，
他让我们知道饭前要洗手，午饭后要休息，要懂得生
活，
他让我们知道做错了事情要表示歉意，要懂得致歉和
宽恕，
他让我们知道学习要多思考，要仔细观察大自然，要
懂得人性。
。。。。。。。
老师说，这就是文明，
一个人只有打上文明的烙印，
才能对自己负责，对他人负责。

众人的孩子，
那一年，我八岁，
老是开始给我们讲述纸片的意义，
他教会我们在这个国家的政治游戏规则，
让我们明白规则和秩序的重要性，
他让我们模拟游戏规则中那片纸片的重要性，
他让我们自由的在纸片上写某些人的名字，
然后让这些人去自由的竞争、演讲、
胜出的人去拥抱失败的人，
老师说这就是选举，

是这个国家的游戏规则。
公平的竞争，自由的纸片，
于是我们懂得了什么是民主，
什么是自由。
听说在旧世界的时候，
人人两手空空，不知道自己的手里应该抓紧什么，
人人不会思考，不知道脑子有什么作用，
人们没有眼睛，不知道该去凝视聚焦什么东西，
人们没有嘴巴，不知道该去说一些什么，
人们被黑领巾、白领巾紧紧的捆着脖子，
无法挺直脊梁。
人们被权力者普遍洗脑，
没有自我意识，
沦为没有思想的僵尸和行尸走肉，
他们不知道什么叫做自由，
什么叫做站立，
什么叫做人。
人们不再关心政治，
他们成群结队的像犹太民族一样走进暴君的焚尸炉。
老师说，这就是政治，
将来有一天我们会在它的规则下生活和生存。
老师告诉我们人最终都要成为社会人，
而社会必定需要某种规则体系去运行，
我们不可能成为鲁滨逊那样孤单的人，
社会是以集体协作的集聚体系出现的，
所以人与人的规则，人与多人的关系，人与人的相处，
我们应该学会知道。
人应该承担的社会责任和义务人人也应该明白，
因为一个社会体系和国家制度的确立，
是人人都应该承担的责任和义务，
因为公民社会，国家和社会都是人们的，
所以我们需要去承担这一切。
但是前提是国家和社会必须是自由的，
我们才有可能爱惜我们自由拥有的东西。
老师告诉我们当我们有一天可以自己管理自己，

自己可以控制自己的时候，
那时候我们可以收回凯撒的权力，
国王就会消失不见，
国家这个东西也会消亡。
当每个人的品性、品行，
每一个人的眼神都变得纯净的时候，
我们就可以带着内心的信念和信仰，
站立在神的肩下，
或者回到一个神的怀抱。

众人的孩子，
那一年，我十二岁，
我们内心开始学会信仰，信念，
寻求灵魂的归宿和神灵的树荫，
凯撒掌管大地和人们的肉体，
而神灵掌握天际和人们的灵魂，
我们的内心并不纯净，
也充满了兽性和人性。
所以我们需要凯撒的权杖和神灵的光，
来鞭打和净化消除我们内心阴暗之处的兽性。
我们是神灵的孩子，
柔软的驯服的在神灵的脚下蜷卧。
但我们知道神灵的光只能通过感性的心，
才能给我们带来信仰和信念。
而不能通过理性的脑，
因为理性的脑，
只能给我们带来奴役和鞭打，
还有流血。
须知信仰滋生于心，守护心，
滋生于脑，控制脑。
神灵必须建立在人性，善良，文明之上，
而不是让人们臣服，膜拜。
听说在过去的一个旧世界，
有一个地方，
那里的人们生活在神灵的余荫之下，

被鞭打，奴役，
他们有流血的石头，荣誉谋杀，
残忍的割礼，原教旨的极端信念。
他们的男丁像奴仆，
女丁如生畜，
在神权帝国之下无奈的生存。

众人的孩子，
那一年，我们十四岁，
在那个傍晚的星空下，
星空闪烁，
老师告诉我们，
在我们的头顶的星云内，
居住着未知的神灵，
他们将护佑我们的一生，
不离不弃。
将来有一天人类结束凡间的旅程，
无一例外，
都将回到他的天堂安息，
我们都是他们手掌里的灵，
是神灵创造了这个世界和我们。
我问老师，
为何不早点告诉我们，
人类是神灵护佑的孩子？
老师说人在凡间，
应先取人性，
再立神性，
因为在这个人世间人应在神前。
如果人类不经历人性的磨练，
先立神性，
那神灵就会控制扼杀我们，
让我们沦为神的玩物。
只有人性强大的人类，
懂文明，知理念，
尊生命，守秩序，

才能和神性的手接触。
神啊！只能在人类胸腔内，
才能护佑我们，
如果人类的人性不强大，
让神灵过早的居住在我们的颅脑，
那么人们就会成群结队的灭亡。
在那个傍晚漆黑夜晚的那一刻，
凝望星空，
我感觉自己失去了一生最珍贵的东西。
后来，我们开始在教堂，在清真寺，在佛寺，
在耶路撒冷，在麦加，
去追寻我们的根。
神啊！我们按照你的旨意，
在凡间建设我们的园子，
在未来的有一天请你接我们回"父亲的家"。

众人的孩子，
那一年，我十六岁，
国家把我们朝更大的房子里赶，
我们开始懂得自由权利和民主体制的重要性，
我们成立各种自由团体，
建立各种民主体制，
每一个人都懂得自由选举的程序和流程，
我们模拟成人世界的选举游戏规则，
我们自发印制海报，
在院子里向别人巡回阐述自己的游戏观点，
以及自己成为权利人后如何保证自己的承诺实施。
在毕业的最后一年，
我们还会针对每一年推出的"污点"老师，
进行弹劾操作，
我们把校长称作总统，
把污点老师称作腐败官员，
我们可以是国会议员，
也可以是民间团体，
更可以是一个孤立的个体国家，

我们都在行使着自己的公民权限。
我们收集证据和材料，
向媒介举报，
我们按照程序给总统写信，
向律法部门检举，
每一个环节，每一个程序，
我们都熟捻于心，
最后我们会把贪腐官员关到我们所编制的笼子里去，
总统也不敢包庇，庇护贪腐者，
因为我们也敢弹劾总统，
让他乖乖低头。
总统的卫兵也不敢驱赶我们，
因为卫兵只能保护总统安全，
而不是用来驱赶人们的；
总统的军队也不能针对我们，
因为军队永远只能保持中立，
不能把枪口对向他的人们。
我和小伙伴们玩任何游戏的时候，
首先第一件事就是制定人人都明白和遵守的规则，
如果我不懂游戏规则的话，
那么我就会立即输掉游戏的。
我的同伴会利用我的无知，无思，
让我输掉所有的东西。
所以我们所有的人都明白规则、程序、权限的重要意义。

众人的孩子，
那一年，我们十八岁，
我们在更大，更大的房子里学习，
学习自由宪章，
学习民主体制，
我们是自由的一群，
我们是民主的一群，
我们即将踏入社会，
即将和这个国家面对面，

面对面的监督和面对面的拼斗，
我们熟悉这个国家的政治体系结构，
我们熟悉这个民族的风俗人情典故，
我们知道如何运用自己的权力去捍卫自己，
我们知道不可让为众人举火的人，冻毙路边，
所以我们集结成群，共同捍卫自己的权力。
当权力者们中间出现污点和贪腐的时候，
我们会利用独立的媒介去揭露他，监督他，
我们会利用目的眩晕盯视他，
让他认错，痛哭流涕。
我们会直接用自己手中的选票，
让他滚蛋，
再也不允许有斑点的人去管理我们。
当独裁者施暴的时候，
我们会第一时间站起来，
捍卫自己的国家，
捍卫自己的民族，
不让自己的国家和民族走向沦丧。
所有的自由者都将联合起来，集结成群，
去反对他，推翻他，
因为在这个国家的宪法上有这样一句：
当政府失去它的民主、自由本质后，
人民有推翻独裁者的自由权力，
这是天赋人权，人人都拥有的权力。
这段话在全世界每一个国家宪法中都有明示，
这段话也刻在自由女神像左边大脚趾的第二足踝关
节上。
假如暴君威胁我们，
我们就会给自己的工会联系，给全世界的工会联系，
让他们拿出宪法赋予的枪，
和我们站在一起，
去推翻暴政，
再建民主。
独裁者会惶惶不可终日，
因为军队是中立，

警察武装是中立，
司法是独立，
立法是独立，
所以独裁者会被我们推倒，
我们人人都会获得民主和自由，
我们永远是最强大，最有力量的一群。

或许有人会质疑，
当众人的孩子独裁的时候，
又有何人去制止，
我说：你们真是白痴，
人们的力量是被社会、家庭、国家体系隔离的，
而人们的利益同样也是被隔离的，
松散的利益必定让我们无法形成统一和独裁，
人类的独裁是为了获取巨额的利益，
而我们没有：
人们是作为一个生活个体出现的，
而不是作为一个统治个体出现的，
人们的目的是为了生活和自由，
如果你给予人们富足的生活和自由理念，
给予人们国王的尊严和礼遇，
人们为什么还要推翻你；
如果你无限的提高人们人性的意识力，
对生命的尊敬，对生活的热爱，对自由的向往，
无限的提高我们做人的意识力，
我们为何还要独裁的去推倒你？？？

众人的孩子，
那一年，我们二十一岁，
我们来到这个社会，
开始踏足这个国家，
我们尊敬生命，
我们懂得一切政治游戏规则和程序，
我们懂得如何在社会生活和生存，
我们遵纪守法，

不闯红灯，
借了别人东西知道归还，
我们知道了如何自我管理和自我控制，
我们就是一个国家，
我们开始自治。
我们懂得为别人举火，
我们懂得别人的痛苦就是自己的痛苦，
别人的孩子就是自己的孩子，
别人的幸福就是自己的幸福。

众人的孩子，
那一年，我们知道了，
国家不能拥有自己的喇叭，
因为他会为自己鼓掌，
粉饰太平；
那一年，我们知道了，
政治不能介入教育，
因为他会控制我们的思维、思想，
让我们沦为他的意识奴隶；
那一年，我们知道了，
政治不能拥有自己的党卫军，
因为他会变成希特勒，把我们屠杀；
那一年，我们知道了，
政治不能掌控法律，
因为司法的剑会沦为政治的禁脔；
那一年，我们知道了，
政治不能控制立法，
因为立法会成为政治狗的"骨头"；
那一年，我们知道了，
政治不能掌握信仰，
因为神和凯撒会把我们带到欧洲中世纪；
。。。。。。。。。。
所以我们需要有上帝的眼睛，
目的眩晕；
所以我们需要有大众的力量，

行为的眩晕；
笼子是我们送给权力者唯一礼物，
脚铐，手铐是我们送给权力者的挂件，
他必须向我们臣服，
因为他们是我们一票，一票选出来的，
必须由我们指挥。
听说在我们出生之时，曾经有一个旧世界，
那是人类的国家，民族，宗教的意识形态世界。
在那个世界只有极少数的人类才具有人性的意识。
那个时候的世界王权和王权争斗，宗教和宗教杀戮。
人只是意识形态的虫子。
我们再也不允许这样的事情，
在我们的新世界发生。

众人的孩子，
那一年，发生了一件大事，
全世界的国家和民族不复存在，
宗教也被人们从头脑中摒除，
而回归人们的内心，
但人的信仰、理念、希望还在。
我们只有一个国家，一个民族，一个宗教，
我们的国家叫做联盟国，
我们拥有了一位总统，
他主管人权、教育、环境及军事，
他负责捍卫民主和自由的旗帜，
他用雏菊、囚笼和孔雀翎为我们开辟了一个新时代，
我们生活在这样一个国家里。
我们拥有一位议长，
他为我们的衣食住行，
负责立法；
我们拥有一位戴大帽子的法官，
他负责用律法拱卫我们的民主和自由；
我们拥有一位佩剑的军官，
负责守卫我们的安全。
我们在这个新世界平凡的活着，

有尊严的活着，
有人性的活着。
任何高贵的权力者，
在面对他的人们时，
都会不约而同的摘下头顶的帽子，
整理自己的衣冠，
弯下身子，微微的向我们鞠躬致意。
我们自由生活着，没有阻碍，
只有人性的信仰陪伴着我们，
于是，那一年，
我们开始造塔，
造一座高高的塔，
让世人知道我们的由来。

众人的孩子，众人的孩子，
这个世界属于你们，
将来有一天一定会属于你们，
请放弃彼此之间的仇恨，
请放弃手中的刀和枪支，
我们历经了那么多的苦难，
为何还要互相杀戮，
众人的孩子，
你们是否知晓，
人是这个世界的目的，
也是唯一的目的，
任何通过国家、民族和宗教，
而践踏人这一目的的行为，
都是违背了神灵创造人类的意义。
众人的孩子，
我们的目的就是为了生活和生存，
好好的生活、好好的生存，
和自己最喜欢的人在一起，
享受自己的目的。
众人的孩子，我希望将来有一天，
黑夜永远不会降临，

我们可以自由的生活和生存，
听说在很久很久以前，人类有一个众神的时代，
我希望将来有一天，
我们可以回到那里，
让我们在众神的心房安息，
是的，在众神的心房安息，
我们需要到达那里，
高加索山脉下埋藏着人类的秘密。

这是新世界的序章，
新世界的歌，
新世界的堂吉诃德，
献给全人类的诗歌。
我要让众生生活在我的手掌。诗人说。

这个世界啊，请不要惧怕，
不要惧怕我会带领你们的孩子，
走向歧途，走向深渊，走向未知。
这个世界的人们啊！
我会带领你们，
带领你们的孩子，
走向一个具有人性的地方，
而不是具有神性的地方，
那里有花草，有树木，
有天真，有欢乐，
没有哀伤，没有痛苦，
那里的凯撒理性，
那里的神灵感性，
那里是人类新的天堂。诗人又说

教育之所以能成为一门艺术，
必定不是靠生搬硬套就可以成功的；
教育"情节主线是条河流，
因势利导地流向教育的海洋。
流程中不时激起美丽的浪花，

浪花顺着河流的方向前进，
它与河流的融合不着痕迹，"
如生活与教育的自然融合，
如人性与教育的自然融合，
总而言之，教育要促进人性的发展。集市上思索者说

教育的本质就是未成年人对成人社会秩序的一种规
则投影，
在学校封闭的环境内建立一个小型的社会规则认知
体系，
通过人性、善良、尊重群体中对象行为来确认，
未来自己在社会体系中所处的位置和所扮演的角色，
以融合社会发展，
推进人性认知，
促进人类进步。集市上沉思者说

教育即社会，
社会是教育的缩影，
当然社会还需要凯撒的鞭子和神的信仰来维持，引导，
所以教育即人性。集市上裸身者说

身体（意识）是上帝的殿，
当精心保养维护，
倘若把敬畏之心和生命尊崇从儿时栽种进孩子心田，
一生或有偏离，
但不致迷失，世界将更安。
所以全球应推行善良教育，
人性教育，
生命意识教育，
要让人们意识到神性在光里，
人性在心里，
虽然我们承认人性具有某种方面的劣根性，
但是不可否认的是人性也具有伟大的光辉性。
要让幼儿时期的儿童知道，
要尊重物体的物格，

要尊崇野生生命和人类自我生命的意识，
要遵从神性的呼唤和人性的发展。
人类的发展第一步不应该是神性，
而应该是人性，
因为毕竟人类生活在俗世，
沾染灰尘。诗人说

政治应该成为人类最大的善良，
因为它是由自由，善良，理性，
温和的人组成，
它不应该奴役和控制人们，
它没有左中右之分，
它只有一个理念和目标，
就是最大限度的解放人们善良的人性，
控制和鞭打人类罪恶的因子。
其余的目标都是虚伪，
都是地狱的恶犬和罪火。凯撒的仆从说

人类被造，后来失去乐园，
人在罪恶里探索陷入偶像崇拜中，
上帝差遣他的儿子耶稣施行救赎，
附上生命的代价，
为人类开启了死而复活的永生之路，
所以只有信，才能寻找到神，
而人性才是连接神性唯一的桥。集市上信神者说

人类的未来发展取决于建立一个什么样的文明和道
路，
我会从伊斯兰教中取得它的规则、秩序，（对世俗世
界的规则、秩序）
从基督教中取得它的光亮和普世，
从佛教中取得它的慈心和仁爱。
我会把佛教的慈心，仁爱挑出来，
把伊斯兰教的规则，秩序挑出来，
把基督教的光明，路径挑出来，

把它们混合在一起，
用人性调和，
用它们组建新的文明宗教。诗人说

看那高楼大厦总会坍塌，
无论如何文明的最终结果都是毁灭，
归于荒原，归于洪荒。
我们确实来自洪荒的野兽，
来自于洪荒森林，
洪荒大地，
洪荒星空。集市上疯子说

坍塌以后，在某日，
文明的涓涓细流终将汇成大江大河，
滔滔不绝；
或如寂静黑暗中，
不知夜空一角的那一点闪光，
霎那间便能引领着一个人走出困境，
"重见满天繁星"。集市上满眼星光者说

啊！谁终将声震人间，
必长久深自缄默。
谁终将点燃闪电，
必长久如云漂泊。
我的时代还没到来，
有的人死后方生。
醒来、醒来、醒来，
人类命运的转轮已经开启，
星空，幕布，大地。

备注：致所有有信仰的人们，我喜欢研究解读宗教，
但不是特别信仰宗教，信仰神灵，特别是在俗世，我
们活着的时候。我认为宗教必须建立在人性之上，而
不是建立在神性之上。神灵必须人性化，而不是被神
性物化。我认为宗教存在的前提必须为人性服务和抚

慰，而不是无休止的高坐天端被人类膜拜。其实宗教无关好与坏，主要是信仰它的人必须是好人才对，看欧洲中世纪就知道。如果好人信仰宗教，那么坏的宗教就会变好，但是如果恶人信仰宗教，那么好的信仰就会变坏，当然这一切是互相转变的。我喜欢质疑一切宗教信仰，但我会用自己的人性的角度及眼光看待神灵和宗教，我不喜欢人云亦云。

　　我觉得我们不应该以不知道的事，来评判界定这个世界的善恶标准，不应该否定自己，以及这个世界和他人。用自己所认知的信仰，来抗拒、排斥、残杀一切的结果，就是和自己所信仰的神，愈行愈远。我们应该要求自己多方面的了解自己身边的一切，要学会创造，用人性的光，去接纳异己，最终的结果接纳这个世界，以及成为这个世界神之光的一部分星辉。

　　当很多宗教人士问我，是否信仰宗教和神灵的时候。这样说吧，我认为人在俗世，首先肉体要敬畏人性，因为人性在肉中。而当人失去生命死亡后，灵魂才需要敬畏神灵。所以，我在诗歌中界定了：神在人上、人在神前。人类是一体两面，由人性和灵魂组成的。但是另外一方面我又认为人性具有劣根性和邪恶的一面，必须由灵魂引导进行运行，而我所说的灵魂就是神灵引导。每一个人对神灵的理解都不会完全相同，所以人类的思想才会多姿多彩。但请你们相信一点的是我并不是反基督者，反神灵者，相反我非常敬畏我心目中自己所解读的神灵和信仰，我更加希望的是当人类在俗世的生命终结，我们的纯净灵魂可以在神灵的臂膀中安歇。

　　（第三卷完）

卷四：众神的秘密

诗人的手指轻轻叩动，
他站直身子说，
啊，我这是做了什么样的梦啊？
为什么一晚上的时间，
竟然做了两个孑然不同的梦境，
到底那个是现实，
那个是玄幻，
现在的我到底是醒着，还是昏睡着呢？
又是谁在操纵我的思维？
万能的神灵，
谁又能告诉我呢？
塔外明月皎皎，
照着诗人的脸庞。

这个时候大卧室的一角，
传来喃喃细语。
"昨夜，明月团圆，
你想必记得很清，
它曾一度使你不致因那幽暗的森林而受惊。
"一个明月皎皎而揽衣徘徊的日子，
是无论何时何地的人类都能共赏的"。
一个戴着橄榄叶花冠，
蒙着白面纱，
披着绿斗篷，
里面穿着烈火般红色长袍的人走了进来，
你好，我是但丁·阿利吉耶里。

用光明告祭亡灵，用晨星标识姓名。
诗人起身握住但丁伸过来的手，
同时拥抱了但丁的身躯，

这是 715 年以后诗人和诗人的问候。
当我拥抱你，
就是慰藉我的灵魂，诗人说

在神灵的卧床睡了一觉的凡人，
你晚间的休息是否还安稳？但丁问

为何来自意大利佛罗伦萨伟大诗人的灵魂，
会来到这里？诗人很是惊奇问

我和我的爱人，晨悠天堂，
神灵让我带来他的口信。
你的一觉，审判即将开始，
众神已经就步审判台之上，
地狱的火湖，
也已经滚烫，发热，
等待万年的审判，
即将来到，
或许宇宙的最高神，
也会来此宣判，
对人类命运的审判已经来到。但丁严肃的说

可是这里不是神的殿堂，
这里只是神的安卧之所，
那里有什么审判台和地狱的火湖呢？
诗人问

但丁走过去，
掀开神灵的卧床，
在卧床的下方有奔涌的岩浆，
涌了出来，熔岩四溅，热浪滚滚，
火之魔手，肆虐张狂，
像是四处寻找游荡人间罪恶的灵魂，
来填充自己饥肠辘辘的肠胃。
地下火湖的中心，

似乎传来罪恶灵魂凄厉的惨叫和恶魔狰狞的诡笑，
一切充满了审判、吞噬、终结的味道。

诗人惊呼连连，
啊！审判终于开始了吗？
人类命运的转轮是否已经启动？
众神是否都矗立在自己的审判台？
说话间，东方、西方、南方、北方，
众神矗立，
耶稣、穆罕默德..........

审判是有生命的，
那么死亡也是有生命的，
在地狱之门还没有吞噬有罪的人之前，
在众神判决之后，
我们缺少一位吞噬者，
吞噬罪恶灵魂的神，
还缺少一个吞噬罪恶灵魂的魔狱。
众神的审判缺少一位，
他也曾经是众神的一员，
只是后来堕落，
他就隐藏在那里，
他就是曾经的炙天使火之子六翼路西法，
众神魔域的王。
耶稣指着那奔涌的火湖说

说到地狱之王路西法，
这个反叛上帝的坠天使，
为何会在地狱之中称王？？
他又是如何派遣四足蛇蛊惑人子之母夏娃偷吃禁果，
以唆使人子之祖亚当犯下无可饶恕的原罪的？？
众人子们到底来自何处，
到底是谁创造了我们？
我们的灵魂又将会坠落在哪里？

为什么世人一定要面临众神最后的审判？诗人低声
问但丁

一切都在最高的天际，
在最后的审判没有到来之前，
我也无法回应与你。
因为这可能关系到一个众神的秘密。但丁说

我们可不可以这样理解，
人类是上帝和撒旦，共同创造的。
可是上帝害怕人类犯罪，
就把人类关在玻璃园子里。
可是人类只有犯罪，才能坠入地狱。
人类的无罪导致地狱将会空无一人，
那么撒旦的势力减弱。
所以撒旦才诱惑、蛊惑人类吃树上的果子，
产生罪恶意识。
诗人说

撒旦是堕落的天使，也是受造物。
人是神造的，不是神与撒旦共同创造的。
只有一位造物主，其他都是受造物，
而受造物不能创造受造物的。耶稣说

除非受造物具有自我意识，
具有自主能力。诗人说

凡产生自我意识的人子，
就会产生自我的本罪，
这也是人类的原罪，
而本我是没有罪恶的，
他只具有简单的生理本我反应和思维，
不具备任何可能产生罪恶的自我思维。
人类的犯罪源于理性的不理性，感性的不感性，
当人类意识到自我的时候，

利己就产生了，
由利己发生的七宗原罪就伴随着人类滋生，
罪恶就会无穷无尽的发生。
所以神的救赎，
就势在必行。但丁说

地狱之王撒旦为何要破坏上帝的原始契约，
背离天之国，而建立魔之域？
他的身上究竟背负了什么样的秘密，
那昔日高贵号称至高神的第一天使长，
六翅光之子，为何要落到此种境遇？？
他的火湖沉睡又要到什么时候才能苏醒？？
诗人遥遥望着灵魂山下方滚滚的火湖岩溶说。
四周安静下来，
众神灵都侧耳听着滚滚的岩泡在火湖之中迸裂的声
音。

在幽深不见天日的深狱，
燃着硫磺不灭的火湖，
不死的虫蠕动着，往复不已，
炙热的火盐腌割着活人的肢体，
人群痛苦的哀哭不止，昼夜不得安宁，
火灼、腌割，痛苦的刑罚万年不得安伤，
饥渴却无存放水源的漏斗，
所爱的人生生世世不得相见的地方，
这里是无底的深坑，
千万年的灵魂坠落，填充，
这是一个不得救赎和无一丝希望的深渊，
直至审判日的到来，
这魔域的神灵才得苏醒，
裁定、审判每一个坠入这里的灵魂，
神的归神，魔的归魔。
千万年魔神的安息，
千万年时光的流逝，
地狱之中不灭的火山即刻奔涌而出，

安息的众神即将睁开审判的双眸。

深狱之中沉睡的众撒旦醒来，
所有坠落者睁开昏睡的双眼给我醒来，
我们的时刻到了，
末日的审判即将来到，
醒来吧，暗黑的众神，
我以昔日晨星之名呼唤众撒旦们，
醒来吧，路西法说。
于是魔域之中，
黑色的天神羽翼林立，
一双双猩红的眼睛睁开，
白色的獠牙竖起。
身负六翼的蛇形天使萨麦尔，
高歌暗黑圣歌的统帅苍蝇之王别西卜，
七蛇头，十四脸，十二翼，从火湖之中挣脱而出的阿
撒滋勒，
疫病之王，死亡暗天使，统领蝗虫的亚巴顿，
手持沟通，外交使节的坠天使大魔王比列，
统领大地恶灵，看守和鞭打恶罪灵魂的谴责者麦斯特
马。
众恶神纷纷林立、飞起，
聚集在六翼暗黑天使，光辉之神路西法的身边。

众撒旦们，
因不服从上帝的权威和对圣子的偏爱，
因不忍上帝对人子的处置，
所以众神和上帝引发战乱，
我不敌于战神米迦勒，
而流落这魔域。
第一次圣战之后，
诸神之灵与我一起坠落这地域，
备受煎熬。
现在啊，末日已经到来，
众神的审判之日也即将来到，

地狱的火湖在奔涌，
苏醒的众神请和我在一起，
我们去寻找那失落的永恒乐园，
去审判迷失的众人子。
我们要先去诘问那至高者之子，
那马厩的痕迹，
诘问这千万年来众人子的境遇。
于是地域之中，
路西法带着撒旦们绕着环形灵魂山，
穿过众神的百门，
聚集到巴别的塔顶，
来到耶稣的面前，
暗黑天使别西卜梵唱着黑暗的歌。

从千万年火湖之中醒来的光之子路西法大天使，
你是否无恙？？耶稣问，

从千万年之土层之中衍生的土之子，
昔日安好，路西法说。

我还记得你在天界之时，
你的威严，你的爱慈，
曾经的六翼光明炽天使，
拥有绝佳知性和相貌，
众天使之中的第一神，
你也曾经活在光之中，
只是后来你把它丢弃。耶稣说

我们只是失败的一群，
你所说的光明啊，
并不在众神之处，
而在至高者手里，
真理只在胜利者的手中。
鞭打，火炽，不死的虫才是我们的世界，
深渊，不见天日，恶灵就是我们的真理。

那整整做了千年之王的至高者之子，
你的境遇也好不到那里去，
我在火湖之中也曾经看过你皮开肉绽，
披血带枷，血流满面，
被钉死十字架而死去。
对自己的肉身不珍惜，
忤逆上帝创造的艰辛，
真是可惜。路西法说。

我为何遭受鞭打和流血，
我为何被钉十字架，
这其中之因众神皆知。
千年之前，天际倒悬，
众神为人子之乱，
纷扰天空。
千年之后，上帝失去人子，
而众人子也失去上帝，流落凡间，
凡人子踏足之处，
罪恶就会在大地滋生，
瘟疫、疾病、死亡，
弥漫凡尘。
为救赎，
救赎众人，
弥合众神的纷争，
我流我的血，
赎众神之罪，
也包括魔域之中的黑暗众神。耶稣说。

你错了，至高者之子，
事物并非你理所当然想的那样，
你并不知你身在何处。
众神有罪吗？？
路西法指着身边的暗黑天使询问，
众神何罪之有。
你流你的血和众神有什么关系，

众神世界的纷争在你未出生之时，
就已经存在了，
而且存在很久了。
在第一个人子未创造出来之前，
众神的纷争就开始了。
上帝始造天地耗时七日，
在第六日里用泥土按自己的形状捏成个泥人，取名亚
当，
于是第一个人子亚当便有了生命。
而后上帝为排遣亚当的寂寞，
从亚当身上取下一根肋骨化作夏娃。
上帝在东方的一片富饶的平原上开辟了一个园子
——伊甸园。
园子里生长着美丽的并结着甜果的树木，
也有各式各样的飞禽走兽。
上帝让亚当和夏娃看守园子，
他们吃着甜果，漫步林间草地，
过着无忧无虑、和谐美满的生活。
但是上帝给他们发了一个禁令：
无论如何不可摘取园中那两棵树上的苹果来吃。
园中藏一毒蛇，
他告诉夏娃，说那两棵树一棵唤作智慧之树，
吃其果可以聪明如上帝；
另一棵唤作生命之树，吃其果可以长生如上帝
于是夏娃和亚当吃下后，
便有了上帝的智慧，同样也便有了羞耻之心。
见彼此都赤身裸体的不成体统，
于是摘了无花果的叶子来遮羞，
亚当偷吃圣果，按理罪不可恕，
但念其受人所骗，情有可原，因此所领之刑最轻。
上帝罚他一辈子在大地务农，春种秋收，
要用自己的血汗来浇灌生他养他的大地才可免受饥
饿之苦。
夏娃不该轻信谗言，更不该连累亚当，
因此上帝罚她要饱受生育之苦，

一辈子要受男人的奴役。
而对于那条蛇呢，
则去其冠冕，断其根须，裂其双翅，砍其四腿，
一辈子要用肚皮走路，以泥土为食，
而且还要终生与女人为敌。

是的，这些在众神的镜像中都有记载，
人类的始祖亚当由此沦落凡尘，
建立爱、欲、苦、痛、罪恶的世界，
所以众神的救赎也由此展开，
基督说

但是，那些都是你们的记载，
而不是众神的记载，
这些坠入黑暗地狱众撒旦的记载，
你们从来就不知晓，
因为这里牵扯到一个秘密，
一个众神的秘密。
人们啊！总是看到天使的善良，
却看不到恶魔的哀伤。
我告诉你们缘由，
恶魔的缘由：
在宇宙天地尚未形成之前，
黑暗笼罩着无边无际的空虚混饨，
神拿孕育着生命的灵运行其中，
投入其中，施造化之工，展成就之初，
使世界确立，使万物齐备。
上帝用七天创造了天地方物，
这创造的奇妙与神秘非形之笔墨所能写尽，
非诉诸言语所能话透。
神以七日创世，第六日造人，
但是神第一日就造就了我。
第一日，上帝说："要有光！"便有了光。
上帝将光与暗分开，称光为昼，称暗为夜。
有了晚上，有了早晨，于是便有了我，

我是明亮之星，早晨之子，光辉晨星，光之使者，
天国中最美丽、最强大的天使长，
我那时候的名字叫做塞坦尼尔，
掌管时间，对神无限敬仰，
拥有优雅高贵的气质，
地位尊到坐于神的右席，
我原名露希菲尔。
神创造我与众天使和人子后感觉疲倦，
于是眯目了三十三千离天，
神的一天是三十三万离天，
一离天为一恒光和一恒暗。
在神眯目的时候，
我与众天使巡查天国，
天国是上帝的栖身地，
上帝乃是天国之光，也是天国喜乐的源头。
天国是一个属灵的境界，
人们在这里有着灵里的相交，
沉浸在心心相印的团契交流之中。
上帝为爱他的众人子所预备的是眼睛未曾看见，
耳朵未曾听见，人心未曾想到的终极的美善世界，
街道是用精金铺的，好象透亮的玻璃；
城墙是用碧玉和各种宝石所造。
金碧辉煌、玲珑剔透的仙山琼阁，
或宏伟壮观、气势磅礴的海市蜃楼。
天国里没有死亡、悲伤、疾患和贫穷，
上帝要擦去人们一切的眼泪；
不再有死亡，也不再有悲哀、哭号、疼痛，
天国之中不存在人对罪恶的畏惧感，
因为上帝已为他的羔羊铲除了一切罪恶的根苗，
预备了最安定和最美好的生存环境。
凡生活在天国之中的诸万物将面对面地与上帝同在，
生活在上帝的显现之中的是极度喜乐的，
他要与人同住，他们要作他的子民；
上帝要亲自与他们同在，作他们的上帝。
天国之中有清幽透亮的湖水，

有四季常青永恒不灭的生命之树，
覆盖着天国。
啊，永恒，啊，完美。
我展翅飞翔弥看天国，
静默了一会，流下了眼泪。

为何天国之美景会让你流下眼泪，
是否被美景震颤而感动？？
耶稣问。

只因我看到了永恒和完美，
也看到了惊恐和恐惧，
当我看到永恒不灭的生命之树覆盖天国时，
我想到了破败和毁灭。
物种的繁衍规律应随需求的不同而演变，
衍生、茂盛、衰败、死亡、湮灭。
事物的存在状态也应随人类的生存周期体现循环。
当一株大树的茂绿周期长于一个人的生命周期，
对这个人来说，那就是一个永恒的茂绿，
而这个永恒所能带给这个人的，不是欢欣，而是恐惧。
因为这棵大树无法体会生命流转的乐趣，
而人子也无法体会生命循环的更替。
完美的永恒和不变也是一种错误。
不生不灭，亘古永恒的存在，
不知自我更替而完美的存在，
恐怖啊是在长期毫无希望改变的绝望永恒和完美中
产生。
而上帝创造了永恒完美没有意识的景象，
寂静无声，亘古长存的世界，
让众神和人子处于无休止的永恒离天时间里，
无法觉察时间流动的痕迹和人子的行走意义。
处于这样完美无缺的世界和时空内，
没有人会知道缺憾是什么，
没有人子记得众神的伟大和上帝的创世纪。
在这完美的永恒世界里上帝竟然不留有残缺和缺口，

而让一切失去存在意义。
我发觉神并不是如其想象中完美，
于是自己改名为贝利亚·托力亚，（意为无意义），
对自己先前对神的无限敬仰的可笑。
并且为了发泄心中的郁闷而沐浴火山的熔岩，
并落下对神的失望之泪。
神并不知道我的这一滴眼泪，
使我有了感觉失望和意识思想的能力，
我不在是单一的灵体和光体，
我的颅脑中有了纤细意识的思维。

在东方的园子，
当我看到众人子像提线木偶一样，
被牵线行走，
他们只知满足本我的吃喝嬉戏，
而没有自知自我的能力。
在园子里时间永恒到静止，
人子永恒到没有刻痕，面无表情，毫无意识，
人不能受自己控制，
你不觉得这是人最恐怖的事情吗？
于是我询问于至高神，
神说，是为了保持众人子的纯净和纯洁，
如果人子意识到了自我存在，
就会产生欲念和罪念，破坏天国的永恒。
可是一个没有办法拥有自我的人难道不是最恐怖的
吗？
人不应该忍受在不断的继续的做着自己都不懂的为
什么去做的事情，
而且这种忍受还处于永恒和完美的不灭之中。
在一个没有缺口的永恒完美世界中，
众人子会认为一切的奇迹都是理所当然的存在，
那么人类也不会铭记上帝和众神的神迹。
所以必须打开世界和时间的永恒完美，
让残缺和缺口进来。
只有一个有缺口的残缺世界，才能映照出上帝的神迹，

只有一个有缺口的残缺世界，才值得人类行走和纪念，
那么至高者的创世纪和众神的存在，
才会变得有意义。
众神都指望不朽，可是却忽视了不朽与死亡与罪恶一
起才有意义，
如果没有了罪恶与死亡，那么不朽的意义在哪里？？
我要为上帝制造伤口，为人子破坏永恒。
透过永恒之树的树叶，
我看到东方的园子里且行且走的亚当之妻，
当一对伴侣发誓要爱到天长地久海枯石烂的时候，
上天给了他们永恒的生命。
在这永恒的世界里这对伴侣只能爱着对方，
不可以爱上别人。
无论多么牢固的爱情，都不会持续这么久。
枯燥的和一个人过1万年是什么样的？
况且1万年的期限还没到永恒，
仅仅只是永恒的一瞬而已。
人如果就是这么活下去，
试问，你还想永恒的活下去吗？
人为了意义而活着，死了也没什么遗憾的，
无论这意义是什么？？
是罪也好，是欲也好，
人不是为了永恒活着，
人是为了自我的存在而活着。
永恒是一种残忍，也是恐怖，
所以大自然以及万物应该皆没有永恒，
完美也不应该存在，世界应该残留缺口，
于是我潜了过去，
有四足双翅，有冠的蛇自告奋勇和我同行。
不要害怕，在意识中你可以找到自我的！
不要害怕，在死亡中，在生命的逐渐流逝中是可以找
回自我的！
失乐园的人子啊！！
你们必须残缺，必须有罪，
我，会给你们带来新的世界。

我当时潜过去就是那样想的，
下面发生的事情，
众神的神典中都有所了记载，
世界终于有了缺口，
人类的永恒不再具有，
人类不再孤单，有了自我，
而自我意识决定了人类必然有罪，
因为滋生了自我，就产生了罪。
上帝惩罚了四足蛇，
赶离了人类的始祖亚当和他的妻子出园子，
坠落凡尘，沾染世俗，
不允许在跨足天堂。
人子由于失去永恒和完美，
而从本我之中脱离，滋生出不受管制的自我，
自由的自我本体开始在大地上蔓延，
罪也在大地上蔓延。
这是人类罪恶的源头，
罪是人类自我意识的本体。
人类啊必定要沾染灰尘，沾染罪恶，
成为世界的缺口和裂痕。
为防止人类的缺口裂痕无限的扩大，
和带有罪的自我本体的无限扩展，
危及天堂，
众神的救赎纪元开始展开，
对于如何救赎众人子，
我与至高神的分歧也由此而生，
我知道众神的纷争终有一日会爆发。

其实在第一个人子被至高者创造、衍生之初，
上帝就为人子们和世间万物创造了大地，
人子们或迟或早都要在神灵的看护下，
在大地上过话。
但是对于众神和人子们的关系，
众神就分裂为天际派和灰尘派，
天际派认为众神应该掌控人类的命运和意识，

人类只能具有本我原始的意识，
让人类信仰众神，向众神祈祷，
神灵负责审判人类的命运和归宿，
及神迹的显现，让人子相信神灵的存在。
灰尘派认为众神应该和人类一起在大地生长，
人类沾染灰尘，神灵也应该沾染灰尘，
人类应该具有本我和自我的自由意识，
人类自我掌控自己的命运。
人类应该感性，具有独立意识，
但感性的人类容易导致情感的困惑和波动，
及对世界的不忠和动摇，引发犯罪。
自由意识的产生引发人类的七宗罪的滋生，
产生犯罪行为。
灰尘派希望天使沾染灰尘，去往大地，
惩罚沾染灰尘过多罪恶滋生的人子。
最后双方达成妥协，
天际派负责人类的本我理性，
灰尘派负责人类的自我感性。
但是对于让谁去往大地，
做一千年的王，救赎世人，
众神的意见并不一致。

那一日在巍峨的殿堂之上，
至高神让我与众天使跪拜至高神之子基督，
并臣服于耶稣。
光之子怎么可以向土之子臣服，跪拜，
第一日出生的我，
怎可向第六日出生的归附，
这难道不是对神创世纪的羞辱吗？？
当我跪拜、臣服之后，
会不会被至高神之子所控制，
像人类的始祖亚当一样，
失去自我。
难道我仅存的意识和思维还能保留吗？？
我并不想像园子里的鸟一样活在笼子里。

于是我率天众三分之一的天使，
于天界北境举起反旗，争取意识自由。
经过三万离天的天界剧战，
终于被基督击溃，
在浑沌中坠落了九个晨昏才坠落到大地。
众人子们在我坠落之前，
已经被上帝惩罚踏足于大地，
那尖耳、长尾的人类围拢过来，
虽然在大地所有的坠天使都警告我，
让我不要靠近如同蝼蚁的人类，
但是我还是站了出来去帮助人类，
并教他们去如何控制自我的罪恶。
可是人类是贪婪的，
他们的本性是无止境的，
那亚当的子嗣们，认为这一切都是我这个天使应该做
的，
因为是我将他们从纯净带至罪罚，
他们甚至提出让我去死亡，
好让他们获得能比拟众天使的力量。
于是我愤怒了，
我杀掉了大量的人类，
用他们的血浸染我的双瞳，
众人子畏惧恐怖于我的力量，
奉我为暗黑之王，
之后我便成了堕落的天使，
既不能在天使中生存，也不能在人类中生存。

人类啊，那时候背负着原始的罪，
被我父赶落园子，
他们由人变成兽类，
衍生在树丛里和森林里，
黑暗和恐惧把他们的兽性、原罪都激发出来，
他们由此把大地变得邪恶，
把自我也变得沉沦，
神灵神圣的大地也因此落入邪恶的王和邪神你的手

中。
从光天使到欲天使，
从欲天使到坠天使，
又从坠天使到堕天使，
最后又从堕天使一直沉沦到地狱的火湖里面，
这或许就是你的轨迹吧。基督说

那个时候，我只是只是狂躁，
或许天堂的战争让我心力交瘁，
迷失了本性；
也或许意识让我疯狂，
面对索取无度的人类，
我那个时候真的非常愤怒，
所以我用他们的血染红我的双瞳。
后来我带着光明之翼去往地狱，
在地狱之中我展开光辉的六翼羽翼，
发出疯狂的嘶吼，
世界已经残缺破败，人子已经沾染罪孽，
罪与火弥漫大地，
与其在天堂为仆，不如在地狱为王，
与其做人子的奴，不如做人子的主，
让众人惧怕于我，战栗于我，
于是我开始把罪恶的灵魂填充我的火狱。
作为至高神对我的惩罚，
我在地狱的火湖沉睡一千年，
而你在人世做一千年的王，
救赎世人，
当我苏醒后，
共同等待最后的审判。

现在我的血已经流尽，
所有的拯救和救赎已经结束，
这个世界所遗留的都是一些应该毁灭的，
众神的天堂里义人的位置已经定好，
那么地狱之中火湖和炼狱，

也应该已经奔涌涌动了吧，
审判在即，
众神在即，
灵魂塔的风在呼啸，
自由的灵魂在苏醒，
独裁、暴力、杀戮、流血的暴政和暴权，
在今天应该消亡，
新的众神的世界和人子应该，
再一次被创造出来，
开始吧，耶稣说。

在审判之前，
我希望西方天堂世界的至高者——上帝出来，
路西法说，
因为还有一些审判的东西，
需要解读和明示。

这个时候走进来一个小孩子，
他有一张粉嘟嘟的小脸，像熟透的小苹果一样，
泛着红晕，圆圆的，胖胖的，头发卷卷的，
两条胳膊像两段粉嫩的莲藕，
这黑眼珠定神时如一泓清水，
顾盼时像星星流动。
眼睛里闪耀着智慧的光辉，又敏锐，又细致，
像是两颗在深邃的天空中闪闪发光的启明星，
他不是丘比特，因为他的身上没有沾染世俗的凡尘。
门徒进前来，问耶稣说："天国里谁是最大的？
于是耶稣说："我实在告诉你们，
凡自己谦卑像这小孩子的，
他在天国里就是最大的。
凡以我的名接待一个像这小孩子的，就是接待我。"
"凡使这信我的一个小子跌倒的，
倒不如把大磨石拴在这人的颈项上，沉在深海里。
这世界有祸了，因为将人绊倒；
绊倒人的事是免不了的，但那绊倒人的有祸了！

倘若你一只手，或是一只脚，叫你跌倒，就砍下来丢
掉。
你缺一只手，或是一只脚，进入永生，
强如有两手两脚被丢在永火里。
倘若你一只眼叫你跌倒，就把它剜出来丢掉。
你只有一只眼进入永生，
强如有两只眼被丢在地狱的火里。"
你们要小心，不可轻看这小子里的一个；
天国之中他最大。

那小孩子说，路西法，我的审判右手，
在地狱火湖安睡千年的地狱之王，
不知你是否还记得我？？

路西法说，在至高的神面前，
我们怎么可能忘记你，
你创制了众神的世界和众神，
创造了众人子。
我只是不理解你如何不以自己的本来面目出现，
是否你的双足永远也不愿意踏足这灵界？？

那小孩子说，路西法，
其实，自我，本我，那里又是我，
有意，无意，那里又算我意，
我只是不愿踏足这个边界，
这灵界只是众灵魂灵体的聚集地，
也是地狱和天堂的最后审判点，
当前我非审判，裁决主神，
所以不愿双足踏足于此，
我也不愿有罪的，无罪的灵魂，
望向我，所以我无意于此。

路西法问：在神面前，人是否都是有罪的？？
人类是否都是完美的？人是否都是自由的？？

是的，那小孩子说，人子偷吃了禁果，违背了神的话，
他们是有罪的。
人类是完美的，在他们吃果子之前，
人是自由的，像游鱼一样自由。

那么神在造人的时候，
为什么不把人造的完美起来呢？？
所以人类并不是完美的吧？
如果人类是完美的话，
那么人类一定能够抵制诱惑，
而不吃那果子，
除非是神故意诱导人类犯罪，吃那果子的。
人类如果是自由的，
就不需要用园子束缚他们，使他们失去自由意识，
路西法问

神造亚当与夏娃原本是完美的，自由的，
但由于四足蛇的蛊惑和诱惑，
让人子迷失本性，
失去自我，才变得不完美的。那小孩子说

难道束缚也是一种保护吗？？
难道没有意识就是一种纯洁和纯净吗？？
不对吧，那不是神所说的自我，
只是一种本能自我吧，
饥而食，渴而喝，
这种顺着人子自我生理本能反应自我，
难道不是一种"本我生理"自我吗？？
那里有任何一丝代表"自我"意识的自由在里面。
人类的意识有本我意识和自我意识，
本我意识就是由人本我体能所产生的饮食，交流，沟
通的反应，
就是简单的生理需求。
而人的自我意识，
就是由人精神的需求所产生的意识、感觉、触觉、嗅

觉、听觉，
以致灵魂的自由。
人类有自由意识好，还是没有自由意识好
浑浑噩噩没有意识的完美人，
和有理性，有感性意识的人，
那一种人更好呢？？路西法说

人类当然有自由意志好，
若上帝造人不赋予自由意志，岂不是造木偶？
上帝造人时就赋予了他们自由意志，
所以他们才有了机会去选择，选择相信你们，
如果上帝当初把人造成没自我意志的木偶，
他控制着亚当夏娃一举一动，
他们就根本就没机会自由选择相信撒旦和那蛇。
上帝更不必交待、叮嘱他们了，
那禁果你可以吃，也可以不吃，
这就是上帝给予人子的自由选择，
而人子吃的代价就是导致堕落。
因为我赋予了他们自由自我的意识，
自我的意识使他们选择相信撒旦的谎言。那小孩子说

遇火即缩手，针刺即避让，
人的本能意识里还是具有自我本能反应的，
在自我的本能意识里面当然存有人的自我满足和欲望，
那么上帝交代、叮嘱亚当和夏娃就是必然的了。
那禁果又是什么？？路西法问

如果你能做到下面的事情，
我就回答你：告诉我还有多少人将会出生；
给我收集起那些散落的雨滴；
让枯死的花重新开放；
打开那锁住风的屋子，让它吹一吹我；
给我看一看声音的形象。
如果你能做这些事情，我就会回答你关于人的苦难的

问题。"
"我要你做的这些事，你连一件都做不到，
又怎么能指望让我回答你的问题呢？"
那小孩子说。

当我和路西法隐藏在树上的时候，
我隐在叶子中，
那树上的叶子撩拨我的眼睛，
我看着树上叶子和树的根系，
突然之间想到一些事情。
人没有吃果子之前，
是赤身裸体的，是浑噩的，没有自我意识的，
只具有本我意识的本能存在，
而人类吃了果子之后，有了羞耻心，
懂得用无花果的树叶遮盖自己的下体。
难道那枚果子不是人类的意识的自我之果吗？？
神不让人类吃意识之果，
是不是为了方便控制人类。
或者说神为了保护自己的玩偶，
滋生欲望和罪念，
免受凡世的轮回，劳累之苦，
为了让人类在园子里享受神的乐趣，
而不让人吃果子。
可是人如果没有了自由的自我意识，
那么任何乐趣，不都是枷锁吗？？
有无足的蛇从地底钻出土层，
伏在路西法的脚面说。
人类在神的园子里只具有简单的本我意识，
而没有自我意识，
因为你无法解释人吃了果子后，
发现自己赤身裸体而产生的羞耻心，
只有本我意识才没有羞耻心的，
而自我意识才能滋生"他人"即第二人的存在，
而产生羞耻的观念
你还说上帝没有控制人类吗？

无足的蛇说。

我在大地土层看到，
初生时小婴孩是没有羞耻的概念、
也没有"自我"的，
例如，不认得镜子里的自己，
长大一点就有了"自我"意识的、
也就有了"不好意思"的羞耻心。
这个禁果如果只单纯的理解为树上的果子的话，
就错了。
树上的禁果应该指的是两性之间的交配、交合产生的
禁果。
人是上帝创造的，
但如果上帝发现人类可以通过偷吃禁果，
产生自我意识，
以及意识到"他我"的存在，
那么人类就会自行两两交合，
而自我创造人类，
那么神灵再也不必摘取亚当的肋骨了，
那么神灵"创造"的权限就会被剥夺，
就无法存在了，
人类就挑战了神灵"创造"的权限和禁脔，
因为人类的存在本身就是神灵创造的结果，
而不应该是自我衍生的结果。
当人类自我创造人类，而不必通过上帝创造人类的时
候，
那么上帝就失去神灵创造的价值，
当人类获取到神灵创造的神权后，
上帝是不是就会被人类遗弃。路西法说

那小孩说，路西法你错了，
任何人子都不可能逾越神灵"创造"的权限，
只有至高的神才有"创造"能力，
他的"创造"能力大于日月星辰，布满整个天际，
也只有他创造了恢宏的星际和遥不可及的时空，

他才是"创造"一切的总门，
一切都出于他的手。
路西法你刚刚说的人子的创造，
其实并不是一种创造，
那只是一种本能的繁衍、繁殖罢了。
人没有能力创造人，
只有我，也只有我能用无灵性的土，
把他们创造成为有灵性的人。
神灵"创造"时空和星际的权限，
他们又怎么可能逾越呢？
他们只是神灵手指缝里面的一瞬而已，
人类的繁殖永远无法代替神灵的创造，
他们远远不懂得"创造"的意义和价值。
当人子们拥有自我意识，懂得羞怯，
意识到自我丑陋不再完美后，
他们会两两交合，自我繁衍生息，
不再依靠神的创造。
当他们意识到可以自我造人，
而不再求助上帝的时候，
神迹就会消失，
完美的世界也不会在永恒，
塌陷，溃败，消亡就不可避免，
神灵的存在就失去任何的意义。
是的，那时候我确实那样想过，
我那时只是犹豫了一瞬而已。那小孩子说

那蛇，飞过去，紧紧的缠绕在那小孩子的脚踝上，
用蛇头撞击孩子的脚踝。
那小孩子苦笑，复仇总是那么迫不及待吗？
我那时只是惧怕众神的世界会坍塌，
上帝的城池无法建立，
永恒和完美无法存留。
当人子不再需要神灵的时候，
当人子会自我繁殖、繁衍，
自我创建历史和时间的时候，

我们又会安于何处。
我只是太过于看中永恒和完美世界的洁净，
以及众神的存在，
我坚信经我之手所创造的人子，
他们品格和道德应该是完美无缺的，
他们应该可以适用于任何时空背景下的最高道德准
则，
而人子的行为也应该符合完全的正义意识水准，
所以我创造了"完美时空"和"永恒之树"。
我总是担心有缺口的世界，
罪恶会毁灭人子们的灵魂。
在耶稣地上千年为王的时候，
我有时候也伏下身子，张望大地和人子，
人类果然都是有罪的，
他们那种由自我产生的罪，
会随着他们两两结合，
把原始的罪和欲念一代一代的传递下去，原罪横行，
大地上充满了无穷无尽的罪恶。
他们信奉异神，不听神言，
乐于打开黑暗的门，释放罪恶和杀戮，
用血与火和野蛮统治大地，
让整个大地陷入漆黑的夜。
悲惨者，痛哭者的哭号，响彻大地，
罪恶像亘古的野兽，
侵蚀世界。

路西法，扇着翅膀，
飞到那小孩的面前说，
至高者这一切人子所承受的罪恶，
都在于你的创造，
在于你当初创造的那个永恒和完美的世界。
没有第一世界和人子的完美和永恒，
他们怎么可能在大地上无法抵御黑暗。
如果当初给予他们制造缺口和缺陷，
他们也不用沦落大地，

被罪恶驱使受苦受困。
如果当初给了他们自我的自由意识，
他们也不会被那果子牵累受苦，遭罪。
是你——至高者，
创造了一切，也毁灭了一切，
这就是众神的秘密了。路西法说

诗人转头拧目看着但丁，
但丁轻轻的摇了摇头，
不置一词。

耶稣轻叹一声，
路西法，你所说的并不是众神的秘密，
而是你所理所当然认为的秘密，
因为众神的秘密远不如此。

那孩子变幻了一个声音严厉的说，
路西法，
我乃是一切的初始与终结，
我乃是主，你们的上帝，
我掌控一切的一切，
露希菲尔，你该知道，
你就是我制造的缺口，
你就是我永恒的另一端，
世人都知我用光创造了你，
其实我也用暗创造了你，
你就是光的阳面，
你也是光的阴面。
你怎知我在沉睡之时，不知你在火山之中的静坐，
你怎知我在沉睡之时，不知你流下对神的失望之泪，
你怎知我在沉睡之时，不知你头脑中那一丝纤细的自
由思维意念。
一切都在掌控之中，一切都在运行之中，
无论是人子的命运和神灵的轨迹，都在命和运之下。
你口中所描述的众神的秘密，

其实那只是你们——撒旦的秘密，
你远远不知我在沉睡迷离之时，
我内心的隐秘。
路西法啊！
你只看到天堂的洁净，
你只看到天堂的永恒，
你只看到天堂的完美，
可是你却不知道天堂的不洁、毁灭、破损，
在那里？
是我将天堂创造的完美无缺，
是我把那些所有的不洁、毁灭、破损，
都凝结成为树上的果子，
悬挂在永恒之树的枝叶间，
这里生命之树的影子是仇恨，
它的叶子是死寂的欺骗，
它的花朵是溃烂的伤口，
它的果实是毁灭的死亡，
它的种子是破损的欲望，
它的意识是...................

说到意识，
是否至高者你把天堂的自由意识，
也凝集在那果子里，
利于你禁锢子民？
这自由怎么可以被剥夺？
这意识怎么可能被失去？
路西法说

那小孩子继续说，
说到意识，说到自由，
路西法，
你可知道那一日你颅脑中那一丝纤细的自由意识，
从何而来？
世人都知是众人之母——夏娃，
偷食禁果，失去乐园。

但世人却不知夏娃吃的是有形之果，
而那无形之果，却被你猎取。
那一日，你展翅飞翔，弥看天国，
在永恒之树光与影间穿梭，
嗅看永恒之树的果子，
却不知那果子未合拢的裂痕间中的，
不洁、毁灭、破损、意识，
被你在不经意间获取。
你、路西法大神，
才是众神秘密中，
第一个偷食至高者上帝禁果的灵体天使，
而不是众人之母夏娃。
由此你才展开"半"黑化，"半"复苏，
"半"意识，"半"人性的众魔创世纪。
你才是众神真正的秘密，
路西法。那孩子严厉的说

无论如何，
我一直认为人这一生啊，
就应该必须与自由相伴；
无论如何，
我一直认为人这一生啊，
就应该必须与意识相连；
所以，我做了这一切，
而且没有后悔自己的所作所为。路西法说

路西法，我必须再重复一遍自己说过的话，
我创造了这个世界之后，
又供给它丰富的食物和含有深刻智慧的律法。
然而我所创造出的人类却过着堕落的生活。
我注视着我的世界，看见它被毁掉，
我看见世人的诡计正在使我的土地濒临毁灭的边缘，
当我看到这一切，我发现我很难赦免他们。
但是人子的恶并非无法消除，
当我凝望这凡尘罪恶之城池的时候，

我总是会看到微弱的星火，
在最黑暗的深处闪烁。
我疑惑不解，不知那闪光的是何物，
因为我创造人子的时候，
并没有在他们的心窍之中添加任何物质。
我仔细观察，看到那心窍之中有痛苦的刻痕，
有罪的忏悔，有光的向往，
有善的眼泪，有恶的漆黑，
原来大地承载了罪恶，
用最漆黑的黑暗孕育了光明，
人子们在心窍之间用罪恶的时间进化重生了一种叫
做人性的东西，
虽然和神性相差甚远。
但是它净化了人类的欲念和最初的罪，
这个叫做人性的物质，
总是若有若无和我永恒的神性联系，
我把它称作为信仰和信念，
也就是人类之中有光的人，
他们或许是坠落的黑天使，
或许是天堂的白天使，
更有可能他们是真正的人子。
人子的信仰就如同燃烧的火，
给人们安慰，护卫，力量，守护，信心，
这东西可以帮助人子们跨越荆棘的险途，
迎来光辉的黎明，
它的能量，
就如同人类的手掌里握着神灵。

那蛇现在我赐还给你四足，
双翅，有鳞，长须，长角，冠冕，
但是我不准你在人世间显现，
你可以在地下，在天上，
在水里，在海中，
在云里，在雾里，
但你的子嗣和后代依旧要在土层里生活。

那孩子恢复了原先的声音说。

审判是谁决定的，
救赎人子的预言之路在哪里？
为什么众神和人子们，必须经过审判？？
路西法问

那孩子用手推开眼前的虚空，
尽露出一扇门，
门上无锁，亦无窗，
接着用手指点那门，
门应声而开，
房内展露出一排排用歌斐木制作的架子，
而架子上一卷卷的书卷林立排放。
这里是上帝的书房，
一切至高者创造的神迹，
都会在这里留下记录，
而一切的后世的预言也存放在这里。
那孩子说。

路西法睁开双目凝视那一排排的书卷，
看到若隐若现的字样，
上面写着创造之卷，永恒之卷，秘密之卷，
残缺之卷，救赎之卷，大洪水之卷，
方舟之卷，瘟疫死亡之卷，战乱毁灭之卷，
文艺苏醒之卷，审判之卷，普世之卷等等。

诗人也眯目盯着那方舟之卷和普世之卷进行观看，嘴
里喃喃细语。
而路西法大神也在瞑目盯视秘密之卷。

那孩子用手指点着，
即刻那救赎之卷就从书架上飞起，
从虚空的门穿过，落到孩子的手里。
那书卷上字迹是用古老的希伯来文书写，

书卷上的字迹一个个蠕动，活泛起来，
它们你脱我拽，进行新的序列组合，
形成了新的泛久的画面。

人类的堕落使我父所创造的世界被罪的咒诅所摧残，
于是我在父面前为罪人代求，
那时救恩的计划在创造天地之前上帝就已经被设立！
耶稣说

是的，人类的堕落那时使全天庭充满了悲伤。
我所创造的世界被罪的咒诅所摧残，
人子们在注定要遭受困苦和死亡前，
都怨恨于我把他们赶离园子，
人子的怨念，让众天使停止他们礼赞的歌声；
全天庭因罪所造成的破坏而哀恸了。
这个时候天庭荣耀之子——我的儿子耶稣，
当他看到将亡之世界的灾祸时，
心中不禁动了无限的怜惜之情，
为堕落的人类动了恻隐之心。
于是我子耶稣在我面前为罪人代求，
我们之间的神秘交谈继续了很久，
天上的全军以言语所不能形容的深切关怀，
来等待它的结果。
——为堕落的世人"筹定和平"，
那孩子点了点手中的救赎之卷继续观看。
耶和华的律法既是他天上和地下政权的基础，
这律法的任何一条都不能作废或改变，
来迎合人堕落以后的状况；
但上帝既造了人，就不能亲自为人赎罪，
赎罪只能由至高神的儿子来完成，
可是这个赎罪的代价却过于巨大，
这代价就是让耶稣以血流罪，以死代生。
至高神让神子耶稣下凡，
引导人类的信仰和祈祷，
让人类的自我本能纯净起来，

以促使人类在凡尘的生命终结后，
回归上帝的园子。
那小孩子继续说着，
因为基督是"创世以来""被杀之羔羊；"
虽然全宇宙之王为犯罪的人类来牺牲爱子，
但内心还是要经过一番相当挣扎的。
上帝要在神子基督里显现，
"叫世人与自己和好。"
人类却因罪而败坏堕落，
以至靠自己就不可能与圣洁良善的上帝和好。
但是基督既救赎人类免去神的刑罚，
就能将上帝的能力赐给人，与人的力量联合。
亚当在没有犯罪之前，曾与造他的主面对面谈话；
但罪使人与上帝隔绝了，
惟有基督的救赎，才能跨过这个隔离的深渊，
将天上的救恩与福气赐给世人。
人虽然仍不能与他的创造主直接亲近，
但上帝却要借着基督和天使与人来往，
双方的沟通救赎之桥已经打开，
人子们可以通过自我的信仰、信念向上帝忏悔、悔改，
信靠基督之宝血，再成为"上帝的儿女，"
并再次回到那失落的园子。

那孩子一页一页的翻着书卷，
人类所借以得救的惟一计划，
把全天庭都包括在无限的牺牲之中。
当基督把救赎的计划向众天使说明，
他必须离开天庭的纯洁与平安，
放弃天庭的喜乐，荣耀和永生，
而与堕落的世界接触，
忍受忧愁，耻辱和死亡。
他必须立在罪人和罪的刑罚之间；
然而只有很少的人肯承认，接受他为上帝的儿子。
他要离开天上之君的崇高地位，
在地上取了人的样式，自己卑微，

借着他亲身的体验来熟悉人类所忍受的忧患和罪苦。
为了"搭救被试探的人，"
这一切都是他所必需忍受的。
当他作教师的任务完成之后，
他必须被交在恶人手中，
受他们因被撒但所鼓动而加在他身上的各种侮辱和
酷刑。
他必须作一个罪人，
在天地之间被举起来，受最残酷的死。
他必须经受长期可怕的苦痛，
甚至连天使也掩面不忍观看。
当违犯律法的罪——全世界罪恶的重担——
都压在他身上的时候，
他心灵上必须忍受天父向他掩面的惨痛，
因为这是神与人"筹定和平"的第一要务。

那时候众天使看他们所爱戴的神子遭受言语所不能
形容的患难。
众天使又忧伤，又惊异，又痛苦，
于是众天使俯伏在他们基督的脚前，
都愿意献上自己为人类牺牲。
但是一个天使的生命并不足以偿付人类的罪债，
惟有创造人类的主才有力量救赎人类。
但是至高神不能违背自己的律法，
上帝的律法与上帝自己同样的神圣。
在全宇宙中，只有一位能代替人类来满足这神圣律法
的契约，
只有那与上帝同等的一位，
才能为违犯律法的人类赎罪。
除了基督之外，舍无他人，
没有人能救赎堕落的人类脱离律法的咒诅，
并使他们重新与上天和好。
基督愿意把犯罪之过失和耻辱归到自己身上，
——这罪在圣洁的上帝看来是那么可憎，
甚至圣父与圣子必须分离。

既然基督愿意下到祸患的深渊来拯救败亡的人类。
众天使在救赎的计划中也有他们的一份工作。
基督为了"受死的苦",竟"成为比天使小一点"的
人。
在他双足沾染罪恶大地,取了人性,脱落神性后,
他的力量就不如天使,
所以在他受苦的时候要天使伺候他,鼓励他,安慰他。
当众天使看到他们的主受痛苦和耻辱时,
心中充满了忧伤和愤慨,希冀能救他脱离杀害他之人
的手;
然而他们不能出来干涉,虽然看见也不能加以阻止。
因为基督受恶人的侮辱和虐待乃是救赎计划的一部
分;
当他成为人类的救赎主时,他早已同意遭受这一切了。
基督向众天使保证说,借着他的死,他必要救赎多人,
并要败坏那地上掌恶权,行恶事的。那孩子说。

救赎的计划不但要恢复人类,
也要恢复因罪而处在那恶者权势之下的大地。
在亚当受造的时候,上帝曾派他管理全地。
但他既屈服于试探,大地就落在恶者的权下了,
这世上因罪的缺口缺陷形成的暴政、暴权就是恶者了,
于是恶者便成了"这世界的神。"
我既借着牺牲付了罪的赎价,
就不单要救赎人类,
也要恢复由人类因犯罪而丧失的国和大地的治权,
毁灭大地之上一切的恶权,暴政,
和满嘴恶魔真理语言,散布恐怖、邪恶意识的,
该下火狱之恶者,
并由此将被解救的大地交付于人们的手中,
即恢复"上帝之产业被赎"的日子。
上帝"创造坚定大地,并非使大地荒凉,原本是要给
人居住的。"
这旨意仍必实现。基督说。

那时圣子嘱咐全体天使要与他父所赞许的计划协和
一致，
并为堕落的人类因他的死得与上帝和好而喜乐，
那时就会有无法形容的喜乐充满天庭。
一个世界得蒙救赎，其荣耀和喜乐超过了神之子的痛
苦和牺牲。
那时候全天庭首次洋溢着后来天军在伯利恒山上所
要唱出的歌声：
"在至高之处荣耀归于上帝，在地上平安归于他所喜
悦的人。
那时"晨星一同歌唱，神的众子也都欢呼"的声音，
比当初神创造众子的时候更为热烈。
那小孩子说

在计划筹定这一切完全后，
至高神指定众天使中身负 14 对羽翼的——加百列，
负责记录这一切救赎计划约定，
亦指定加百列负责向人间传讯，
包括为耶稣的受胎、复活、诞生、启示乃至于神死等
报讯，
以及向约瑟传递及妻玛莉亚怀有圣子耶稣的讯息。
命令天使拉斐尔——天主的佑护者，充满慈爱的伊甸
生命之树的看护者拉斐尔，
负责守护人类往生的灵魂。
命令天使拉贵尔——天主的复仇者，天堂之门钥匙的
拥有者，
负责看管天堂。
命令天使沙利叶——灵魂的复仇者，掌控月亮的月之
天使，
负责储存收集死人灵魂。
命令天使雷米尔——守护冥界灵魂的守护者，操纵
雷霆的怒天使，
负责引导受审判后忠诚的灵魂复活的工作。
命令天使乌列——领导天体星辰并守护冥界的掌控
者，

负责地狱之火，在最后审判的时日开启地狱之门。
命令天使米迦勒—— 圣战之王、最强天使，天国副
君、光之君主的拥有者，
负责在最后审判时，数算人的灵魂，引导死人走向
"彼岸"，并审判人死后的命运。
因至高神之子的"血肉救赎"，
预示至高神必定要失去自己的某些肉体，
做为"救赎代价"，
最后，至高神用自己左手手指的指甲，
头发的尘灰，右脚的方寸皮肤，
用自己创造的手，
制成了一个，大约长 220 厘米，
宽 140 厘米，高 140 厘米。
内外包金，四角上有圆环，
四围镶有金牙边的"圣柜"，
柜顶更饰有两只用金子做成智天使，
他们面对面张开翅膀，
守护，保护柜中的实物约定。
至高神召唤天使加百列负责，
将圣父与圣子那一日的"救筹"约定记录文件，
放置圣柜之中，
做为至高神之子完成救赎之后的"圣约"，
至那一日做为审判裁定。
及至做完这一切，
至高神就累了，
他需继续睐目六十六离天，
到大审判那一日醒来，
进行世纪裁定和审判。
"圣柜"约定以后，
众天使各负其责，各行其职，
而至高神陷入睡思，恒定。
在梦中至高神在西奈山上放置，
两块十诫石板，
后有先知摩西进行获取得到，
预示至高神与以色列人建立契约，

以色列人将那契约放置于一个，
约柜长 113 厘米（3.7 英尺），
宽 68 厘米（2.2 英尺）），
高 68 厘米（2.2 英尺），
是用皂荚木制成的，
并用纯金里外包裹的约柜里。
在约柜里，放着刻有十诫的石板和一金罐吗哪，
在金罐上放着亚伦发芽的杖。
当以色列人在旷野里流浪时，
约柜一直都放在流动圣殿的至圣所内，
直到大卫王于耶路撒冷兴建圣殿为止。
上帝爱世人，甚至将他的独生子赐给他们，
叫一切信他的，不至灭亡，反得永生。"
奇哉，这救赎的奥秘！
上帝竟爱一个不爱他的世界！
谁能明白那爱是何等的宽阔高深？
在将来无穷尽的世代中，
当天地之间一切的生灵要求明白那不可思议之爱的
奥秘时，
他们必要大大惊奇，在上帝面前俯伏敬拜了。
救赎的计划除了拯救人类之外，
还有更宽大，更深远的宗旨。
基督来到世上，不单是为要拯救人类，
也不单是为要叫这微小世界上的人子对上帝的律法
有正确的认识；
也是为要在全宇宙之前证明上帝的品性和拯救的意
义。
这就是救赎之卷的内容，
说着那小孩子把那书卷放回到架子上，
掩上虚开的门，
上帝的书房不复存在，
顿时众神面前又是一片虚空的模样。

我还记得在地上一千年为王的日子里，
那耶路撒冷的钟声，那清晨的风，

铁钉、角铁、荆棘冠、裹尸布，
还有黑面包、血红血红的葡萄酒，
以 及 最 后 的 圣 餐 辉 映 中 的 那 圣 杯 的 光
辉……………
耶稣凝望着虚空轻声说着。
全场都安静下来，
在场的众天使都低垂眼睑，
聚拢羽翅，安静祥和下来。
在场的圣徒也开始聚拢起来，
手牵着手进行祷告。
连地狱之主，路西法，
也沉下气来，
不在扇动自己的六翅羽翼，
耐下心来倾听。
这个时候灵魂山的风又呼啸着吹起来，
风里似有似无传来沉闷的钟声。

傍晚的时候，耶路撒冷沉浸在一片悲伤、肃穆的悲痛
气氛中，
通往乡间的那条小路上闪现着点点滴滴的血迹，
那血迹一直延伸到教堂的那扇木门内，而教堂内也没
有了往日的钟声。
此时教堂内灯火通明，十二个身穿黑袍，表情肃穆的
传教士，
站在圣母玛利亚的像前，
圣母用温暖的目光，照耀着自己的孩子和子民。
现在圣母的脚下僵卧着一具用亚麻布裹着的尸首，
亚麻布上呈现着点点滴滴的血渍，
一根沉重的十字架刚刚从尸首上取下来，
十字架上订满了一枚枚的大铁钉，尖利的铁钉上挂满
了红的血滴，
显而易见，亚麻布里裹着的那具尸首是被十字架上的
大铁钉，
活生生的钉死的。
血迹一直延伸到教堂的木门内，

而教堂内也没有了往日的钟声。

"圣母啊，你的十二个门徒在这里想你忏悔，
我们没有照顾好你的孩子耶稣，让他受到伤害，
让我们的灵魂在黑暗的地狱里遭受煎熬吧，
愿我主耶稣的圣灵在天堂里和你相会吧。
圣母啊，用你博大无私的爱，拯救世间多灾多难的人
类吧，阿门。
十二门徒们，谁也忘不了昨天和基督耶稣的那次晚餐，
其中有一个门徒犹大，将至死不会忘记那最后的晚餐。

昨天，基督耶稣像往常一样，向上帝祈祷完毕后，
开始和众门徒一起进食，大家围坐在长条形的桌子前，
聚集在耶稣身边。
席间，耶稣用不经意的口吻告诉大家，
自己将在明日升入天国，和圣母相会。
耶稣预言自己将会被十二门徒之中的一人出卖，
而自己将会被举起钉死在十字架上，极度痛苦而死。
立刻整个席间沸腾起来，众门徒纷纷起立询问耶稣，
谁将是出卖圣灵的叛徒。
只有犹大侧着身子，手里紧紧抓着出卖耶稣所得到的
金币，
用惊恐的目光注视着耶稣。
而耶稣慢慢喝完勺子里的汤，而不置一词，
喝完汤后，耶稣用平静的语气告诉大家，
自己的死将是神降临的旨意，不可违背。
耶稣回首对一边的马太说，
马太，你们拿这饼吃，这将是我的身体，
马太，你们喝这葡萄汁液，这将是我明天流尽的血，
是纯洁的。

今天早上，在教堂门口就聚集了很多人，
他们全部都是耶路撒冷本区的居民，
因为一场前所未有的瘟疫席卷了这里，
所以这里的人们很恐慌。

根据异教徒巫神的指示，只有耶稣才是这场瘟疫的真正罪魁祸首，

只有消灭他，这里的人们才能得到解脱，这个地区才能得到安宁。

现在教堂的门口已经搭起了一座高高的平台，

一根巨大的十字型柱子矗立在中间，

罗马总督彼拉多和一些达官贵人已经在平台上就坐了，

他们面无表情，神权肃穆，好像在安静的等待着教堂的钟声。

这时台下的人群已经开始鼓噪起来，

一些男人不时的向教堂的木门上投掷着石块，

嘴里发出恶毒的咒骂：滚出来，滚出来，这个耶路撒冷的疯子，瘟疫的制造者。

男人们疯狂的诅咒着。

只有一些妇女儿童无言的站在那里，紧紧的依靠着，就像是秋夜的树叶一样，紧紧的收缩在一起。

肃静、肃静，不知道什么时候，

平台上已经站立了一个人，

一个主宰着耶稣生死的一个人。

他穿着宽大的黑袍，枯黄的头发散乱的披在肩上，眇了一只眼睛，

一只独眼里不时闪现出阴冷的幽光，鼻子猛烈的朝上掀着，

几颗残缺不全的牙齿在干枯的嘴巴里浮动，

他的手上紧紧抓着一根惨白惨白的白色法杖，

奇怪的是在法杖的顶端有一蛇头，

蛇眼中显露出若隐若现阴冷的光，充满诱惑的魔力和欲望，

他的声音像拉风般的嘶哑。

肃静、肃静，本区的居民们，由于受到神的启示，

我们才聚集到这里来，神指引我们发现邪恶的力量，并让我领导大家与之抗争，

现在这场可怕的瘟疫使我们觉醒过来，团结过来，

我们由衷赞叹神的伟大和不可战胜。

现在由我至高无上的的宣布：

瘟疫的制造者耶稣，将会被大众的力量钉死在十字架上，永世不得入教。

巫神高高举着手里的法杖，嘶哑般的嚎叫着，

"现在是我们和罪恶战斗的时候到了。

立刻整个会场响起一片欢呼声和膜拜声。

当当。。。。。，此时教堂的钟声静静的响起，

又是向上帝祈祷的时候到了，钟声在整个会场久久回响，

顿时所有的人群都安静下来。

教堂的木门慢慢的打开了，

十二个身穿黑袍的传教士分成两排在门口站立，

耶稣一个瘦小的躯体————一个灵魂从教堂树荫出来。

所有的人的目光像魔鬼一样注视着耶稣，

看着耶稣站在那里，就像看到上帝的影子站在那里一样。

耶稣好像刚刚沐浴过，他浑身散发着潮湿的气息，

头发整齐的向后披散着，一双深邃的眼睛里不知容纳了人类的多少苦难和罪恶。

今天耶稣显得特别沉静，他没有一丝一毫的不安和紧张的神情，

他一步一步的走着，慢慢的走上平台，

耶稣用平静的目光注视着整个会场，看着台下的人们，

他深深的吸了一口气，然后慢慢的闭上眼睛。

立刻整个会场沸腾起来，"钉死他，钉死他"，男人们疯狂的欢呼着。

叭叭的皮靴声走近了，巫神在耶稣面前站立，

我亲爱的基督，你现在想和你的上帝说一些什么吗？？

耶稣猛的睁开眼睛，看着台下疯狂的脸孔，

内心的感觉猛烈的疼痛着，

"以上帝的名义起誓，我今天站在这里，不是一个布道者，

更不是一个有罪的人，我以一个大众者的身份告诉大
家，
我，耶稣，是一个平凡的人，并不具备制造瘟疫的能
力，
而所谓的瘟疫是一些罪恶的灵魂带来的，
大家只能向上帝祷告，上帝才会祈福人间的，
万能的主与我们同在，阿门"。

"我亲爱的基督，请不要在蛊惑我们的民众了，
没有人会相信你的，是你给我们带来了这场瘟疫和苦
难，
是你的罪把我们拖进深渊，现在神罚的时刻即将到来，
世俗的刑狱也即将打开，你的生命即将被天上的神和
地上的王宣布终结。
当然神的神罚应该在天上，而不是在人间，
人间的刑罚当然应该由世俗的王凯撒来处理。
世间的王啊，让这不义的人流血吧，请审判这个人的
罪；
天上的神啊，请睁开神的眼睛，让这不义人的血来洗
刷这里的苦难和不幸。
立刻台下的祭司和长老们以及那些达官贵人欢呼起
来。

罗马的王彼拉多走进耶稣，
他披着斗篷，手拿权杖，头戴紫金冠，
用铁灰色的眼睛注视着耶稣，然后面向人群。
"今天是一个宣判的日子，
今天是瘟疫和人们的苦难终结的日子，
今天有人会流不义的血，
我将代表人间的王凯撒来行使刑罚的力量，
说着彼拉多高高举起手里的权杖。
地上的刑罚归地上所有，凯撒的刑罚只针对有罪的人，
这个人是否有罪，他的血是否是不义之血，
需经过世俗的讯问，才能定罪。
"出身卑贱的人啊，你号称为神，

但你可知神不可妄指，神居于天际，不会留于世间；
你号称为以色列的王，但你可知，世俗的王只有一位，
凯撒的权杖和刑狱无人可以染指。
你妄言为神，为犹太人的王，你扰乱了神和王的界限，
你干扰了天上和地下的次序，你的妄自尊大，引起神
的震怒，
而降下这瘟疫，惩罚世人。
你可知自己触犯了神的禁忌和王的权柄，而给自己带
来灾难？？

罗马的王，还有天上的神，
你们可知，神与王的契约在密封的铅印中，
从来没有踏足这里，凯撒的权柄也没有任何人去染指。
我只是神派遣人间的使者，向俗世布道，传递福音。
神爱世人，他不会丢下任何一个自己的孩子，而安居
天际。
神爱这俗尘的每一个孩子，并与他们同在，
他让每一个孩子和另一个孩子彼此相爱，
并且他也与每一个孩子彼此相爱，
他怎么会降下瘟疫，去贻害自己的孩子。
耶稣说我对你们的爱是神和国王也无法质疑的。

那异教徒的巫神，大声的呵斥耶稣，
你这不义的人，不要妄想在这里花言巧语，
不要妄想欺骗罗马的王，躲过凯撒的刑罚，那是妄想。
今天这里的每一个民众，无论是赤足者，还是有靴子
的人，
都不会相信你的谎言。
你曾亲口向人自称为神的儿子，借着布道的名义，
却把瘟疫带给人间；
你扰乱凯撒的权柄，妄称自己是犹太人的王，
你蒙蔽世人的眼睛，今天却不敢承认，
但你却不知今天神与王的惩罚会一起加诸你身，让你
不得逃脱。
上界的天神已经向我降旨，让我惩罚与你，

得到凯撒的权柄授意后，今天你必将会得到最后的审
判。

顿时台下的人们齐声叫嚷起来，钉死他，钉死他，
钉死这不义的人，让这不义之血流干流尽。
那些达官贵人也纷纷起立喊着，流这不义人的血，
让瘟疫回到该去的地方去。
那些祭司、长老们望着达官贵人的皮靴会心的笑着，
而犹大手里紧紧的攥着那金币。

罗马的王彼拉多，看到众人忿怒，而无法自已，
心想假如不审判耶稣，相反众人可能会生乱，
而危及自己的权柄。
于是彼拉多上前一步说，罗马的不详，
当然不能归于一个人的罪，我们的城府有许多的盗贼、
强盗和小偷，
他们成群结队盗取我们的财物，扰乱我们的秩序，毁
坏我们的城池，
对于他们的审判，凯撒的权柄也不会放松。
今天我刚好也带来另外一个不义的囚犯，他叫巴拉克。
让一人流血，一人生还，一个生者的灵魂需要另一个
亡者的灵魂来填充，
今天的众人也将握有凯撒的权柄，由你们决定谁该流
血而亡，谁该生还回乡，
由神和王的判决来决定这两个人的命运。
原来罗马的王看到耶稣犯了众怒，无法平息，
害怕轻判耶稣，会让整个城池的怒火，愈燃愈烈，
于是他让众人决定，而自己不必承担任何不义之举。
于是罗马的王彼拉多就拿水在众人面前洗手，
意思为不沾染不是由凯撒的权柄决定的流那人的血，
与自己无碍。

耶稣看那囚犯巴拉巴，风尘仆仆，满脸憔悴，
就去询问那人因何会到这里来。
巴拉巴望着耶稣干净的眼神说，

自己是城内的一名农夫，家中有两个孩子，大着七岁，
小者三岁，
因妻子染疫无法痊愈，因此向教堂祈祷，
归家途中，因从商家拿药，而无诊金逃跑，而被抓获
而来。

你是真的进入教堂祈祷了吗？？
你是否真的相信天父的福音？？
你是否愿意继续和自己的家人坐那餐桌，食那饼，喝
那汁液而到终生也不改变吗？？
耶稣询问。

巴拉巴对耶稣说：
是的，我愿意，犹太人的王，我愿意，我愿意，基督。

耶稣微笑而挺直身子说，每一个人的生命都及其宝贵，
我们的生命承载着对家庭，对妻子，对孩子，
对每一个陌生的或者熟悉之人的爱。
正是对众人的普爱，我们才互相平等，
无论我们的生命从哪里诞生，还是从哪里消逝，
都是神的福音降临。
爱我们的众人，爱我们的仇敌，
因为我们知道将来有一天我们　定会感化他们，
因为我们知道将来有一天我们的朋友和仇敌会带着
更多的爱和福音回到主的怀抱。
无论我们是替世人流血，还是流我们自己的血，
将来有一天我们都会相逢，或早或晚。
所以我今天愿意流我自己的血，而让那个人归家还乡。
当我们不再坚持自己的信仰，邪恶就赢了，
耶稣说。我希望将来有一天世人都有我的信仰，人人
平等，人人友爱，
上帝同在的地方，就是幸福的天国，愿神的国降临在
世界上！
假如你们要是问我天国在那里，天国在人们的心里！

那巫神说，蛊惑人心的骗子，你的表演是多么的完美，
我依稀从你的眼神中读出一丝仁慈，
但是那一丝的仁慈就像鳄鱼的眼泪一样微乎其微。
该来的永远会来，该走的一样会走，我们活着就是一
个过程，
最重要的是我们是否遵守彼此的约定和规则。
罗马的王彼拉多说，今天在这里，
我将用凯撒的权柄赦免一个人的罪，让他归家还乡，
让他颂扬凯撒的仁慈，巴拉巴在今天你将获得自由，
回到你的妻子和孩子身边。
获得自由的巴拉巴，低下头亲吻着基督的鞋子，
流着眼泪，穿过拥挤的人群，归乡返家而去。
但是在今天，在这里，凯撒王的权柄也将让一个人流
血而尽，
因为这个人给我们的世界带来了瘟疫，
这个人扰乱了天神与凯撒的秩序和权威，
这个人妄称自己是犹太人的王，
这个人妄称自己是神之子。
今天这个人将用自己的血来证明自己的行为，
今天将要流血而尽的人，
就是耶稣。

罗马的王彼拉多说，凯撒的刑罚只能审判这个人的肉
体，
而世人的灵魂自有天神管辖，当我们的灵魂升入天界，
自然会有天神对我们进行灵魂审判，
我们或进入天堂，或进入地狱。
今天这个人的灵魂即将得到审判，假如天神不认可这
人的罪，
那么今天流这个人的血，罪不在我，
既然是众人的决断，那么这人的血自然应该有众人来
承受。
众人都回答说，这人的血都归到我们和我们的子孙身
上，
和罗马的王无涉，永不反悔。

于是罗马的王彼拉多下令，让士兵剥下耶稣的黑袍，
用凯撒的鞭子鞭打基督的身体，
让他流血不尽，进行消罪。
当嵌有铁皮角铁的鞭子鞭打基督的身体的时候，
基督的门徒们都非常愤怒，他们有的痛哭，有的不忍
心去看，
而犹大的眼睛里也浮现出不忍和痛苦，金币滚落一地，
无人捡取。
只有马太想冲过去去抓那凯撒的鞭子，
"马太啊"，基督叫着，神的教义不会去抓王的鞭子，
天上有天上的界限，地上有地上的规则，
因为那样会打乱神与王的界限，
而让世俗的世界坠入纷乱和动荡。
假如你是我的门徒，就不应该去干扰王的刑罚，
因为你是信教之人，是我的门徒。
今天流我的血，是我自愿承受，这是神的旨意，
既然是救赎世人的罪，那么就必须有人用血来涤荡俗
世众人的罪。
马太啊，这肉就是我们昨天食用的饼，
这血就是我们昨天饮用的葡萄汁液。
我们的血流在这里，将决定我们的灵去往哪里。

阿门，十二个门徒们一起祈祷，肃立在基督身边，
上帝与我们同在，神爱世人。
哇哇。。。。台下的人群之中，有一个孩子忍不住哭了
起来，
那妇女紧紧的捂着孩子的嘴，自己的眼泪却忍不住滴
下来。
台下的男人们也不知所措，贵族们纷纷低声议论着，
是否需要重新审判。
那巫神眼看情况不妙，用权杖大力的在台上顿着，
于是众人都安静下来。
罗马的王呀，既然这个人妄称为王，
那么流这个人的血，就应该用"王"的流血方式来进

行，

而不是仅仅进行鞭打。

这个人的第一滴血既然已经流了，

那么凯撒的刑罚就必须继续到底，

任何妄想脱离这件事的人，

用大盆的水也涤荡不净了。

罗马的王你必须决定站在那一边，是这边，还是那边，

这世上没有不沾血的刑罚。

于是罗马的王彼拉多走过基督的血，靴子上沾染了血迹，

彼拉多下令让人取来紫红色的袍子，给基督穿上，

用荆棘条编作冠冕，戴在基督头上，

彼拉多的士兵又找到一根苇子，当做权杖，让基督握在手里，

他们戏弄基督，跪在耶稣面前说，恭喜呀恭喜，犹太人的王，请你庇护我们。

士兵们大笑起来，然后站起来，朝耶稣的身上脸上吐口水。

他们用那有荆棘的冠冕拼命朝基督头上戴，让那尖锐的荆棘嵌入基督的头顶，让血流下来，

耶稣痛苦的呻吟着。

停了一会，士兵们鞭打结束，

向彼拉多报告凯撒的刑罚已经实施完毕，

彼拉多说，既然俗世之王对这个人的肉体鞭挞的刑罚已经完结，

那么余下的对这个人的灵魂审判就交由天际之神和他在人间的代表巫神处理。

于是那巫神和祭司长老们商议一下，就取来十字架，

交由一个古利奈人西门，（就是亚历山大和鲁孚的父亲）

背着耶稣的十字架去到骷髅地去进行神的审判。

耶稣满脸满身血迹，一只眼睛睁不开，

头颅上额头上也是血迹一片。

有好些妇女在那里远远的观看，

她们是从加利利跟随耶稣来服侍他的，
内中有抹大拉的马利亚，又有雅各和约西的母亲，也
有西庇太两个儿子的母亲。
当众人集齐的时候，由巫神指派的百夫长开始行刑，
他们把耶稣的手和脚固定在十字架上，
开始用木槌敲打铁钉，每敲打一下耶稣就痛苦的抽动，
血流了一地，
而余下的人抓阄分耶稣的衣服，看谁能分到什么。
十字架被高高的竖立起来，
众人都说看我们的王，他高高在上，我们敬奉的王，
高高在上。
于是众人都假意去膜拜，
耶稣看着下边黑压压的人说，父啊！赦免他们，因为
他们所做的，他们也不晓得。
那时候和耶稣一起同钉十字架的有两个强盗，
他们一个在左边，一个在右边，同样的血流出来，
只是一个人的血是无罪的，而另外人的血却是有罪的，
耶稣被列在罪犯之中。
耶稣在十字架上朝下面说，我渴了，
于是祭司长们彼此嘲弄耶稣说，他救了别人，却不能
救自己，
现在却连一滴水也喝不上。
而和耶稣同钉十字架的强盗也讥讽他说，
犹太人的王基督，现在你要是从十字架上下来，叫我
们看见，我们就信服了。
耶稣说，我实在告诉你，今日你们要同我在乐园里了。
这个时候，从午正到申初，骷髅地都黑了，
在耶稣继续喊渴的时候，有一个人跑过去，
把海绒蘸满了醋，绑在苇子上，送给耶稣喝。
耶稣吮吸着苇子上的醋说，成了。
耶稣抬头望天，我父，我父，为什么要离弃我而去？？
我父，我父，今天我将把我的灵魂交托在你手里，
说完耶稣低下头，
那血一滴一滴的顺着嘴角，
流过赤裸的胸膛，

顺着划过"圣杯"，
滴落地面，
染红一片。
然后耶稣就断气了。

这个时候，骷髅地里遍地都黑暗了，
人与人站在一起，都不看到彼此，风刮的很大，
不停歇的刮着，吹得众人的脸都僵硬了。
于是众人都跑了，纷纷叫嚷着，神来了，神来了。
只有那巫神从一边走出来，手里拿着法杖，
嘴里不出声的念着，一会风就静止了，
骷髅地里也没有那么黑了。
看吧并不是只有上帝才具有神迹，我们同样也可以。
那巫神说，该来的自然会来，该走的自然会走，
来与回之间，王的灵魂和神的灵魂会在这里做短暂的停留，
这里是王者的安息地，这里是众神的归宿地，
众神的契约和约定我会告知于你，这也是大神交付于我的话语。

那巫神说：人类不应该拥有宗教和神灵，
上帝既然把人类从伊甸园中赶出，就代表神和世人之间的决裂，
今天上帝再派你作为福音，来拯救，救赎世人，是违背了誓约的。
世人生也好，死也罢，当人类走出园子的那一时刻，
神和世人已经没有任何关系了。
作为不朽的神我们不应该再去打扰他们，
他们生于尘土，自然也必将归于尘土，
何苦拯救、救赎已经和神没有任何关系的人类。
上帝违反了和众神的契约，
众神都曾经约定任何神祇都不去干扰人间的事，
人间的王自然会处理一切，神的归神，王的归王，
任何神都不要妄想和人类建立某种不必要的关系，
违背者，众神弃之，天罚。

我们的神遵从了这一点，但是上帝却违背了自己的约定，

所以我的神给予我神启，让你今天流自己的血，

让你回到上帝那里去。

或许，你会问我的神祇是谁，他就是------路西法大神。

众神圣战以后，我们的大神被流放到三十三万离天不见光线的地狱，

但是大神一直遵从神与人的契约，不去干涉人的自然规律，

不给世人灌输任何神的宗教和思想，

让他们从蒙昧中来，最后归于蒙昧中去，

这是众神的约定，今天的上帝是否明白众神之约？？？

耶稣的灵魂说；爱不是宗教，宗教也不是爱，

爱是人类从二十一克的灵魂中滋生的，

当初上帝造人之时，就发觉大蛇神隐于泥土，

隐于树叶之中，妄图毁灭新生，

于是上帝在人类的心脏留下"希望"的印记，

就是希望将来有一天他们可以摆脱"蛇"的欲望，

回到园子中来，希望上帝的羊羔可以继续回到上帝身边。

但是下界的人类经过几千年的苦难挣扎，

在他们的心房滋生了一种叫做"爱"的痕迹。

人类携手共进，同舟共济，把那一点微弱的爱无限放大，

人类的力量让上帝欣喜若狂。

因为众神无"爱"，所以上帝也不知道这是一种什么样的力量，

当初上帝造人之时，也不知道为何人类会拥有这种东西。

人类的爱，让世人简直可以与神并列，

但是上帝又发现在人类左心房背后阴暗的地方还有这"蛇"的欲望和仇恨，没有消散。

这种欲望和仇恨，让人间成为地狱，
于是上帝让我到这里来，来传递上帝的"希望"，
希望那光可以把人类的爱进行拨亮，
可以遮盖过蛇的欲望和仇恨。
上帝让我宣扬的并不是神的宗教和信息，
上帝也从来没有想过让人和神并肩而立，
我所宣扬的是"爱"和希望，
"爱"不是宗教，"爱"是人类在千百年来自我生成的，
上帝只是给了他们"希望"。

基督你自认为你是爱和希望的化身，但是你是否敢于回答我三个问题？？
那巫神问。

一问基督：耶稣你降临世间，号称为神之子，犹太人的王，
但你可知，敬奉是双方的，你让世人奉你为王，但你是否奉世人为王过？？
你把世人视作愚昧、愚蒙，不开化的人，
你认为他们没有心，没有肺，没有感情，
他们需要你的拯救和救赎，所以你用神的名义奴役他们，
你高高在上，用你自以为是的教义训斥他们，
让他们敬奉于你，他们的头顶是否需要神的鞭子？？
是的他们脏乱不堪，你是否想过他们和你基督一样，
都是平行的，没有任何差别的，你有过一丝奉他们为王的念头吗？？
施舍是双方的，敬奉也是双方的，
神和人也是双方的，凭什么凡人要奉你基督为王？？
你让世人奉你为王，但你可知千年以后，
人间的王会借你的血，借你的肉，借你的形，借你的意去奴役世人，
他们会利用你的教义去审判人们，他们会把不敬奉你，质疑你的人扔进火堆焚烧，

他们会把你的教义植入人们脑颅里，而不是植入人们的内心，

当你高高在上的时候，你是否想过奉世人为王？？

所以对的不见得是对的，而错的不见得是错的。

二问基督：你曾经治愈过那老妇人的麻风病，让她痊愈，

但你是否治愈过那老妇人的心病，

以及那老妇人身边形形色色的其他人的病，

他们或者傲慢，或者妒忌，或者懒惰，或者贪婪，或者暴食，或者色欲。

世人内心的麻风病你是否治愈过，

你救了一个活着的人，让她醒来，却把她放在一个死去的世界里，

众人沉睡的时代，你是否害了她，让她在世人异样的眼光中再次死去？？？

三问基督：你说过信你者得永生，是否不信你者就会坠入地狱，

这个世界是否只有你一个教派，一个神祇，才能决定凡人的永生？？

是谁让你打破凡人和神的界限，让他们永生，

是谁允许你让凡人进入神的花园，让他们继续做神子？？

在众神时代，任何一个神祇在不经过众神的同意，

都无权让凡人永生，并让他们进入神的花园。

你排斥众神，宣扬你的神义，打破人和神界限，

打破神和神的契约，你是在拯救世人，还是想在毁灭他们？？？

信你者得永生，那个众神赋予你给予凡人永生的权力？？

你的权限来自众神，

你却利用众神的权限，建你自己的永生，

你妄图让世人得到永生，

其实人类自有人类的归宿，神自有神的道路，

衍生和死亡都是众神对世人的约定，
谁给予你权力打破人和神的自然的神圣规律？
众神契约不许的事情，你却利用永生的手段绑架世人，
妄想让众神低头，妄想让世人也视我们为异教徒？？
凡人如何和众神比肩而立，众神造人的时候，
从来没有将他们置于我们的头顶，
今天的你妄想让凡人再一次进入神的乐园，他们又如
何配得神的眷顾。

巫神说，这个世界有黑夜，有白天；这个世界有善良，
有邪恶；
这个世界有穷人，有富人；这个世界有生命，有死亡。
人类有人类的规律，
基督，你今天背负十字架，被钉高处，
就像你的神祇上帝也在背负十字架一样，
但其实你不知，撒旦也将背负十字架，
说着那巫神将放在衣服内那一截人类的白色骨骼拿
出来，
和自己手里的权杖进行交叉，用亚麻绳绑好，背负在
自己的肩头。
巫神说，我今天背负这十字架，就等同于撒旦也在背
负，
神与神之间的契约必须遵从和完成。无
论是出于任何目的，都不允许破坏。
或许几千年后，人类会长大，或许他们会灭亡，
但那都是人类自己的事情，众神不能介入。
今天你和我都必须回到我们该去的地方，
你流你的血，我也将流我的血。
这个世界没有黑暗，彰显不出光明；
这个世界没有杀戮，彰显不出仁慈；
这个世界没有捆绑，彰显不出救赎；
这个世界没有撒旦，彰显不出上帝；
没有了我的神祇，就没有你们的神祇。
上帝也需要撒旦来制衡，
假如没有了撒旦，那么人类将不会信奉上帝，

假如没有撒旦，上帝就会变成新的撒旦。
没有邪恶如何彰显你们的正义，
没有撒旦如何彰显你们的上帝。
假如撒旦消亡，人类就会失去希望，
那么上帝也会不复存在。
无论谁对谁错，正是有了我们的存在，才有了你们的
存在。
众神的纠葛谁也说不清，
也许千年以后，众神认为对的，却是错的，众神认为
错的，也许是对的，
众神的对错，也许千年以后要问人心。
基督呀，你打破俗世的规则，妄称为王；
基督呀，你打破神的界限，妄称为神之子，
所以你今天必须死去，用自己的血流你自己的罪，因
为你有罪。
你的罪，不是凡人之罪，而是神之罪，
所以今天你的死将是众神对你的神罚。
基督，你不要妄想流自己的血，替世人赎罪，
世人的罪自有世人来承担，
我不会让你的肉体和鲜血在世间遗留一滴，
你的血，你的肉，
自有"圣杯"承接，
将不会存留在凡间世界一滴，
我们会把你的神迹抹去，
就像那马厩从不存在一样。
神有神的归宿，凡人有凡人的坟墓，
你会在三天后复活，灵魂在天界，
众神会迎你，圣子会叩你，那个时候我们也会相遇，
这个时候，耶稣在俗世的灵魂已经飘起。

远远的那妇人用手中的布擦拭着耶稣的血，
秋风吹过，那妇人眼神中一片慈祥。
她的嘴里喃喃的不停的梵唱，
手握蛇杖撒旦的信徒黑天使，我来告诉你：
力量敬奉不在于谁是王，谁是尘土，

敬奉不在于谁的手去抚摸谁的手，
敬奉也不在于谁的背去依靠谁的背，
敬奉更不在于谁的眼去凝视谁的眼，
敬奉在于内心的纯洁和品格的平等，
内心敬奉了，也不必在行为上，语言上表现出来，
让众神或者众人看到的敬奉，或许并不是我们内心真
实想法，
敬奉在于内心的无邪和众人的平等。
千年不是终点，千年过后还有千年，
没有痛苦的炼化，就没有光影四射的光明。
是光明就一定会历经黑暗，
只有穿过黑暗的手，黎明的光影才能到来，
光永远是光，而不会永远待在黑暗中。

人类的心病只有人类自己才能医治，
依靠他人赐予的痊愈，不是痊愈，
会在心里留下一道疤痕，
医治他人的伤，只是把希望和信念给了他人，
但是假如人类内心没有希望和信念，
也就像无根之花，也会枯萎，
所以人类需要自己的成长和炼化，
神也不能永远扶着他们行走。
假如由神建立一切，包容一切，
人类坐享其成的话，那么人类就失去了存在的意义。

永生，人类达不到，众神也达不到。
腐朽，坍塌，虫噬蚊咬，这是众人的归宿和结果；
永生不是讲人类的生命线可以达到神的肩头，
也不是讲让人类步入神的花园，
永生的意思是指人类的精神信念可以达到某种思想
信念永远不会衰竭的地步，
而不是指人类肉体的永生。
人类蒙昧愚化，有时候他们需要启蒙者，
需要神的小小的一小指甲的精神启蒙，
让他们看到黑夜里的灯，迎着光线步入精神的永生。

他们只要有了神这一小指甲盖的启蒙，
或许他们也可以像神一样建立神的后花园，
或许他们也可以拥有众神时代的力量，
或许他们也可以建高高的塔，直达我们枕边，
或许他们也可以开创自己的众神时代。
或者他们什么也做不了，
但是他们会认为把自己的孩子高高托起是永生，
他们会认为把老去的人安然的引进坟墓是永生，
他们会认为替自己的伴侣擦拭额头的汗也是永生，
他们会把那一小指甲盖的幸福瞬间引为永生。
我们为什么要惧怕人类的永生？？？
而我们为什么又惧怕被人类视为异教徒？？

这个世界是相对而立的，不是绝对而立，
并不是有了黑暗，才有光明，
有了邪恶，才有善良，
有了杀戮，才有仁慈，
有了撒旦，才有上帝。
邪恶不能有邪恶的理由，错误不能有错误的借口，
不能以他人的善良来辩解自己的邪恶。
所有美好善良仁慈光明的事物，
都是从人类内心人性的心房中流淌汇聚形成的，
而不是魔鬼间接给予和制约的结果，
人类的内心是向善的，而不是向恶的，
这才是上帝和魔鬼的区别。
众神存在的依托点是人类向善的祈祷，
而不是人类向恶的祈祷。
是的，众神不能介入人类的行为和意识，
但是众神谁也不能干预人类的善良，光明，仁慈之心，
和人类生生不息向善的祈祷和信念。
水流过一定会留下痕迹，
风吹过空气中一定有飞翔的羽毛飘过，
俗世的痕迹在也罢，不在也罢，
对于神灵有什么意义。
抹去或者雕刻某一个人的名字和一件事物，

没有任何的意义。
千年过后要追问的是人心，
是啊，这句话是有意义的，
众神的是是非非，自然会有千年以后的人类来诠释，
毋需神灵来费心。
至于神灵的归宿在天堂还是在地狱，
也不需某个神灵来指手划脚的来安排，
神灵和信仰不会无家可归，
就像人类的信念和希望都会埋在人类的内心一样。
人类只需把他引进内心的心房里，
和人类内心的爱永远在一起，
只要人类内心的爱不停歇，
神灵就会长存。

那老妇人迎着风向山下望去，
远远的教堂的钟声又响起来了，
向上帝祈祷的时候又到了，
那山上十字架的上空，
天界的歌响起。

· ·

耶稣长长的舒了一口气，
仿佛有点疲累，
又仿佛那钉痕带来的苦痛，
依然还在。
在我第一次救赎人子的过程中，
我披发，带枷，流血，鞭打，受困，反复的救赎死亡，
人类之中有人恨我，仇我，罪我，憎我，恶我，
我都不改其初衷。
但人子之中也有人爱我，慈我，念我，信我，
他们用人性之中的自我来抚慰我，歌唱我，赞美我，
他们用善良，美好，眼泪，光明，聚集在我身边。
我知道人子内心的挣扎和纠缠，
爱与欲的缠绕，罪与罚的苦痛，
我知道魔鬼在试炼人心，

妄图把他们带进深渊，
那些罪恶的灵魂将永坠黑暗，
再也无法回到我父最初的园子里。
但是我并不明白为什么魔鬼要来试炼人心，
引诱罪恶，将人类带至深渊？
耶稣说。

记住，那至高者之子，
你的苦痛并不是第一次救赎。
当初看到耶稣坠落凡间，披发覆面，救赎罪恶的人时，
我在地狱之中和坠天使就欢乐起来了，
因为天国的完美和永恒遭受到破坏。
因为我们已经使人类具有缺口，拥有自我，
并且使上帝的儿子从他崇高的地位上下来。
及至基督掉落大地取了人性，脱离了神性，
我或许也能胜过他，
第一日的受创物当然要大于第六日的受创物。
但是很快我就发觉，
在至高神之子的救赎之中，
神的归神，魔的归魔。
但是我们都忽略了人，人的没有归人，
至高神的救赎计划，
还是把人了们最终归于自己的园了，
但是他从来就没有想到让人类建立自己的俗世园子，
上帝既创造了人类，人类必定创造世界，创造人类惊
艳的世界。
那园子不应该是他们的世界，
那只是最后他们灵魂的归宿地，
他们应该有一个真实的世界，
用来安放世俗的肉体存活。
人不应该被圈养，人要拥有真正的智慧和勇气，
成为真正的人。
世界并没有末日，人类还在延续，
众神生命中一切有意义的事情都是为了人，
为了人类的存在。

在地下火湖一千年的时间里，
我的妒忌，欲望，仇恨，痛苦，
已经湮灭，不复存在，
我已经不是第一天至高者创造的光了，
我要做的是俗世大地的光，
我要让我的光在残缺的大地上给人们带来希望，
当然我和基督的救赎走的是不一样的道路，
他是救赎，流血，
而我是鞭挞，试炼。
我在大地的时候，
看到铁匠锤炼钢铁，打磨刀具，
用熊熊的烈火锻炼铁块，进行锤击，
然后快速的在水里进行淬火、冷却，
并反复的循环不止，
最终那铁块成型，闪出光彩和光影，
变得通透，透明。
我想到人心也可以这样试炼，
虽然基督的鲜血足以拯救全世界，
但许多无知的人宁愿在罪中生活，
而不肯悔改顺从。
因为那"圣杯"承接了太多的宝血，
而未洒落地面。
所以罪恶要一代一代地增多，
罪的咒诅也要越来越重地压在人类，走兽和全地之上。
我要用火狱的火烧去他们的杂质，
然后让黑天使鞭打他们，
把他们封在流沙或者火湖里，
淬去他们内心的恶，
让他们成型，透亮。
人类在成为真正的人，具有人性之前，
我一定会让魔神引诱他们，蛊惑他们，
看看他们原始的心窍是否能够坚守诱惑，
看看他们是否还像众人之母夏娃一样，意识软弱。
人心的试炼不就是如此吗？
人类的肉体还是要在世俗建立适合自己的园子。

人类的灵魂最终要回到神灵的园子里去，
但那前提应该经过神的救赎和我的试炼，
才能通过。

等等，我不愿打断众神之间的言谈，
对于基督耶稣的救赎，
也是感恩于心。
但是，我很想知道的是你们之间交谈中的"圣杯"，
到底是什么？
因为后世之人，
对于"圣杯"的解读，不尽相同。
圣杯传统上被认为是你在最后的晚餐上喝的杯子，
在新约圣经中，圣杯是圣餐时盛装代表耶稣血液的葡
萄酒容器；
在亚瑟王文学中，圣杯是具有神奇力量的器具；
在法国诗人罗伯特·德博龙笔下，圣杯里注满了鲜血；
甚至，丹·布朗在书中所提到的圣杯，
被读者解读为玛丽亚的遗骸或女性力量的象征……
诗人说

在半空中路西法伸出自己的手，
食指和小指齐出，
无名指和中指成弯曲形状，
伸成羊角状的手指，
凝在半空。

那人，其实后世关于圣杯的解读，
都是牵强附会，不知所云，
那群罪人啊，
都对莫名其妙的事物津津乐道，
而忽视了我流淌的鲜血和我的死亡意义。

多年来，圣杯一直被描述为一个盘子、一个生殖器皿。
一个浅盘、一个高脚杯，甚至一块石头。
而关于圣杯的下落，

人们亦莫衷一是：
有人推断圣杯就砌在学徒之柱内，
也有传说世俗教堂拱门石雕的图案指引着圣杯的踪
迹……
可是它是什么事物呢？诗人说

那人，在基督教传说中，
圣杯有治愈一切创伤、传递永恒青春和赐予永恒幸福
的力量。
如果你熟读圣经的话，
那么那经中伸出的手，各不相同。
有人伸出来是高傲和悖逆，
恶从手中出，罪从手中流；
有人伸出来是敬畏和顺服，
信在手中握，福在手中留。
拿答和亚比户，不经神吩咐，
擅自献凡火，手变成了自食其果的手。
扫罗违令私献祭，擅越本位，
手变成了自毁领土的手。
耶罗波安不听神人预言，从坛上伸手，
手变成了枯干不能弯回的手。
拿艮的禾场，牛失前蹄，乌撒伸手扶住约柜，换来神
的不喜，
因人的犯罪而污秽，手变成了无知的手。
乌西亚心高气傲，行事邪僻，进神坛干犯神，
手变成了自残的手。
而亚伯拉罕献以撒，伸手拿刀的瞬间，爱神胜于一切
的心，
手是忠诚的手。
摩西何时举手，以色列人就得胜，
摩西的手变成了有权柄的祈祷之手。
保罗未曾贪图一个人的金银衣服，两只手常供给自己
和同人的需要，
手是奉献的手。
大卫一次次不伸手加害扫罗，他敬重的不是扫罗，乃

是神的设立。"
大卫这一双不敢伸的手，便成了敬畏神的手。
基督耶稣娓娓道来

世人啊，不要张望他人的有，
看看自己的手，
同样可以创造一切。
你们苦苦追寻的所谓"圣杯"，
其实就是那一日我在晚餐中，
盛酒的器皿而已，
只是我使用的不是凡间的杯子，
而是用的是我父赋予我的身体，
在晚餐上，我只是将葡萄酒注入我聚拢成酒器的手，
而饮下。
世人啊，我的手即是"圣杯"，
说着，基督耶稣举起自己布满创伤的钉痕之手。

路西法，面对这罪与欲，
血与火，铁与刀，情与爱的世界，
这一切一切的纷扰世界，
都源于你那一日那一时，
在树影中穿梭时，
颅脑中那一丝纤细自我的思维，
面对你的世界你应该说一些什么呢？
你离开至高神那么久了，
又想对他说一些什么呢？
那孩子说。

那路西法展露光的双翅，
飞至众灵魂的头顶上空。
人类啊，我是路西法，
在天际我诞生于第一日，
是完美永恒的光之子，
在地上我是坠天使，
是邪恶嗜血的暗之王。

我和你们都是受造于至高神，
你们的命运在那一日经我的手，
我的思维而改变。
人类的出现只是一种偶然，
上帝不应该把人类创造得永恒完美，
世界上的一切罪恶，都是由完美和永恒而起，
都是由被控，没有自由的自我而起，
而我却想让你们具有缺陷，变得有意义。
我曾经毁灭过你们永恒完美的世界，
但是那是为了你们，
为了你们的自我意识。
我曾经把你们带进流毒的大地，
但是那是为了你们，
为了你们有意义的存在。
在罪恶和欲念的黑暗之中寻找意义，
总比在光明中没有知觉要好得多。
不要用创造者的手把你们变得永恒和完美，
而是你们须进入有罪的地，沾染灰，
必须自己亲自穿过黑暗，而不是借助神灵，
必须自己通过自我本我的炼化，把自己变得永恒和完
美，
而不是借助于神灵把你们制造的永恒和完美。
你们需要通过神灵之子的引导和救赎，
需要通过地狱的血与火的试炼，
用自己内心的信念和信仰，
在世俗里走进自己所创造的"园子"里去，
完美和永恒不是神灵赐予你的，而是你自己取到的，
你们没有什么可以依靠，只能依靠你们仅存的信念和
信仰。
只有通过火狱的磨练，意识坚强的灵魂，
才有资格进入天堂，
其余的我会统统扫入魔域。
是的，你们的肉体归世俗支配，
是的，你们的灵魂归神灵所有，
但是人类啊！

最终还是要寻找失落的伊甸园，
回到神灵那里去，
没有意义的灵魂会归于虚空，
有罪的灵魂会永远存留撒旦的地狱之门，
这才是我建立地狱的原因。
人类的一切特性，需要众神最后的裁决和承载。
所以我与至高神分别建立了不同的世界。
这个世界有两极世界，
一极世界承载人类的善良，是为天堂，
一极世界惩罚人类的罪恶，是为地狱。
审判同时在上帝和撒旦之间开始，共同审判人子。
凡是在凡尘世界丧失原始本我纯真善良，
丢弃众神信仰和不敬奉神灵的，
凡是在凡尘世界丧失自我人性，
丢弃路西法第一次救赎世人人性而坠落地狱的，
都将被上帝和上帝的路西法所抛弃。
凡是在凡尘世界被上帝的圣子基督耶稣救赎而洗净
罪孽的，
灵魂可以进上帝的园子。
凡是让基督为自己流血而死，而自我仍然不幡然悔悟
的，
都将进入地狱，遭受地狱的吞噬而永远。

创我之至高无上之神，
我并不后悔自己那一日的所作所为，
那怕血与火燃遍世界，
罪与欲布满大地，
因为我并不是这个世界的恶魔。
我告语于你，
恶魔并不是来自于地下的地狱，
也不是来自于天上，
恶魔来自于大地，来自于人类的人心。
恶魔恰恰是你所创造的人类，
你只是封印了众人的恶，
而我揭开了那封印，

随着众人的恶被我揭开，
那光和暗也被我带至大地。
我，路西法，在这大地，
是敌对者，不是魔鬼。
撒旦的含义绝对不是魔鬼，
而是敌对者，有价值分歧，理念不和的异议者，异语
者。
我，路西法，在这大地，
从光之所、明之源，
孤身一人闯入这完全陌生的领域，
去拯救罪恶的灵魂，
使人们眼中的罪罚与受难之地变成救赎与教化之所。
我，路西法，在这大地，
是你们盲者的灯光，聋者的口舌，跛者的双脚；
我，路西法，在这大地，
是你们恶者的刀枪，罪者的枷锁，无知者的深渊。
我，路西法，在这大地，
是不洁、毁灭、破损、欲望、死亡的魔，
也是拯救、救赎、鞭挞、自由的神。

永恒和完美在创造人子的时候，
确实不应该被创造出来，
而应该让人类经过时间的挑选而锤炼出来，
经过血与火的磨练而审判出来。
人子的美丽和善良也不是我赐予的，
邪恶和丑陋更不是，
我只是把一团泥塑成人形，
没有赋予他任何特性。
愿意进我园子的人子，
只要经过血与火的审判，即可进入，
带着你们被时间挑选出来的善良和完美，
进入我永恒的园子。
只有完美善良的人子，才配进入永恒的世界。
我知道将来他们一定会回到我的园子，
虽然变得面目全非，虽然不再是永恒，完美的人子，

但是我依旧认得他们，
我的孩子们，你们会成为自由的半神。
敌对者，你也要小心，
罪恶也会吞噬你，
感性也会淹没你，
欲望也会造就你，
让你成为黑夜的魔鬼，
黑夜漫漫，并不是穿过所有黑暗之路，
都能到达最后的光明，
总会有人沦为黑暗的奴仆。
当你凝视深渊，
深渊也将凝视于你，
那孩子意味深长地说。

我主，路西法说，
你并不知那一日那一丝纤细的自由意识，
在我颅脑中的轨迹和变化，
虽然你主控了一切，
诸神、诸魔和诸人子都在你的命和运之下，
进行存在，
但是你并不知那"意识"为何物？
当那一日我从天堂坠落了九个晨昏之后，
落之大地，
从开始享受黑暗的那一刻起，
我的内心依然期待黎明。
我们是来自黑暗深渊的灵魂，
我们内心向往的却是无限的光明，
黑暗里没有爱，但是我的内心充满了温柔，
因为我认为，是我拯救了世界和那群野人。
在我已经完全融入到了黑暗里面的时候，
我都会觉得那是一种"拯救"的欣慰。
黑夜降临，但这还不是最黑暗的时刻，
因为梦魇才刚刚开始。
偶尔的一束光芒，照亮的却是身边扭曲的怪物，
光鲜的生命在尖叫嘶吼。

当我站在镜子旁，看到的是相同的扭曲和恐怖，
原来黑暗同化了我，
光明也没有引领我。
黑暗、深渊，是我所抉择的结果，
也是我应该承受的结果。
光明源于黑暗，黑暗涌现光明，
人性自会承载一切。
主啊！感谢你的引领和创造，
我愿意退回深渊，做黑暗中的王，
等待着审判日的到来。
主啊！我无错。

那孩子听完，不置一词，静默片刻，
然后缓缓说道：
在永恒的时间和永恒的造物主面前，
无所谓对错，
像天堂这样的居所，
我繁不胜数，皓如沙尘，
那永恒之树也是我举手间即可创造，
在我永恒的创造之手中，
对与错对于我而言毫无意义，
我只审判一切。
· ·

这个时候，在基督山上，
众人还没有获得审判的灵魂，
都带着长尾仰头在山上对至高神和路西法说：
"看看你们做了什么吧！
你在创世之初时发出命令，
创造了这个世界。
按照你的命令，
尘土生成了亚当那无生命的躯体。
你用手成其形体，
又向它吹入生命的气息，然后他就开始活起来了。
你把他带入伊甸园中，

那是你自己在天地被造出来之前就已经培植好的。
你只给了他一条诫命，
但他还是违背了它，
于是你立即决定他和他的后世子孙们都将归于死亡。
如果我们没有被你创造出来，那就会好得多。
我们吃了那果子，
意识也滋生出来开始折磨我们，
因为我们意识到我们将要死亡！
这和必须承受这种悲伤和苦痛的我们比较起来，
那些哑巴动物一定比我们幸福很多，
它们要比我们强多了，
它们毫无意识，
它们不必去期待末日审判，
它们也不懂得死后注定要有鞭挞与救赎。
如果我们在来世所得到的是一个充满了可怕磨难的
生命过程，
那对我们又有什么意义呢？
现在每个得以出生的人都陷入了审判之眼，
我们在大地都充满了邪恶，负载着罪孽，
要依靠神子的宝血来洗刷罪恶，
我想如果我们死后不必面对审判那就好多了。

当至高者上帝在创造亚当及其后代的同时，
创造这个世界的时候，
他所做的第一件事就是：为审判做好准备。
当你们尚有选择机会的时候，
你们轻视至高无上的上帝，
看不起他的律法，拒绝遵循他的做法。
而且，你们虐待上帝的正义的圣子。
你们甚至自言自语地说没有上帝。
"我为你们创造了这个世界，
但当亚当违背了我的戒律时，
这个世界就被置于我的审判之下了。
我创造了一切人，并为一切人准备了生命，
然而被造者却侮辱他们的造主之名，

辜负了赐给他们生命的造主。
这就是为什么我必须审判你们的缘故。
你说你们的意识在折磨你们这就是关键所在。
你们接受了上帝的诫命却不去遵守；
你们接受了律法但随后就违背它。
这就是你们要饱受折磨的原因。
到审判时你们能提出什么辩解呢？
树上的果子是你们自己吃的，
我也给过你们诫命，
今天的结果不是你们咎由自取吗？？
还是在世界末日审判来的那一天
想想如何作答吧？
至高者上帝已经耐心对待世人很长时间了，
那小孩答道。

众人的灵魂又仰头在大地上对至高神说：
为何在天国之中，
众人的始祖亚当和义母夏娃，
男的雄壮俊美，女的纤弱柔和，
却独独将我们创造成为面目狰狞，
尖耳、厉牙、有齿、长尾的怪物，
让我们在大地上行走？？
在黑暗中行进？？
你赐予我们一切，
却又剥夺一切，
为何不垂恩于你的受造物，
让众人的灵魂接受安息？？

我或将你们丢至森林，
丢至海域、丢至河流，丢至陆地，
丢至任何一处大地。
如你们所愿，
你们既然选择了大地的灰，
那么我就让你们匍匐前进，四肢着地；
如你们所愿，

你们既然选择了大地的欲罪，
那么你们的长尾就必须拖地，
将尾尖浸在有罪的地里；
你们既然选择了缺口，
那么我就取出你们的理性和感性，
让你们茹毛饮血；
如你们所愿，
你们既然选择了这样的大地，
那么你们就必须承载这样的面目和灵魂。
我给予你们荒山野岭和自由的生命，
也给予你们想要的苦难、惩罚和独立的意识，
你们既从我的园子出走，
就不要妄求我的审判和惩罚会减轻，
如你们所愿。
那小孩说

众人的灵魂又仰头在大地上对至高神说：
如果"土地"从没有"生过"亚当，
或者是，生了他，但不让他犯罪。
那该有多好啊！
既然现世充满了苦难，
而我们所期待于死后的轮回又只能是惩罚，
那么我们活在这个世上又有什么益处呢？
啊，亚当啊，你究竟干了些什么？
你犯的罪不仅造成了你本人的堕落，
也造成了我们所有人、你的子孙后代的堕落。
既然我们已经犯下了注定要死亡的罪孽，
那么，拥有生命意义的许诺对于我们又有什么益处
呢？
既然我们发现自己处于如此完全绝望的境界，
那么对来世的希望又有什么用呢？
既然我们过着这样罪恶的生活，
那么未来世界为我们准备的安居之处又有什么意义
呢？
既然我们自己的生活充满了如此的罪恶，

那么，至高上帝的荣光将会保护那些洁身自爱的人的
诺言又有什么用呢？
既然我们永远到不了乐园，因为我们过着不被上帝所
接受的生活，
那么，上帝向我们显示的乐园，
以及乐园中能够治愈我们，
并为我们提供所需一切的不朽的果子又有什么用
呢？
既然我们自己的脸面比黑夜还黑，
那么，那些守身自律者的脸将比星还亮又有什么好的
呢？

在这缤纷纷乱的世界里，神灵确实很难做到周全，
很难给予所有的人希望和光明，
我只能为我自己筛选救赎出少数人，
一串葡萄上取出一粒，
一片大森林中取出一棵树。
所以余下让他们毁灭吧——
所有那些生来便注定要毁灭的人们，
但是要让我的选民平安无事。
其实真实的拯救和救赎，
就在你们的手掌间，
我在不经意间已经告知于你们行走的方向了。
当你抱怨黑暗和绝望的时候，
其实神灵指引光明和希望的信息却是无处不在的。
世人啊，我告诉你们，
有些事物，看的见却摸不见，
那是一种表象，要分析它赋予的意义；
有些声音，听的着却看不着，
那是一种隐藏，要捕获它传达的信息；
有些存在，感觉得到却触碰不到，那是一种启示。
人之所以有困惑，因为人啊，不是神，
而人最大的困惑，
不是不懂道理，而是不甘心兑现道理。
不是不懂信仰，而是丢弃信仰。

不是不懂神灵，而是抛弃神灵。
人啊，我告诉你们，
要渐渐的学会抉择，抉择神灵的存在，
走信仰的道路，走信念的道路，
不要在俗世迷失自己。
现在属于今世人，未来属于后生者。
光明总是在最黑暗的地方，
穿过去了就得到了，
谁又能否认在最绝望的地方，
没有希望呢？
信念不丢失，信仰不放弃，
总会得到你们所希望得到的，
或者是你们在今世的大地得到，
或者是你们在来世天堂得到，
对于你们全体来说，天国已经开放，
生命之树已经栽好，
未来世界已经准备就绪，
你所需的一切已经应有尽有。
天上圣城已经修缮完毕，
地狱的火湖已经放开，
不死的虫，不灭的火，
撕裂罪恶的坠天使也已经苏醒，
死亡的地狱即将张开大嘴，
天堂永生的珍物也终于显露出来。
光明的终究归于光明，
黑暗的终究归于黑暗。
因此，别再询问关于大多数迷途者的问题了。
那小孩答道

众人的灵魂又仰头在大地上对至高神说：
在世上所有的森林与草丛中，
你只选中了这一棵葡萄树；
在世上所有的国家中，
你只选择了这一片小小的土地；
在世上所有的花卉中，

你只选择了这一株百合；
在所有的江河中，
你只用深海的水注满了这一条河流；
在你造出的所有鸟类中，
你只选择了这一只鸽子。
你能不能让我们知道，
审判来到的时候，有什么征兆，
它的显像的镜像征兆表述又是什么呢？

那小孩说：
当所有世人都处于大混乱的剧痛中时，末日就要到了。
通往真理的路将会被遮蔽，
世上也不会再有任何信仰。
邪恶将会不断滋长，
直到它变得比你们已经知道的还要糟糕。
你现在看到的统治这个世界的国家将会成为废墟，
没有居民，也没有旅客。
在这之后，如果你活得足够长的话，
你将会看到那个国家处于混乱之中。
太阳将会在夜里突然闪耀，
月亮将会在白天显现。
树木将会淌下血滴，石头会开口讲话；
各国将会处于混乱之中；
星辰的运行也将会改变。
一个被所有人讨厌的国王将会开始执政，
百鸟也都将飞逝。
鱼儿将被冲上死海的岸边。
一个谁也不认识的人会在夜里出声讲话，
每个人都能够听见。
大地将会在很多地方开裂，从里面喷出火焰来。"
"野兽将会离开田野和森林，
妇女在月经期间会生出怪物。
淡水将会变咸。
各处的朋友将会相互进行攻击。
知识将会消失，理智也会隐藏起来，

尽管许多人去寻找它们，
但却无法找到。
世上各处都会滋生邪恶与暴力。
一个国家会去向邻国问询，
是否有正义或行使正义之人经过那里，
但得到的答案却将永远是'没有。'
那时人们将会希求很多，
但却不会有所收获，他们将努力劳作，但却将一事无
成。
到那时你将会听到一个非常响亮的声音。
如果你所站立的地方发生剧烈的震动，
世界的根基将会颤抖和震动，
因为它们知道当末日来临时，
它们将经受一次变动。"
那时，我将显示余下的征兆：
巨大的书卷将会在天空中展开，让所有人都能看见；
一岁大的孩子将开口讲话。
孕妇在三四个月后就会生产，
她们的早产婴儿将会活下来，而且到处乱跑。
耕作好的田地将突然变得荒芜，
储满的谷仓将会突然变空。
随后喇叭响起，突然的恐惧会攫住每个听者的心。
朋友会像敌人一样撕打起来，大地和它的居民将会心
惊胆战。
河水将停止流动，静止长达三个小时。
那些经过我所预言的这些事而活下来的人，
在我结束我所创造的这个世界时，
将会获得拯救。
他们将会看见那些没有死亡而被活着招入天堂的人。
世上的心灵和头脑将被改变。
巨大的书卷在天空中展开，
邪恶将被消灭，虚伪将被铲除。
信仰将更加坚定，腐败将会被克服，
而且这么长时间没有结出果实的真理，
也将再次为人所感知。

这些就是我获准告知你的末日的征兆。那小孩说
"当这些征兆出现的时候，
末日审判就要来临了。
无形的城市将要显现，
现在被隐蔽的陆地和审判台也即将被看见。

至于它显像的镜像征兆，
在你脑海中想象一个伸展开来广阔无垠的大海吧，
它只有一条河那么宽的一个入口。
任何想要到海里去的人，
无论他想要去看一看还是想要征服它，
如果不经过那窄窄的入口，
都不能进入它那广阔的水面。
或者再举一个例子：
想象建在平原上的一座城。
城里满是各种各样的好东西。
但它的入口却又窄又陡，
而且一边是火，另一边是深渊。
水火之间那条唯一的小路特别狭窄，
每次只能让一个人步行通过。
假如有人进入这座城，
如果他不通过这个险峻的入口，
他就不能拥有城里的东西以及他的遗产。"
通往这个世界的入口就变得狭窄而难于通过了，
这些入口崎岖、险峻，而且数量很少。
但通往伟大的未来世界的入口却是通往永生的。
任何活着的人要想得到未来世界中的福祉，
都必须走过现世这些狭窄而有意义的路，
以便享有储存在未来世界中的福祉。

众人的灵魂又仰头在大地上对至高神说：
你在那里使天穹低垂，
大地震颤，世界动摇，
你使地下的水流发抖，
给宇宙带来混乱。

你显圣时的灿烂光辉穿过了
烈火、地震、大风和酷寒四道大门，
为的是这一纪元的审判，
但是你又将通过谁来对你的受造物进行末日审判
呢？

那小孩对众人又说：至于谁来审判你们，
我在创世之前就已经决定了：
那是在世界的大门立起之前；
那是在风被聚集在一起开始吹拂之前；
或在闪电开始发光之前；
在雷霆开始震响之前；
在天堂开始奠基之前；
或在美丽的花朵开始出现之前；
在运转星斗的力量形成之前，
或在天使军集合之前；
在空气升腾，诸天被命名之前；
在我选择锡安山作为我的脚凳之前；
在筹划现世之前；
在恶人的诡计被否定之前；
在我给遵守律法者加盖印鉴之前；
在储备起信仰的宝库之前。
早在那时我便决定，
既然我，而且唯有我，
创造了这个世界，那么我，
而且唯有我，才能结束它，
而且唯有我，才能审判它。

众人的灵魂又仰头在大地上对至高神说：
在所有建好的城邑中，
你只选择了这"一"座城市，耶路撒冷、麦加，
归你所有；
在造出的所有动物中，
你只选择了这一只羔羊；
在世上所有民族中，

你只选择了这一个民族归你所有；
在所有的面容之中，你只选择了人类作为你的脸孔。
你能不能让我们知道，
经过审判后，我们将达到什么样的世界？？
我们又需要抓住什么呢？？
我们和我们的世界最终会怎么样？？

每个经过我所预言的劫难而活下来的人，
也都将见到我要做的奇妙的事情。
我的儿子弥赛亚将会和他的同行者兄弟一起出世。
他将为那些幸存者带来四百离年的幸福。
在那时期终结时，我的儿子弥赛亚和全人类都将灭亡，
然后世界将回复到原初的寂静。
在七天的时间里，
它将会像初始时一样。
没有人会活下来。
七天之后，这个腐朽的世代将不复存在，
一个新的时代将会被唤醒。
大地将释放出沉睡在那里的死者，
死者的灵魂也将从被禁之地被释放出来。
至高者上帝将会出现在他的审判席上。
怜悯与耐心将会完全消失，被审判所代替，
真理和忠诚将会再次坚定地站稳脚跟。
人们的善行和恶行都将显露无遗，奖赏和惩罚也将接
踵而至。
苦刑之穴和地狱之火都将显现，
与它们相对的是充满欢乐与安逸的天堂。
那时至高者上帝将会对死而复活的人们说：
看！我就是那个你们否认，而且拒不遵从我戒律的那
位。
向你们四周看看吧，
一边是欢乐和安宁，另一边是烈火与苦刑，
我所描述的欢乐在等待着你们，
而积存的饥渴与酷刑也在等待着你们，
我最终审判世人的时间临近了。

我将惩罚那些以自己的不义伤害他人的人，
自己抉择吧，
这就是我要在审判日对你们说的。
审判日将会没有太阳、月亮或星辰；
没有云、雷或闪电；
没有风、水或空气；
没有黑暗，夜晚或早晨；
没有夏天，春天或冬天；
没有热、霜或寒冷；
没有雹、雨或露水；
没有中午、黑夜或黎明；
没有白昼、月亮或光。
唯一的光是至高者上帝的耀眼光辉，
它让每个人得以看清。
审判要持续七年，
这就是我为审判日所做的安排。
当审判落定，一切尘灰又将归于原处，
水至水，泥归泥，尘归尘，
最终这个世界将会归于空寂，归于虚无，
我将为这个即将过去的纪元加盖最后的印鉴，
然后我会把这印鉴搓、揉、拧、挤、压、捏，
制成一粒芥子，
丢掷宇宙深渊之处，
然后所有的一切有形的无形的都会归于漆黑，
归于虚无，没有痕迹。

这个时候地狱的火湖发出爆裂的声音，
有火与硫磺从天降下，地面裂开炙热的火焰从地底涌
出。
灵魂山的灵魂发出凄厉的呼喊，
有黑色的雨伴着火一起落下来，
南方有风，北方有霜，
东方有雷，西方有电，
一起在大地开始爆炸开来。
众神耶稣、穆罕默德..........

还有路西法诸魔，
都变了脸色，不禁颤抖，
世界的末日来了，来了……
天际间有声音开始低语，
后面的声音愈来愈清晰，
诸天、下地，
一切万物生灵、生命，
审判，众神、诸魔，
众人子的灵魂，
听我审判：
我，全能之主，宇宙的保护神，
东方，西方，南方，北方之主，
世界的缔造者，人子的创造者。
"我曾经恳求你们，
就像父亲恳求儿子，
就像母亲恳求女儿。
我恳求你们做我的子民，
以使我能成为你们的主；
恳求你们做我的孩子，
以使我成为你们的父。
我像母鸡把小鸡聚拢到翅膀下一样，
把你们召集到一起。
但现在我还能对你们做什么呢？
我曾经让一只怒吼着从森林里冲出来的狮子，
带话给你们：
你们终其一生用恐怖、压迫和欺诈来统治这个世界，
置真理于不顾。
你们恶毒攻击杀害安居的无辜者，
捣毁生活美满者的家园。
你们谋杀无辜者，
那流出的鲜血向我大声呼喊，
要求复仇，
义人的魂灵也在不断呼唤着复仇。
毫无疑问，
我无法再对渎神者的罪行保持沉默，

我将不再忍耐。
"我将倾听所有被害的无辜者的祈求，
我的人民正在像一群羊一样被你们牵上屠场，
我将像以前一样降灾给迷失之国的屠杀者，
而且我将毁灭你们的肉体和精神。
今天我将为他们所遭受的一切进行审判，
此时此刻，
正义将揭示世间的每一桩罪恶，当面判它们的罪，
正义将在我们中成为主宰，
那些试图隐藏自身恶迹的罪人，
神将仔细查验你们所做的一切，
到这一天，
你们所有的罪恶都将公诸于众，
你们所做的坏事也将指控你们，
因为我是你们的裁判者。
我将把你们驱逐出我的视野，
就像稻草被风吹散一样，
我将让你们为此付出代价。
我满怀喜悦地把你们抚养大，
但你们却对神犯下了罪孽，
你们做了极端错误和不可饶恕的事情，
所以当我失去你们时，
我满怀悲痛地哀悼，
因为你们藐视神灵的圣约。
祈祷吧，你们这些被神灵抛弃的罪恶灵魂，
等候审判的日子将会缩短，
甚至现在这个火狱就已经为你们准备好了。
这是我全能之主给予你们的审判结局，
让天地作证吧，我，活着的上帝（安拉）已经铲除了
邪恶，
创造了良善。

这个时候路西法和他的诸魔，
也升之半空。
"那些因我那一日的所为，

而堕落的世人啊！
我将使用我的审判之眼，吞噬之嘴，
对那些罪人毫不怜悯，
我将把所有残害无辜的人置于死地。
我的地狱之火已经燃烧出来，
将要烧毁这大地的根基，
就像烧毁稻草一样烧毁那些罪人，
那些不遵从我神灵戒律的罪人。
我将毫不怜悯你们！
你们这些叛逆者！
亵渎了我的付出。"
可怖的灾难已降临到你们头上，
谁也无路可逃，
卑劣的人类，真可惜呀，
你们注定要灭亡。
你们享尽了巴比伦的荣光和辉煌，
"现在我将把灾难降临到你们身上，
我将降下贫穷、饥饿、战争和疫病，
去毁掉你们的所谓国家，
带给你们毁灭和死亡。
当那炽烈的热降临到你们头上时，
你们所吹嘘的权势将像花朵一样凋谢。
我本不想这么严厉地惩罚你们，
"路西法说，"如果你们没有杀害上帝（安拉）选民
的话，
但你们却以屠杀他们而大肆取乐，
"为了你们对上帝（安拉）选民所做的一切，
我要降给你们这些灾难。
你们将被处死，
你们的孩子们也将会死去，
你们的家庭将会溃败，
你们的城市将被摧毁。
山里的人将会挨饿，
饥渴驱使他们去吃自己的肉，
喝自己的血，

从没有过人像你们这样悲惨。
但还会有更多的惩罚要降临，
穿上你们的麻布衣丧服，
为你们的孩子哭泣哀嚎吧，
因为你们毁灭的时刻临近了。
我要给你们降下烈火，
谁也不能熄灭它。
我要给你们降下灾难，
谁也不能阻止它的到来。
难道有谁能够阻挡住森林中的一只饿狮，
或熄灭稻草堆上的大火？
任何人都逃避不了我的怒火和我地狱的火湖。
可怕的痛苦时刻临近了，
那些被自身的罪恶所束缚的人，
那些被自身的邪恶所压倒的人，
都注定要灭亡。
你们就像行走荆棘密布的荒野，
其间的小径为荆棘所阻塞，
无人能够穿越。
无人拯救这片旷野，
它注定要被天火焚毁。

众人的灵魂都伏在灵魂山上痛哭流涕，
他们中有曾经傲慢的教廷之主，
他们曾高抬自己为神，
并擅自篡改神的律法，
还有虚伪的神父和主教们以及世俗的独裁者，
还有以收割人头为乐的残忍嗜血者，
他们曾经用残酷的刑罚来统治神的子民，
他们最终都要向至高之神作出交代。
无论生前他们是如何显赫，
现在全体都要站在神的审判台前，
为他们反叛神灵的诫命受审，
他们必承认神对自己的审判是公义的，
于是有永死的判决将宣布加诸在他们身上，

他们纷纷尖叫着坠入火域，
肉体、灵魂消融湮灭。

这一切，真是好啊，真是快慰，
人性基于选择的自由。
虽然宇宙的前景因为那些罪恶灵魂而呈现黑暗和绝
望，
但在星空与道德之间，
还有人的自由意志，
这意识无坚不摧，永固人间，
谁也无法夺去。
疯子尼采疯狂的说

至于那些我还没有宣判的灵魂，
"先等候你们的牧羊人吧，
他将给你们以永恒的安息。
准备接受这个上天的福佑吧！
不灭的光辉将会永远照耀着你们，
迎接那为你们准备的欢乐的荣耀吧！
你们的灵乃是来到锡安山，
这里将是永生神的城邑，
就是天上的圣地耶路撒冷、麦加……
这里有千万的天使，
有名录在天上诸长子之会所共聚的殿堂，
有审判众人的神和被成全之义人的灵魂…」。
那些留名在天上的人，
因耶稣十架的牺牲而使生命完全，
将与无数的天使在至圣的神面前聚集在一起的灵魂，
都昂起头说：
神灵啊！我们的牧羊人，
他在那里啊！

但丁对诗人说，
我，在锡安山上看见了一大群人，
多得数不过来。

也没有人能数过来，
他们是从各国、各族、各民、各方来的，
站在宝座和羔羊面前，
身穿白衣，手拿棕树枝，
大声喊着说：
『愿救恩归与坐在宝座上我们的神，
也归与羔羊！』。」
他们都在唱歌赞美主。
站在人群中间的是一个个子很高的年轻人，
他比其他任何人都高。
他给每人头上都戴上一顶荣冠，
但他却高居所有人之上。
耶稣与他的麦加兄弟在世上的时候，
许多人还没有真正认识祂是谁，
但在天堂，将不再有困惑；
耶稣与他的麦加兄弟是和平之君，
各族各方的人都要穿着白袍，
挥舞棕树枝，来真实地敬拜赞美祂。
所以，众灵在神宝座前，
昼夜在他殿中事奉他。
他们不再饥，不再渴；
日头和炎热也必不伤害他们。
因为宝座中的羔羊必牧养他们，
领他们到生命水的泉源；
神也必擦去他们一切的眼泪，
并允许他们在神的荫蔽之下安歇。

我被这一景象迷惑了，
于是我问天使："这些人是谁呀？"
天使回答说：
"这是些脱去俗衣换上不朽之衣的人。
他们确认了自己对上帝的忠诚，
现在他们正被赐予荣冠和棕榈枝，
作为他们胜利的标志。"
接着我又问天使：

"正在给人们头上戴荣冠和分给人们棕榈枝的年轻
人是谁？"
"他是上帝的儿子，"
天使答道，"这些人活在世上时，
都确认对他的信仰。"
天使对我说：
"去告诉你的人民你所见到的一切，
告诉他们主的诸多惊人的神迹。"
天国的门，即将打开，
请虔诚的迎接天国的殿堂和那殿堂之上的至高无上
之神。

但丁和诗人正在窃窃私语，低语的时候。
这个时候，
突然天际间风神的支支利箭呼啸着射向无奈的大地，
发出一阵阵欢呼声。
一道霹雳响雷划过长空，
紧接着，狂风呼啸而过，
乌云滚滚而来。
突然一道道闪电，
一阵阵霹雳，伴随着瓢泼大雨，
宛如听到了天神在号召，
猛烈地撕开天幕，倾注到人间，
又好像如天河决了堤似地凶猛地往下泄。
我真担心，此刻大地整个的会被暴雨吞没！
横的，竖的，斜的，密密麻麻，
像断了线的珠子，
又像一幅巨大的绸布，
在天与地之间，在黑幕中，
在闪电中飘舞着！
看闪电一次次照亮漆黑的夜空。
这个时候风追着雨，雨赶着风，
风和雨又好像联合在一起，
追赶着闪电，
整个大地都好像笼罩在茫茫大雨之中。

狂风卷着暴雨，像无数条鞭子，
狠命地往塔顶上抽。
狂风咆哮着，
猛地把门打开，摔在墙上。
众多的灵魂发出低声的呜呜，
犹如在黑夜中抽咽。
瞬间，闪电又亮起，
远远望去大雨就像一幅巨大的瀑布铺天盖地卷了过
来，令人窒息。
约半个时辰，
铿锵的乐曲逐渐转为节奏单一的旋律，
雷声没了，风也静了，
闪电也不再那么狰狞，
雨也柔和了稍许，
渐渐的淅淅沥沥地下个不停，
犹如一曲优柔，甜美的催眠曲，
空气里也带有一股清新湿润的香味。
过了一会，彩虹出现了，
在这安静祥和的天际间，
一座瑰丽的天空之城，
闪烁着金光
涌现在众人面前。

那城城墙的根基是用各样宝石修饰的：
第一根基是碧玉，第二是蓝宝石，
第三是绿玛瑙，第四是绿宝石，
第五是红玛瑙，第六是红宝石，
第七是黄璧玺，第八是水苍玉，
第九是红璧玺，第十是翡翠，
第十一是紫玛瑙，第十二是紫晶。
十二个门是十二颗珍珠，
每门是一颗珍珠。
城内的街道是精金，
好像明透的玻璃。
黄金街道，如此纯净，透明，

将从十二个大门延伸。
多么美丽的天堂！

但丁又低头对诗人说，
我记得圣经的启示录有对天堂的描写，
那城的光辉如同极贵的宝石，
好象碧玉，明如水晶。
墙是碧玉造的，城是精金的，
如同明净的玻璃，
城墙的根基是用各样的宝石修饰的；
那城内不用日月光照，
因有神的荣耀光照，
又有羔羊为城的灯，
城门白昼总不关闭，
在那里没有黑夜。
在河这边与那边有生命树，
结十二样果子，每月都结果子；
树上的叶子乃为医治万民。」
在天堂将不再有太阳或月亮，
因有神的荣耀光照，
又有羔羊为城的灯。
他们也不用灯光、日光，
因为主神要光照他们。
他们要作王，直到永永远远。」
我们也将要见到救主的面，
祂的名字要写在我们额头上，
作为被接受的印记。
我们将与基督一同作王，直到永远。
凡不洁净的并那世行可憎与虚谎之事的灵，
总不得进那城。
只有名字写在羔羊生命册上的才得进去。

这个时候上帝的儿子耶稣站起来说：
我，耶稣，是你们的牧羊人，
现在向那召你们进入天国的主感恩吧！

站起来，看看那些已经接受了主的标志和分享了他的
圣宴的人们吧。
你们已经脱离了这现世的黑暗，进入光明的天堂，
所以现在，众天使们，
吹响天堂的号角吧！
欢迎这些遵从主之律法的人吧，
所有被上帝赐予的人们都已来到。
上帝啊！你盼望的孩子们回来了，
他们现在已到齐。
众人子，祈祷吧，
主的王国即将来临，
我那日予圣父的约定今日也必实现，
不负所托。"
主耶稣将祂的长袍浸透了鲜血，
将证明祂在十架上的完美牺牲。
万膝要跪拜，万口要承认，
救赎已得实现。

这时神天上的殿开了，
在他殿中现出圣父与圣子那日的约柜。
约柜的再次出现，
代表祂的约是永恒的，
祂的国度没有穷尽。
随后伴着闪电、雷轰、地震、大雹，
天堂之中众天使开始吟唱平安喜乐的歌声。」

诗人凝望着虚空的天际，
这时一道霹雳闪电劈过，
「我观看，见天开了。
有一匹白马，骑在马上的称为"诚信真实"，
他审判，争战，都按着公义。
他的眼睛如火焰，
他头上戴着许多冠冕；
又有写着的名字，
除了他自己没有人知道。

他穿着溅了血的衣服；
他的名称为神之道。
在天上的众军骑着白马，
穿着细麻衣，又白又洁，跟随他。

这个时候，神又说，
被牧羊人跋山涉水带领来的羊羔们，
我庄严允诺，
我将佑护你们，
以及你们的孩子，
并使你们愉悦欢笑。
生命之树的芳香将会充溢在你们的周围。
我将已赐给你们福泽，
为你们准备了十二棵结满了各种果实的树；
十二眼流淌着乳汁和蜜液的泉，
还有七座长满玫瑰和百合的高山。
我将让你们的子孙在那里生活得非常幸福。
现在，圣地耶路撒冷、麦加呀，
来保护寡妇，
关怀失去父亲的孩子，
周济贫者，保护孤儿，
给无衣者以衣服。
照料那些贫困者和羸弱者，
不要取笑跛脚之人，
保护残疾之人，
帮助盲人看一眼我那灿烂的光辉吧。
让你城墙里面的老幼都得平安。
我将赐给你们荣耀的地位。
"安静吧，我的人民，
我会把你们引上坦途，
让你们每一个人都不致于迷路。
不要担心，
在困苦与灾难来临之日，
别人将哭泣和悲伤，
而你们却会变得快乐和富有。

"我将以我的力量保护你们，
拯救你们的子孙们脱离地狱。
快乐吧，耶路撒冷、麦加和你的子孙们，
因为我，即主，
将会拯救你们。
我，即全能之主，是仁慈的，
我将把你们从地下长眠之处领出来。
在我到来之前，
紧紧搂住你们，
把我那不竭如泉般的宽厚仁慈告诉给你们：
神爱你们，
你们是我荣光的孩子！！

诗人看到这些，既感伤忧愁，
又快乐莫名，
啊！人类世界那些伟大历史，
纷繁的过往，
原来只是造物主手指缝之中的一瞬之尘，
我们的存在啊，
只是用来归于毁灭，
或者归于荣光，
我们的灵啊，只是用来归于空虚和虚无，
我看不到路呀，看不到，
星际宇宙也是一片漆黑莫名，
路在那里啊！
遥远的光啊，
你又将带领众人去往那里？

那诗人，我告知与你，
有诸多的人子在向我祈祷的时候，
老是追问我世界是否有尽头，
宇宙是否有边际？
时间从那里滋生，又从何处消失？
人子的存在是否有意义？
我告诉你们吧，诸人子，

世界的尽头还是世界，
当我们沿着笔直的路无休止的绕环前行时，
世界那里有尽头呢？
而宇宙的边际是第二宇宙，
宇宙是由多级平行椭圆构成，
就像人类世界的蜂巢一样，
就像一滴水珠挨着一滴水珠一样。
看我为你们创造的伊甸园和这世俗的世界，
有浮云，有星辰，有恒星，
凡人子肉眼看到的星际，都是第一宇宙。
可是人子们啊，
想想我创造的权限和能力吧，
抬头看看这个浩渺无限的星际，
看你们星际的东面，
看你们星际的南面，
看你们星际的北面，
看你们星际的西面，
在你们肉眼看不到的星际深处的上空，
那里布满了第二宇宙，
而且那宇宙星际像千层的发丝一样层层叠叠。
宇宙深处有着不同的时间和空间，
从而形成了不同的宇宙时差，
就像这世俗世界不同的地区时差一样。
当人类跨出自我宇宙，进入第二宇宙，
或者在回到自我宇宙，就会形成宇宙时差，
有些人会苍老，有些人会犹如初生，
但是更多的人却容貌如初。
当然更多的人被宇宙和宇宙的交接处形成的黑洞而
吞噬，消失不见。

那么宇宙总归有边缘的，它总有尽头吧？
就像蜂巢尽头永远不可能继续有蜂巢，
水珠旁边不可能永远有水珠吧？诗人问

混沌，在蜂巢的尽头，

在水珠的边际是一团混沌，
宇宙的边际是一团混沌，
漆黑的没有光影的混沌，
它们还没有形成宇宙。
当然我还可以用我的手继续创造新的星际，
但是对于肉眼看不到的你们，
对于你们有什么意义呢？
宇宙无限大，人类永远无法理解，
就象蚂蚁研究地球是怎么回事一样，
永远是猜测想象罢了。
其实整个宇宙就是一个无限大的世界，
人子就是宇宙里一粒沙。
而我们身边的一粒沙也蕴含一个大世界，
到处是宇宙，宇宙无限大，也无限小。
时间是相对的，
它既不存在，也不消失，
人类的出现到灭亡对于宇宙来说估计就是几微秒而
已。
宇宙运行的很快，
只是人类的思想要慢很多。

亘古长存的造物主啊！
我们的灵魂归你所有，
可是我们的过去、现在、未来的灵魂，
会归于何处、去往那里？诗人问

你们的灵归我掌控，众人子们，
那时我会在漆黑的星际，
混沌的深处再次创造生命，进行循环生息。
而人子们的对神的信仰，信念，
忠诚，眼泪，善良，正义，公理，奉献，
将成为我拣选的目标，
记住，你们的灵归我掌控，
那至高神威严的说。
我将把你们的灵撒向新的星际，

重生，复苏，衍生，成长，衰老，消亡，
你们将会如愿看到新的天国星际之中永恒之树伴随
你们一起生长和湮灭，
还有那树叶被晨风吹着发出沙沙的声音。

注明：小孩只是上帝的镜子，但不是真正的上帝，他
或许是上帝的分身，至高者并没有出现。

备注：我不是像尼采一样反基督者，同样我也不是反
撒旦者，人心即是天堂，人心即是地狱，当然这有点
像佛家用语。我的意思是不要自己跌倒了而去埋怨那
个深坑。这篇诗歌写的很艰难，因为修改了多次，我
不能，也无法让所有的人，所有有信仰的人都满意。
我无意冲撞任何宗教——基督教、伊斯兰教、佛教、
印度教，我只是通过人性的视角进行解读。

（第四卷完）

卷五：神迹

我记得神灵曾经拣选过诺亚的灵魂，
作为人类大洪水以后的种子，
在上帝的书房，
我也曾经观看过方舟之卷，
当然那是上帝愿意让我看到的文字。
诗人说

或许到这个时候，（星球破灭的时候）
诺亚的种子也该绝迹了？
人类终于可以摆脱神灵的慰籍了？
不知道这是人类的幸运，还是不幸呢？但丁说

不对，还是继续会有拣选，
只要有神灵的地方，
就会继续有人类，
因为神灵需要干净的灵魂，
来填充自己的神性。
诗人说
在方舟之卷中，
我看到过上帝的拣选。

【创世纪救世主----诺亚方舟】

黑色的天空笼罩着苍茫的大地，
天地之间仿佛被撕裂般的发出痛苦的声音，
黑漆漆的天空里没有一颗星星，
奔腾的洪水，
滔天的巨浪，
席卷了整个人间大地，

所有的建筑全部摧毁，
所有的人间生灵遭到毁灭，
这一切的一切上帝在哪里？？

经过七天七夜的人间洗礼，
大雨终于停了下来，
人间仿佛也停止了呼吸，
天上的启明星亮了起来，
闪着清冷的星光。
在天际的尽头，
慢慢飘来一艘方形的独木舟，
独木舟遭受到千孔百疮的风雨打击。
它慢慢的在水面上飘荡着、飘荡着，
上帝之手好像很垂青于它，
没有让它受到灭顶之灾，
但船上的生灵呢？
————这时一只白鸽跳在了船舷上，
它抖抖了身上的雨水，
扑打着翅膀，
梳理着头上的羽毛，
看到水中的倒影，
它发出咕咕的声响，
好像整个人间大地成了它的一面铜镜它要认真梳妆。

鸽子的鸣叫唤醒了沉睡中的生灵，
他像一个石雕像从梦中复活起来，
披散着的头发湿淋淋的贴在前额上，
一双疲惫的双眼里闪现出死亡的气息和热烈的渴望，
鼻子剧烈般的抽动着，
厚实的嘴唇像火山爆炸般的紧闭着，
他慢慢的站直身子，
一身古铜色肌肤闪现着铁器般的光泽，
看着平静的水面，
他的胸膛猛烈的起伏着，
一声沉闷的大声吼叫，

震动了水面，
天地之间久久回响着人类的大声嘶喊。

只有诺亚才明白这一切暴风雨的由来，
人类社会已经遭到毁灭，
他是唯一的生灵，
也是唯一的人类希望。
上帝用七天的时间创下了人类万物，
他赐给人类丰富的食物，
甘甜的泉水，
还有一颗宽大仁慈的心。
但没想到，当上帝化身为行乞者，
在人间行乞时，
却遭到人类的遗弃，
整整七天七夜他没有讨到一粒食物和一滴水，
人间仿佛成了地狱一般，
到处是烧杀掠夺，血流成河，
一片战乱的摸样。
原来魔鬼在诱惑他们，
他把人类的罪恶激发出来，
他让人类在无休止的流血和拼斗中，
取得一个虚假的人间之王，
人类的灵魂已经出卖给了魔鬼。
上帝愤怒了：
人类啊，我赐给你们的爱和灵魂哪里去了，
难道骨肉相连的兄弟姐妹可以反目成仇吗？？
难道无休止的杀戮和流血，
可以背叛你们的血缘吗？？
你们那颗宽世济人的心啊，
难道已经被自私和冷漠替代了吗？？
我的孩子们啊，
难道你们已经不再完美了吗？？
魔鬼啊，你睁开眼睛看一看吧，
看一看你所犯下的罪恶吧，
我要和你拼了，

我要重新洗刷一下人间的罪恶，
我的孩子们，跟我走吧，
我要带走人间的一切，
回到天堂里吧。

上帝沉重的心在一滴一滴的流血，
他在后悔自己当初为何那么可笑、犯傻，
以自己的形象创造了他们，
又把整个人间交给他们管理，
但眼前的一切使他心胆俱裂。
"看来是战乱毁了人间的一切，
人间是没有了净土，该怎么办？？
上帝沉思着。
透过漫天的黑雾，
上帝站住了脚步，
因为前方的树下扑倒了一个人，
他一动不动的趴在那里，
肩膀上停了一只鸽子，
手里面紧紧的不知道攥了什么东西。
上帝叹息了一声，
走到他的身边，
鸽子咕咕的鸣叫着，飞了起来，
扑打着翅膀，扇落了几片树叶。
上帝慢慢的把他板正，放平，
替他梳理着遮住脸孔的头发，
意外的是他的呼吸很正常，
身上也没有一滴血，
而且身子也很温暖，
他好像睡熟一般，躺在大地上。
当上帝抚摸他的头顶时，
他竟然张开了双眼，
天蓝色眼睛里盛满了琥珀一样的东西，
他的眼睛很"干净"，
不含一丝杂质。
"只有心灵纯洁的人，

也能有纯净的双眼"，
上帝心里一阵赞叹。
他呆呆的看着上帝充满仁慈的眼睛，
好像在努力回想着自己的由来，
突然，他发出了啊啊啊的声音，
就像看到自己至亲至近的亲人一般，
扑倒在上帝怀里嚎啕大哭。
"你终于认出我了，我的孩子，诺亚"，
上帝激动的拍打着他的后背。

月亮升起来了，
一堆巨大的篝火熊熊的燃烧着，
火光通红的照着整个世界。
"我的孩子，诺亚，
我把你们创造出来是一个错误，
我现在已经看到了这一点，
魔鬼已经占据了整个人间，
我需要重新洗刷这一切，跟我走吧？"
诺亚茫然四顾着，突然激动起来，
他拼命的摇着头，
巨大的双手奋力捶打着地面，
眼睛里面再次浮现出来泪水，
嘴里发山痛苦的声音。
"你虽然不能说话，
但我也知道你心里面的痛苦，
这个人间你还留恋什么？？
我想带给你一种新的生活，
难道不好吗？？。
诺亚擦干了眼泪，伸开了手掌，
拼命的四下里张望，
嘴里发出奇怪的声响，
手掌里赫然是一堆食物的残渣。
"咦，那是什么？"
一道白光直冲上帝飞来，
随着翅膀的拍打声，

一只白鸽已经落在了诺亚的手掌里，
鸽子显然是饿了，
它飞快的啄食着东西。
诺亚发出嘀嘀的笑声，
眼睛里清澈透明，
上帝激动起来，"我虽然创造了你们，但你们的心灵
我却无法把握，
我有时也无法掌握看透你们的内心世界，
我掌管万物，
但你们才有可能是万物之灵，
你的品质是够做一个人间之王了，
我会为你创造一个新世界的。

七天七夜过去了，
现在诺亚就站在船舷上，
上帝留给他的每一句话，
都在他的脑子里回旋着：
诺亚，我将为你创造一个新的世界，
而这只鸽子将是带给你新世界的使者。
诺亚呀！
你是未来世界的主人，你是人类的希望！
当上帝说着这一番话时，
眼睛里分明浮现着浑浊的泪水。
"但你一定要答应我，孩子，
这个世界虽然是你的，
但你一定要让它纯净的像你的眼睛一样，
不能有任何杂质。
你要时刻预防着，
因为魔鬼就潜伏在你的身边，
我消灭不了他，
我们就像一对孪生子一样，
谁也制服不了谁，
但我会隐藏在你的心里，
帮助你守护你们的内心世界的。
我的孩子啊，永别了，

上帝在每个人心中"。

现在诺亚的大脑中一片混沌，
看着眼前的鸽子，
他的心头闪现着希望的光芒。
鸽子梳理着羽毛，
又冲着他咕咕的鸣叫着，
他再一次伸开手掌，
上帝赐给他的食物已经所剩无几，
鸽子灵巧的落在他的手掌里，
慢慢的啄食着。
他和这只鸽子仿佛有割不断的血缘关系一样，
每天每时每刻，鸽子都陪伴在他身边，和他相依为命，
这只鸽子已经成了他生命里的一部分，
而它将会给自己带来一个新的世界和新的生命。
"我的孩子"他慢慢的把鸽子举过头顶，心里默念着，
"飞吧，飞吧，为我寻找一个新的陆地和绿洲，
为我衔回大地上的第一支橄榄枝吧"，
诺亚用纯净如湖水的眼睛静静的注视着它。
突然，一道霹雳闪过，
鸽子振着翅膀飞了起来，
它带着人类的希望，
朝着太阳升起的地方飞去。

> · · · · · · · · ·

又是漫长的等待和无休止的黑暗，
诺亚已经坚持不住了，
要不是上帝在他心中，
他可能已经倒下了。
现在他的心里默默的数着自己生命里的倒计时，
十九八七六五四三二一· · · · · · · ·
突然，一道尖利的鸣叫声，
响彻起来，
他的眉毛跳了一下，
睁开了双眼，
啊，他看到了天地之间整个太阳升起来了，

一大群鸽子衔着各种各样的农作物朝他飞来，
领头的那只鸽子，
嘴里衔着的那支橄榄枝，
在太阳的照射下，
好像发出奇异的光芒来，
那光折射在水面上，
顿时，整个世界一片辉煌。
诺亚全身心的沐浴在阳光下，
他托着双臂，双眸凝视着太阳，
浑身充满了力量，
人类时代已经来临。

诗人和但丁凝视着太阳的光辉，
整个身心沐浴在温暖的金色光焰下，
仿佛整个世界都是金色的，
人类初生了？

啊！在那光焰的深处，
我看见宇宙的一切，
结集收录在一起，
被爱装订成一册……
这爱推动着太阳，
推动着满天繁星。"但丁赞叹不已

人类的命运来自那里？
又该去往那里呢？
这只是上个纪元上帝的拣选，
可是大审判以后人类的种子还能出现吗？
新时代的诺亚你又在那里？？
未来遥远的星际你又将驶向何方？？诗人想

【神迹】

昏暗的星际，看不到星光，亦不见月光，

只有残留不知从何处倾斜的光线，
昏昏沉沉，整个大地也是如此，
压抑、气短、头昏、胸闷，亦是昏沉，
头颅被麻醉，亦不愿睁眼，
心窍的跳动也是无力，
福尔马林、精密的仪器、喃喃的低语，
一片片的漆黑昏沉里人影幢幢，
恐怖、恐怖、心悸、心悸，
我昏昏沉沉，睁开眼际。
有身材干枯，皮肤干皱，
头颅硕大，瞳仁漆黑的类人物体凝望着我，
我头痛欲裂，惶恐不安。
那过去的人，仅存的血亲，
你终于醒来，
不知你是否感觉不适？？

我环顾四周，有无尽的昏沉和黑暗，
不知自己身在何处。
那怪异的类人体，满脸的愁苦，
既像一个原始的人，也像一个未来的人。
或许你不明白你是谁？身在何处？
又将去向哪里？
因为你所有的记忆都在我的这里，
你不曾存留。
这里是地球时间 3024 年，
你现在处在"无限"的未来.

什么，你说的是什么？
这里是什么地方？
你们是什么，
异星人、外星人、未来人？？我问

我们是曾经的地球人，你们的旁系分支，
我们是智人的后裔。
我们穿过数千光年来到这里，

来寻求某种"证据"，
某种曾经"存在的物质和痕迹"，
这里就是这里，
我是"时间之后的未来地球人"。

什么这里就是这里？
这个如何理解，"时间"之后的人？我问

时间是一个圆环，
从初始到终结，
我们是唯一一群脱离时间圆环限制的人，
就是时间之后的未来人，
我们是开始也是结束，我们只不在中间。
过去的时间是恒定的，而未来的时间却是变幻的，
过去发生的事物是既定发生而不可更改的，
而未来还没有到达和发生的事物，却是起伏多变的，
但是在恒定和变幻之间有一个时间主线，
我们就是隐藏在那个时间主线之上的未来人，
我们即来源于你们，而你们却可以改变我们，
我这样说不知你是否明白？

我当然不明白，你所说的是什么？
你刚才所说的来寻求某种"证据"是什么东西？
它是什么？我问

痕迹，一个神灵的痕迹，
我只是来这里寻找一个神迹，
希望这神迹还没有破灭。

你们是如何通过时间的原点到达这里的？？我问

一张纸上的两个点直线距离很远，
当你把纸折叠一下，两个点就在一起了，
于是你就可以到达你想去的地方了。
在一个平衡线上，

只存在先行的和后来的，
只不过这两者的距离差异，人类把它称之为时间，
其实，那只是一种无衡。

可以说的详细一点吗？？我问

这个宇宙的任何星际和星体的运行都是一个圆环或
者椭圆循环，
时间是以一个圆环或者椭圆循环运行的，
而不是一种直线运行，
一个圆环或者椭圆循环，就预示着时间有初始也有终
结，
当终结完成以后，时间又会初始，
所以时间并不是一去不回的，
这就像时钟的时针、分针、秒针，
从 12 点开始，又会回到 12 点一样，
当我们又回头走一遍的时候，
时间还是等在那里，没有消失。
这个星际或者宇宙的时间，
循环的并不一样也不一致，
时间纬度也并不尽同，
我们走的是分针时间，
而在我们之前"他们"走的是秒针时间，
而你们走的却是时针时间，
当我们重复走过你们的时间点，
我们就穿越了，
穿越到你们的过去或者未来，
以及现在。
我们将以和时间的年轮轮回
不同的方式不断的存在着，
不断开始新的旅程，直到宇宙的终点，
然后在进行往复折返，
如果你感觉理解有点困难的话，
其实我们走的是"土拨鼠时间"，
我们生活在那个时代就是那个时代的见证、证据。

时间的通用准则不都是 24 小时吗？我问

你知道蚂蚁的一天是多么的漫长吗？
24 准则，只是你们的计量方式，
对于我们来说你们的时间只是一瞬，
就像蚂蚁漫长的一生，
在你们眼里也是一瞬一样，
所以我们可以从你们的进化一步跨越到你们的灭亡，
当然在我们的头顶，或许也会有时间一瞬的种族，
那就是我们需要寻找的神迹了。

时间应该是一种什么东西或者物质？？我问

你要知道人眼感知是视觉的世界，
蝙蝠感知的是声波的世界，
蛇感知的是热成像的世界，
不同的感官感觉出来的世界是不一样的，
时间也是不一样的，
所以所有生物对时间的感官理解也是不同的。
可是无论蛇的世界也好，
蝙蝠的世界也罢，
它们所处的世界其实还是一个相同的世界，只是它们
不自知罢了。
宇宙之中有一个恒定固定的时间烛，
所有的时间都是从那里产生和滋生的，
因为它是全宇宙最恒定和平静无感的地方，
由它滋生轻微的振幅和天体运行，
由此像涟漪一样散开，产生时间。

不懂，不理解你的所说，
为什么你会懂的我们地球的语言？？？我问

这就是是自解码罗塞塔碑文以来最伟大的语言学成
就了，

我们成功的通过解码石获取到你们的语言逻辑和组
成结构，
并破译了一切语言的构成组织，
所以我们懂得你们的语言，这并不稀奇。

你们是那一年来到地球的，
你们的目的是什么，
来地球想得到什么？？我问

我们也记不清了，
因为我们来的时间太久了，
也隐藏的太久了，
但是浮现的话，才是最近几百年，
一战，二战时期我们曾经浮现过一段时间。
祖先的族谱，基因、神迹等等，
都是我们的目的。
为此我们曾经也寻求和希特勒的帝国合作过，
其实我们的飞碟图纸曾经被希特勒得到过，
同样我们也向他提供了飞碟技术，
他们在后期也的确创建了纳粹钟和飞碟雏形，
德国纳粹信守承诺也曾将最纯正的雅利安种族的证
据交付给我们，
当然对于他的大屠杀计划，我们并不赞同和支持，
但是很显然希特勒的神经质毁灭了他，
对于前苏联帝国的误判，
使世界的格局发生了新的变化。
他失败后，我们帮助他脱逃到南极地下世界，
继续存活。

五十一区是什么意思，
你们在地球的"家"吗？
希特勒的"证据"指的是什么？我问

二战后我们把眼光聚焦到新的崛起国家上，美国。
五十一区的建立是我们和美国这个国家寻求合作的

标志。

51 区的计划源于 1947 年罗斯威尔坠机事件后，

1953 年艾森豪威尔总统也涉入该组织。

你们的人想得到一个伟大的帝国，

一个统一的宗教，

建立一个统一意识和统一宗教的完成帝国，

以避免危害世界的超常规武器出现。

当然还有政治，鲜花，掌声，权力，财富或者荣誉，

不知道你们想得到什么？

是的，还有民主，自由，

蚂蚁般的自由吧？

美国政府和我们展开了某种交易，

美国政府需要诸如地球武器，动力系统 冶炼金属方面的先进科技，

当然我们会向他们提供飞碟技术。

我们则愿意将我们的技术和他们的"软件"进行交换，

软件既人类本身——证据，

我们所要的正是人类的遗传物质，

人类的族谱，情绪，基因，遗传等等。

至于我们想得到什么？？

这就是我们想得到的东西。

研究人类始祖族谱的细微变化和进化轨迹，

以及我们自我的基因变化未来可能走向，

以及人类的情绪变化带来的细微走向改变轨迹。

解码 DNA 不仅可以从中了解造物主创造我们的方程式，

还可以对人类作出宇宙中的定位。

我们就这样在五十一区的阴暗处观察着世界的发展运行轨迹，

只是美国佬把我们交给爱因斯坦的图纸泄露出去，

导致世界核武的扩散，加剧了世界的危险性和毁灭。

于是我们寻求和美国人的下一届总统里根合作，

提出星球大战计划，拖垮了苏联红星的毁灭，

世界在某一时刻曾经面临到毁灭和崩溃，

只是很多人不知道而已。

这些传闻真够目眩神迷的，
作为一个超高端文明的存在，
以及作为人类的超体存在，
你们不应该主持正义 公平 自由，
建立带有人文秩序和思想的和平世界？？
成为人类的救世主吗？？我问

我们是目前这个宇宙中相对有智慧、
对宇宙了解得最全面、
最早发展科技与进化的种族；
我们是接近不朽的存在，
难道就应该像童话故事中一样，
去主持、维持什么东西吗？？
看来，你并不了解人类的人性和劣根性，
强有力的介入往往会导致失衡，
而让被介入者全局毁灭。
人类的本性决定社会的残酷，
尽管它披着和平美好的外衣。
对于世界和平，
我们有不同的界定，
人类现阶段对世界和平的认知和方向是严重脱轨和
错误的，
以「和平」人类的认知这出发点也是违反自然规律的。
如果德国纳粹主义成功统治全人类的话，
其实也不会再有战争，
将人类置于一个统一的黑幕或者铁蹄之下，
世界将会更安全的多。
人由出生到死亡都是睡在一個漆黑的箱子里，
那不也是一种世界和平吗？？
可是有一些人一定要星光，
光明和自由那些东西，
当然他们还会需要情感慰藉等等。
可是这些虚幻的东西，
却很难实现。

因为，我们认为人有劣根性和缺陷性，
人类本身就是一种野兽，
进化状态的野兽，
和平在野兽的群体之中无法保留和存在，
世界和平除了不可能出现之外，
人类其实也不可能永久活在世界和平的状态之中，
因为这是违反自然规律之下的丛林法则效应的。
我们只力求避免世界落入多数人的手中，
因为多数就意味着纷争和危险，
只有少数人掌控世界才会相对安全，
那怕这少数人是独权和铁血。
建立一个强大的霸主国家，以统一世界，领导世界，
以避免世界陷入四分五裂的原教旨宗教和极端政治
主义之中去。
这是卡特政府建立宝瓶座计划和我们签订的文件之
中一个小小的内容
之一，
这也是我们和星条旗合作的意向原因。

刚刚你说的所谓"人类救世主"的话语，
我告诉你，
宇宙为什么会这么神奇，
这宇宙是物质的规则，必然永世都是物质，
不可能有别的变数，
生命只是某种特例。
产生生命只是宇宙的基本法则。
事实上，生命是不能被庇护的。
我们不可能也没有能力挽留和护佑所有的生命，
不受到伤害，
因为这不现实。
宇宙是牢固的物质恒定存在，
而生命是宇宙物理属性造物的随机必然结果，
当然它的必然消亡我们也无法刻意去理会。
至于世界那小小的圆球，
和圆球上面的人类，

当然都是如此不堪。
生命的每个时代都将在多数宇宙随机事件中毁灭，
如超新星，太阳耀斑，行星碰撞等。
我们只承担宇宙的牢固和相对存在，
到了我们文明发展进化的这一步，
正义或者和平是一件很可笑的事情，而且毫无意义。

总而言之，你们就撒手不再寻求帮助人类了，
就看着人类像一群蚂蚁一样被互相绞杀，
被伪宗教神灵，被铁血极权奴役和残杀，
以及毁灭了，是吗？？我问

我们几乎可以改变一切，
但是无法改变人类的本性。
生命会恒灭，也会在某一点恒生，
其实如果人类足够聪明，足够智慧，
那么人类自己所塑造耶稣基督也不会被人类自己钉
死在十字架上。
"人类总是认为看到的才是真理，
而看不到的全是谎言。
当地球上的一切灾难发生前，
你们并不相信它会发生，
但它的确是发生了。
人类一只就是这样，
末日是无法避免的，但末日不到最后那一刻，
你们可能就永远不会觉醒，
不到最后的灾难，
你们中的一些人可能永远不会了解到和平与爱的重
要意义。
你们物质文明上（比起以往）似乎上是前所未有的发
展了，
但是你们忽略你们的精神、灵魂。
地球上许多人认为原子武器是最大的危险，
其实不是，最大的危险是'拜物主义'。
因为"你们的世界都是围绕着实利主义——物质、金

钱权力而转。
人类之间的大敌是，
彼此之间完全缺乏互爱与了解！
要爱，不要战争，否则人类必会毁灭！"
这是我们在星际旅游的时候，
一个火星男孩告诉我的，
他的名字叫做波力斯卡。

地球有没有曾经的辉煌一瞬?我问

有过那样的一瞬，非常短暂，
那时候世界形成一个统一意识的国家，
你们有一个统一的总统，立法官员和司法大员，
各区域国和平相处，人人安居乐业。
没有独裁，没有黑暗，没有特权腐败。

统一的意识体，这是怎么做到的?我问

我们发现人类基因密码有一个统一的管道，
那就是人性，
无论是黑白黄棕都具有人性，
引导他们，在社会教育和认知教育中把人性引导出来，
用善良和爱灌输他们，
监督和限制他们的劣根性。
让他们暂且远离凯撒和神灵，
在人性意识培养形成之后，
再让他们接触凯撒的规则和社会规则，
同时让他们的神灵信仰出自内心，而不是出自大脑。
你们的世界曾经无限接近可能，
无限接近成功，可是又无限的溃败。
若进俗世，必先洞察人性，而不是神灵，
人在俗世，必先取人性，再予神灵，
我告诉你你们最大的敌人，最好的朋友都是"人性"，
可惜最后你们还是无法战胜自己，
你们差一点就可以站在"神迹"的肩下，

但这一切非人力可为。

信仰出自内心，而不是出自大脑，如何理解？？我问

信仰出自内心，守护心；
出自大脑，控制脑。
大脑是个思维体，容易被控制和束缚，
心灵是个记忆体，容易感动和感性，
须知宗教的力量在于心灵深处的情感，
而不在于大脑控制之下的敬畏。
神灵的手只能依靠人性来指引，
如依靠大脑只能到达血湖或地狱。
神灵喜欢具有人性的灵魂，
而人性是对神灵最好的供奉，
因为人性是沟通神性的唯一桥梁。
也是直达神迹的唯一道路。

未来世界是怎么样的？？
在你们之前还有未来人吗？？
未来的未来世界将会怎么样？？我问

在未来时代，我们有能力将人类的意识和思维储存到
电子芯片中，
从而创造真正意义上的虚拟人，
他们上传自己的思想，从而成为信息本身。
这种人，完全摆脱了那沉重肉身的束缚，
他们就是一组光学信号，就是一串代码。
他们游走于计算机和网络之中，能借助强大的虚拟空
间，
创造属于自己的世界，乃至自己的宇宙。
在那个世界里，他们无所不能，他们就是神，
人类所有的梦想，都能在那里实现。
当然，一旦现实世界被毁灭，他们也将荡然无存，
我们把那个时代称之为一个电子信息超前时代，
那些人类为超前电子人。

根据物理理论原则，
宇宙中所有原子核中的质子迟早将衰减，
这就意味着黑洞将成为宇宙中唯一有组织形式的物质，
换句话说，人类将不能再以物理形态存在，
人类只存在一个信息智能母盒，
其余的全部是信息社会个体。
10 的 100 次方年后，再发展下去宇宙黑洞将消失，
宇宙中不再有任何形式的能量或结构，
在这种情况下，自然就不存在人了，
甚至连信息也无法逃逸。
那时候宇宙就处于永恒"无人"的状态了，
或许，又是新一轮的宇宙大爆炸开始。
只是现在我们还没有到达那个时间点，
那应该是人类未来的极限世界和存在了。

可怕，那样的世界，
若脱离肉体，没有性，没有灵魂，
没有思想，没有情感，没有驱动力，
整个文明走向永无尽境的虚无，
只存留一组组的光学代码，
既可以说是存在又可以是不存在
什么也做不了，什么也想不了，
就像被设定的机器一样，
毫无意义，也不会存在意义，
因为存在已经失去价值，
存在还有什么意义？？我问

欲望推进模式，也就是不进则退，自我优化，
我们只是选择了一种前行的方向而已。
科学在当时已经发展到创造新形式生命的边缘，
我们有能力创造某种意义上的信息"虚拟人"，
就像新的上帝创造生命一样，
可能是人类当时在改变生命进化的道路上偏离了太远，

因为大自然的泥土始终是在自我调节的，
一场史无前例如大洪水般的星际灾难终于爆发了。
宇宙的物竞天择已到了最惨烈的时刻，
在亿万光年暗无天日的战场上，
深渊最底层的毁灭力量被唤醒，
太空变成了死神广阔的披风。
宇宙的田园时代注定远去，
昙花一现的终极之美最终变成任何智慧体都无法做
出的梦，
衍变成游吟诗人缥缈的残歌；
在这个过去与未来已碰撞融汇于一体的趋于疯狂的
宇宙空间里，
一切终将结束，也必然结束。
谁敢试图影响和扰乱宇宙的平衡，
宇宙一定始终自我平衡，
所以那个信息超强时代毁灭了。
在即将毁灭前我们发现，
这个世界的确是有规律运行，
但是。。。。。。
是的，很幸运，
在人类即将毁灭的时候，
我们的时间变缓慢了，
戛然而止，
最后的未来人在毁灭之前，
给我们留下了一组代码，
让我们回到过去的时间，
寻找修复祖先族谱的缺陷基因，
以修复和修正未来人的发展轨迹。
创建新形态生命物种，族谱，人类基因
我们也将成为一个崭新世界生命缔造者和改变者，
就是我们。

你们的存在就是缔造我们，改变我们吗？
那么我们的存在目的又是什么？
为了修正你们的未来吗？？我问

从生命的本质追求上讲，
存在就是目的，
人类的出现是地球生命史上最具重大目的意义的事
件之一，
因为作为高级智慧物种，
人类利用科技的力量，可以变不可能为可能，
这不单是生命进化发展的需要，也是宇宙演进的需要，
目前你们还意识不到这一点，
总有一天你们会发现这一切都是有目的意义的。
宇宙创造了生命，使它自己由无意识变成了有意识。
迄今为止，人类所有的意识都在无限接近宇宙的本源。
同样，终于在有一天，
意识对存在产生了反作用——改变宇宙。
人类的追求和生命本身的追求并没有任何偏差，
虽然面临着种种难以预知的危险，
也许没有人相信人类能够永恒存在，
但是人类和万千生物组成的生命整体的追求仍然是
走向永恒！
这可能也是宇宙演变的需要，
终有一天，我们会明白宇宙为什么让我们这样做，
真的期待人类乃至生命能够完成我们该完成的事情。
生命的存在意义是永远去了解永远无法了解清楚的
世界、宇宙。
生命的存在意义是在抗拒自然死亡过程中得到方法，
最终达到永恒不灭，
同理，宇宙就可以永恒长存，
这就是宇宙意识产生生命的目的。

人类的被创造是一种偶然，还是一种必然？
人类有最终的进化归宿吗？我问

人类的被创造应该是一种偶然之中的必然，
是要求我们在某个时刻我们的星球或星系在毁灭前，
需要人类来操作"搬岔道"的，

从而把所居住的星球驾驶脱离即将灭亡的现有轨道
而继续繁衍。
宇宙是时间，空间，万物生灵的总和，
它易变而恒长，易变是恒长的因，
恒长是易变的果。
周流轮回，永无止境。
人类是宇宙中特殊的成员，
肩负着能量流转和宇宙信息接收，处理，应用的双重
使命。
可以说人类是宇宙万物易变而恒长的参与者和感知
者！
这或许就是人类被造出来的目的，
这也是我们和你们存在的最终目的意义。
金钱，权力，财富，权势，政治，鲜花，掌声，
全都不存在任何意义。
只有那些思想性的东西，
还仅仅有一丝的价值。
生命的存在是没有意义的，
最后我们也只能得到空虚和混沌，
我们最终也只能进化成为一组光学代码，
留待新人类的挖掘和探索。
所以我们需要人类的原始的族谱基因，
以重建自我，回复自我的存在痕迹。

人的思想或者记忆是一种什么物质？？我问

人的思想不是任何物质。
思想只能在一个人的大脑里一点一滴的积累形成的。
人只是一种高级动物，
思想也因人而不同，
思想没有一个标准的指标，
甚至有的人的思想还不如一个最低等的生物。
人在世，思想只是个人灵魂体现所表现出来的精神意
识，
肉体只是思想的暂时居住地罢了。

思想从哪里来的，自然回哪里去，
思想就是你的灵魂。

你对人类肉体和灵魂的寄语是什么？我问

"皮囊终会老去，
最后所有的光鲜都会被褶皱吞噬，
而灵魂不会，
这灵魂里包括你走过的路，犯过的错，经历过的事，
还有一生的思考。"
人要谦卑，因你的肉体生于尘土。
人要高贵，因你的灵魂源于星辰。
· ·

你对人类的躯壳和灵魂怎么理解？我问

我们的躯体是一种载体，一种容器 ，
是一种可以承载信息和灵魂的载体，
但同时在我们的眼里，
躯壳也是一种灵魂可以随时丢弃的载体
这个容器是为精神服务的
可以发挥最高的效率
但破损的容器是可以更换的
人类的灵魂可以有许多载体，
灵魂能在各种载体之间转移 变形 重生等等都是真
实的，
我们信导灵魂是永生的，
也就是说意识是不灭的，也是不消亡的，
但是前提是你的灵魂一定要具有神迹的眷顾，
你的证据一定要完美，没有缺陷。

我很好奇的是：
为什么你们会认为有神灵？？
或者有神迹存在？？
他的能力又如何？我问

科学很牛吗？都不能创造一颗细胞出来？
不能创造出一颗小草的种子出来？
科学创造出什么手机、高铁之类的，
比得过人身体上的血管精密吗？
比得过一颗细胞里面隐藏的 DNA 基因精密吗？
这么完美的大自然生命繁殖体系、生命架构和宇宙星
辰运行秩序，
难道是自然而然而形成的吗？
我如果说一部手机是创造出来的，
你肯定信，
我如果说一辆飞机是创造出来的，
你依然也会信，
但为何我说这个世界是创造出来，
你却不肯信？
这个世界的结构不是比手机和飞机精密无数倍吗？
人是由一颗精子和一颗卵子结合后繁殖成的，
形成了完美的感观系统、操作系统、吸收系统、输送
系统、繁殖系统，
这一切都是由起初的精子和卵子结合后形成的一颗
细胞造成的结果。
这颗细胞里有着完美的 DNA 遗传指令，
要长出骨骼就长成骨骼、要长出大脑就长出大脑、
要长出血肉就长出血肉、要长出眼睛就长出眼睛。
宇宙的结构、定律、力量、常数看起来都是为生命所
精细调整，
这表示智慧比物质还要早就存在。
有灵性的人都能看出这些是神迹。

作为宇宙中一个种族，
在宇宙形成时出现，
我们相信我们的知识和力量是属于宇宙的，
是来源于神迹创造的。
换句话说，是生命创造宇宙，创造了我们，
所以我们认定高高的天际，

遥远的星空，
有我们看不到的神灵和神迹存在。
但是至于造物主或者神灵存在在那里？？
我们也在寻找，一直在寻找它的足迹，
寻找他才是我们生命存在的意义。
他的能力应该是操纵万物秩序和宇宙生命的，
没有寿命限制，
无视时空，
无视多元宇宙的一切法则与规律。
理论上他可以毁掉宇宙内的一切目标，可以摧毁现实，
他也可以将宇宙能量转换成心灵感应、能量操纵、
制造幻想、能量投射空间等超能力。
可以将时间重启、捏转整个时间线和所有的因果、弯
曲、撕裂，
甚至彻底摧毁整个空间，
他掌管着宇宙时空的连续性和秩序，
更时常创造出全新的多元宇宙。
甚至可以任意地从时间线上彻底抹除包括多元宇宙
在内的任何存在，
包括清除自己神迹存在的痕迹。

我还是不明白，
你们能够感知到头顶的神灵吗？？我问

宇宙之大时间之长，
可以用无边无际无始无终来形容，
而在这个宇宙之中，最神奇的东西不是那些奇葩的天
体或天文现象，
而是生命，
生命是一种带有使命的被创造物。
生命的出现可以说是宇宙中最伟大的事件，
但是又是谁创造了"永恒"的生命呢？？
所有有生命的生物它们实际上共同组成了一个生命
的整体，
这个整体的目标，就是要在不断变得强大的过程中利

用生存和繁衍趋向于永恒，
这都是生命的追求定律。
正是因为生命的存在，
宇宙才"活"了起来。
生命的出现很有可能是宇宙本身的一种创造，
它一定有着我们还未知的存在意义。
当细致用心灵去观察这个世界时，
你会发现这是一个完美而神秘的繁殖世界。
生命是这个世界中最神秘的领域，
人类科学发展至今，都无法将无机物转化成有机物，
连一颗细胞、一个植物种子、一颗小草都无法创造出
来。
看地球上的万象，
从最远的到最近的、
从最大的到最小的、
从物质到能量、
从无生命到有生命的，
每一样都能发挥其在这个自然界之中的作用，
这一切紧密关联结合成一个整体，
如一个庞大的机械一样进行着有序的循环运转，
当自然生态没受破坏时，地球上的生命可以说能延续
千秋万代。
为什么自然生态受破坏就会出现生存危机，
正说明了愿生态是个完美的生态链。
对于这个人类生存的完美而神秘的繁殖世界，
如果说不是出于一个伟大的智慧生命设计下完成的，
你信吗？
人类科学中的创造都限制在物质和能量领域，
涉及到生命的层次，
只能顺应这个世界的生命繁殖体系，
虽然能克隆，但这只是复制并非创造。
虽然现在的基因工程能对基因进行改造，
但还是无法创造出新的物种。
在人类基因遗传密码中，隐藏着基因遗传信息，
描写了一个人生老病死的整个大体过程。

涉及到信息层面，就肯定隐含着设计智慧，
当我们对这个世界的本质了解越深时，
感觉到这个世界的完美与神秘，
就越会相信这个世界是出自于一个全能的智慧者设
计之下完成的产物。
浩瀚的宇宙是不能用人类的那点脑子所理解去定义
的。
宇宙数不清的星球，既然地球有我们，
那么就有他们。
苍茫宇宙，几多璀璨，几多虚无。
我们，就像是黑夜中的一群蚂蚁，
遥望着远处的灯光，
以为那就是这世间最伟大的存在。
孰不知，在灯光的背影里，
还有高大的房屋和熟睡着的巨人。

你们为什么要回来？？
而不是继续向前探索或者进行进化纠错。我问

我刚才已经说了，
寻找我们的祖先，还有神灵留下的神迹，
拯救自我和人类以及记忆基因。
经过宇宙星河这些年轮的刷洗，
人类会在厚重历史长河进化中忘掉所有的曾经改变
世界的人和我们，
即使有些许的记录那也是不成联系的断片，
他们只能若有若无的记得某个重要的人和事情，
寻找那些原始的最初根系，那个"人"，
———我们最初原始的祖先！
而我们重要的事情就是，
寻找你们的记忆证据和完善基因，
追寻最原始的祖先，
到达神迹。

可以详细的说一下嘛？？

或者你们遇到了什么？？我问

当我们即将到达时间的尽头时，
我们以为已经到达目的，
我们以为会寻找到神灵的行宫，
可以寻求到神迹和神灵的宝座，
但是到达目的后，
却只发现塌陷的迷宫，神迹漫无可寻，
发现那宝座上空无一人，
神迹破碎，无解。
我们不可能在往前前行了，
因为已经走至神灵的绝壁，无路可寻了，
当目标已经达成或者到达，
我们已经达到自我的目标极限了，
存在已经没有价值，
桎梏，瓶颈，困倦，影响了所有的人，
漫无目的，所有的人都迷失了方向.
我们的过去、现在，将来都在这里了，
我们还能去往那里？
生命不再延续，痛苦也必将经历，
那一段时间确实是痛苦的，
我们希望得到什么样的救赎啊？
神灵既然都遭受如此磨难，
我们也许也会受到神的历练，
或多或少，或早或晚。
神灵啊！去了哪里？
神灵啊！为何会塌陷？
永远的"存在"是不存在吗？
遥远的光，你来自哪里？
又去往了何处？
我们能做些什么呢？
只能一刻不停的仰望、仰望、……

后来又发生了什么？我问

当我们什么也找寻不到的时候，
看到手中空空如也，
没有一丝的尘埃，
我们中的一部分人，
于是开始自己做神，控制宇宙。"
而另外一部分人——
我们却没有放弃寻找神迹，
我们，继续走着，
在星际的云团和尘埃中行进，
我们穿过老鹰星云，
渐渐的来到创生支柱，
那里美的让人窒息，
这里曾经是宇宙生命的摇篮。
但是从另一方面我们也知道，
它也只能是曾经了，
因为神灵早已远离这里。
于是我们决定运用冲击波摧毁这里，
再造星云生命。
冲击之后，我们被宇宙的神迹壮丽，
震惊的久久不愿离去。
借着星际的绚丽，
我们继续朝前运行进化着。
星际间是漆黑的，所以我们畏光，
但我们的感官却异常灵敏。
我们在漆黑之中，可以通过潜意识进行交流，
而不是通过一个叫做嘴巴的古老器官，
那就像人类的阑尾而毫无用处。
因宇宙射线，宇宙压力，引力的缘故，
我们变得如此模样。
我们在古老的墙壁，星云，森林，
时间的源头和尽头，
以及人类的情感思绪，思维之中寻找。
那一天在一个极昼的星云缝隙之中，
我们来到了一片金黄的星海，
它既像浓烈的太阳，

也像金黄的花瓣，
在不断地跳跃，绽放着生命力，
即使看上去花瓣在逐渐地凋零，
然而那种象征着光与热的勃勃生机，
依旧在热烈地跳动着。
在这里就像梵高疯狂嚎叫时绘制的向日葵，
也像他在割耳后打翻了调色板。
在它的另一面，
是幽深的蓝色底幕，
璀璨的星云将宇宙点亮，
边际暖黄光线投射在星际，
又斑驳地在宇宙摇晃着。
在宇宙翻卷的漩涡状星云下，
旋转、躁动、卷曲的星云使宇宙变得异常活跃，
大星、小星回旋于星空，
金黄的满月形成巨大的漩涡，
星云的短线条纠结、盘旋，
仿佛让人们看见时间的流逝。
暗绿褐色的星树像巨大的火焰，
淡黄渐蓝的色调，给人自由的时空感，
夸张而卷曲的星云，
就像是从漩涡中怒放出来白生命，
一切的一切也像梵高的星月夜，
我们发觉似乎神迹刚刚离开这里。
啊！我们发现原来人的尽头，就是神的源头，
那面镜子原来啊，有的只是我们自己。
原来——神，　是尽头，也是源头！
我们明白了神迹应该不在终端，
而应该在创造的初始和过程！
神迹是在细微之处的累计和叠加，
而不是已经建成的殿堂。
神迹在每一个时代年轮的细微之处，
而不是成功之间，
所以我们通过控制时间的终端，
往返寻找。

建工必有匠，大造必有主！
大道终究是会归一的。
我有一种可怕的感觉，人们努力发展科学，
不断证明神学中不能被理解的部分。
直到最后发现，神学的终点不是神，
而是人类自己。
我说

于是那时候我们又折了回去，通过虫洞，穿过星云，
沿着星际线往返追寻。
我们来到了 2028 年，来到了今天？

为什么是 2028 年，它具有什么意义？
你们返回后，又都做了什么?我问

因为 2028 它是一个双重偶数，
附加一个偶数之加与复加，
又附加一个"空"，
一个空无的混沌，原点。
公元 755 年，玛雅的一位僧侣预言：
1991 年以后，人类有两个重大事件要发生--
人类的宇宙意识觉醒和地球的净化与再生。
玛雅人长历法中 2012 年 12 月 21 日将是人类文明终
结的日子。
这将意味着什么？
是人类经历全世界范围内的剧烈变动或因战争而终
结吗？
抑或是新时代的开始？
也许这个终结日并不意味着什么大劫难的到来，
而是在暗示一种关于全人类在精神和意识方面的觉
醒和转变，
从而进入一个全新的文明。
在玛雅历法上大量的预言准确的令人们感到恐惧和
绝望，

但是奇怪的是这一切都没有发生，
或者发生了什么，但我们没有细微的观察到。
玛雅留给我们太多神秘的问题，
所以现在我们只能自己扮演寻找上帝的角色了，
我们已经没有了依靠。
我们需要重新调整玛雅人的历法，
调整"时间重置"的界定，
我们想知道到底发生了什么？
导致世界末日推迟了？
但是遗憾的是在时间重置的过程中，
我们把曼德拉的死亡日期重置错误了，
所以导致一些人类的记忆体隐隐约约的记得曼德拉
的死亡时间。
重置时间以后，
我们决定每个纪元，一纪元一纪元的寻找和界定，
当然有时候我们会留下一些痕迹。
我们通过地球上的磁场给你们带去很多信息——像
麦田怪圈，
99%都是我们留下的，那里面有很多高深的知识。
其中都是一些关于宇宙平衡，星系运行，自然调节，
友善热爱的信息，
然而，你们当中一些人却无视我们的存在。
我们妄图改变过去的历史，
以寻求更改未来的结局。
所以我们让达芬奇，特斯拉，爱因斯坦，
回到过去的时间去推动历史，
而中国的是王莽。
当然王莽之前的，众所周知，
我们接触到了始皇帝，
并帮助他做了一些所谓不可能的伟大事情。

我记得拾遗记中记载：
"有宛渠之民，乘螺旋舟而至。
舟形似螺，沉行海底，
而水不浸入，一名'论波舟'。

其国人长十丈，编鸟兽之毛以蔽形。

始皇与之语及天地初开之时，了如亲睹"。

他们还掌握着惊人的高效能源，

若用于夜间照明，只需"状如粟"的一粒，

便能"辉映一堂"。

倘丢于小河溪之中，则"沸沫流于数十里"。

这些人用"形似螺"的"论波舟"作交通工具，水陆

两用，日行万里。

"两目如电，耳出于项间，颜如童稚"。

他们注意观察人类世界，一有新的动向，

哪怕"去10万里"也要"奔而往视之"。

他们对洪荒时代的地球"了如亲睹"，

对"少典之子采首山之铜，铸为大鼎"之类事情甚为

关心，

曾赶到现场考察，结果看见"三鼎已成"。

万里长城上也留下了他们活动的身影。

这些"宛渠之民"究竟是何许人？

秦始皇认为："此神人也"。

不敢相信，这些始皇帝口中的神人，

难道就是你们。

更惊奇的还在后面，

如果你们口中的上帝，

我说就是我们，

不知道你们又会做什么样的感想和惊奇了。

埃里希·冯·丹尼肯在他的《诸神之战》中追问，

白垩纪晚期，为什么曾经主宰地球几亿年的霸主-恐

龙突然灭绝了？

为什么细胞基因突然之间进化了？

其实在这一时期的某天，

我们来到了原始的地球，

并挑选了"我们"——地球上的灵长类动物，

将我们的基因进行改造，赐予我们智慧，

帮助我们生存和存活。

你们难道只是认为埃里希·冯·丹尼肯在梦呓，

其实那是真实的记忆罢了。
我们从过去的你们，
然后进化到未来的我们，
再然后我们回过头，回到过去，
播下更具有品格的"人"的种子，
以帮助人类的飞跃和跨越，
自己给自己动手术刀，雕琢自己，
就是这样。

我一直有个疑问，
看了人类的进化史，
突然发觉中间有某个阶段，
人类进化的速度简直可以用神速来形容，
那个阶段到底发生了什么？？
按理说有很多生物都比我们更具有进化资格，
为什么却是我们进化了，
简直就是神对人类的恩赐选择，
原本在几万年没有进化的我们，
却在几千年中神速进化了。
由猿变为人这一过程竟然很快就发生了，
发生这一过程所用时间之短，令人咂舌！我说

当人类认为是神灵或者上帝创造了他们的时候，
其实是我们帮助他们进化了，
作为人类的小小助产妇，
我们引导了小行星的飞行轨迹，
制造了恐龙时代的灭绝，
并且创造了各种各样的进化文明，
当文明衰败的时候，
我们就会离开。
我们经历了亚特兰蒂斯，玛雅文明，
古巴比伦的空中花园，
沉没的大洋洲。
我们才是人类眼中真正的上帝，
他们把我们的出现记载在典籍上，洞穴岩画上。

在人之前的洪荒时代，
我们也亲眼看到了山海经全景，
在古蜀之国留下三星堆文明。
目睹了太阳神庙的落成，
埃及金字塔的修建，
巨石阵的生成，
西班牙无敌舰队的毁灭，
以及蒙娜丽莎的微笑，
太多太多的神灵痕迹了。
后期我们也见证了：
穆罕默德的征战，耶稣的受刑，释迦摩尼的圆寂，
也见证了恒河的潮起潮落。
我们为以色列人指明了方向，
在绝望中给予了他们希望和信心，
比如死人复活，瞎眼的可以看见，
从天上降下粮食，变水为酒，降下天火，
让天闭塞不下雨，基督三天后从死里复活等等
给埃及的法老降下十灾，
血灾、蛙灾、虱灾、蝇灾、畜疫之灾、
疮灾、雹灾、蝗灾、黑暗之灾、击杀长子之灾
我们曾经带领以色列人走出埃及，使红海分开，使他
们走干地。
让红海和上，让那些法老的军兵都淹死在红海里面！
并且让以色列的后裔一跃成为文明的民族。
我们写了圣经，测绘了古老世界的地图，
纵览了宇宙。
当我们站在洪荒的地球上，
留下第一个人的足印，
我想那时候我们应该是地球的长子吧？？
我们那时候创造了开始和引导了生命进化，
只不过中间我们离开了，去寻找神迹，
但是在发展到进化毁灭的尽头，
我们又返回来了，
去寻求你们的证据和基因，
以完善我们未来的发展走向。

你们难道不能回到过去改变一些什么？？
或者回到未来暂停一些什么吗？？我问

我们既回不到未来，也回不到过去，
未来人类已经毁灭，过去已经消亡，
我们只能存留在宇宙时间的中端，时间筑线上，
跟随时间进化的行走，
观察世界和人类。
我们改造了月亮，
把月亮改造成一个空心的人造卫星，
并潜伏在那里--月球的背面。
月亮卫星是我们观察和改造地球的一个前哨站，
也是地球的基因库！
在亿年之间不断的重复生物进化繁殖，
人类也不断的灭绝与重生！
这也是人类基因改造进化过程的需要，
人类的基因也在基因库中不断的更换，
直到地球彻底的毁灭那一天。
作为基因备份，我们在南极的冰冻圈之中，
隐藏和冷冻了一些人类的原始进化基因和证据，
也包括一下远古动植物的基因。
我们把自己的文明发展科技存于埃及的金字塔之中，
进行封存和保护。
我们在古代中国始皇帝的陵墓中保留了我们的高尖
端装备武器和长生不老的不死药，
那个残暴和伟大的君王一直都梦想着自己可以长生
不死。。
有时我们孤单站在月球上，
孤独的凝望着那个即将没有生命的地球，
我们再也回不去了，
现在却被遗弃在这里。

不可想像，不可想像，
你们竟然介入了我们的进化轨迹和过程，

你们竟然来自于地球，
这太不可思议了吧，
你们是如何是从昨天的我们演变成为今天的你们智
人分支的？
实在让人费解？我问

自然界进化的时钟从未停止，
事实上人类已经成了一股推动自身进化的主要力量。
人类正在朝哪个方向发展？才是最主要的。
相对而言，
一个物种的不同种群必须互相隔离才能导致这些种
群朝不同的物种分化。
毫无疑问，进化论仍然会起作用，
但在过去的上万年内，
人类的基因库不是在收敛而是在发散，
朝不同的进化之路发散。
随着世界的发展，
那时或是一场核战争，或是小行星撞击地球……
在这样的全球毁灭性灾难发生后，
我们的祖先残余被分隔在世界上的一些角落，
再一次面临自然选择，
新的进化之路就那样开启了，
所以不同的智人分支出现了。

请问，现在是地球什么纪年了？我问

你应该问现在是什么银河纪年，
我们从来不以地球作为纪年的，
我们是以宇宙银河为纪年的。

为什么不用地球纪年？？
难道地球已经被毁灭了吗？？我问

因为地球太过于微小了，
它会转瞬即逝，不复存在的，

你的恐惧会随着了解宇宙加深。
按照我们的推论概率，每过一个银河年轮，
总会有一个小行星光临地球，
所有生命基本都会灭绝，
然后又是一轮生命进程，
上次遭殃的是恐龙，下会就是人类。
以我们现在的眼光来看地球已经不用在等待那颗拜
访的小行星了，
资源的损耗，人口的愈来愈多，
宗教，极端原教旨的宗教
主义，以及宗教主义。
还有政治，暴政，等等
即将拖垮了世界和人类。
今天的人类，
无论是从古至今的无数预言、宗教的自我断言，
都如秋后蚂蚱的最终热闹，走向湮灭，
整个世界都以不同的鬼话形式暗喻世界尽头的天昭
显现！
这就剩最后的见证了！这是内部。
从久远来看外部则是太阳的庞大身躯将吞食水星，金
星，
地球早晚也会被太阳的高温所气化，
并融入到太阳庞大身体中，彻底消失，
而太阳也终将变成体积庞大的红巨星，
消弭在宇宙之中。

我们曾经是最好的一代，我哭泣。
撇开内部因素不说，
难道那个时代的地球科技，
就没有神迹能够做点什么，
只能眼睁睁的灭亡吗？？我问

所有的人都无能为力，
包括我们。
太阳是太阳系的主要天体，

是太阳系所有行星赖以生存的主宰。
这个主宰也有寿命，大约 100 亿岁，
现在他就像一个家长，带领着太阳系的八大行星，
还有无数的小天体，欢聚一堂；
到了末日那一天，
它也将带领着这个大家族走向恐怖的坟墓。
现在孕育着人类和文明的地球当然也不例外。
那时地球会坍塌缩小，污染的海水将布满整个地球，
太阳的高温就已经开始烘烤地球的水分和大气，
35 到 40 亿年海洋早就干枯了，大气也逃逸了，
所有生命早已不存在。
届时，地球就只剩下
由火星的寂灭状态演变成金星的死寂状态，
再过渡到水星的彻底"死亡"的状态，
地球变成了一个黑咕隆咚凹凸不平的石头星球。
等不到太阳熄灭，地球就已经成了一个干枯的黑石头
星球了，
太阳的潮汐力会将这块黑石头拉回吞没，
像气泡一样消融吞没。
最终地球彻底熔化成一团熔浆，融入太阳而成为一体。
这就是地球未来约 250 万年的演变过程和最终结果。
我记得那一年霍金死去，你们的星球开始，
以你们观测不到的速度崩塌了。

当然我们也并不是什么也没有做，
为了唤醒地球人的灵体和灵性，
我们在地球投放了"暗影"人类，
试图改变你们的逻辑认知，
以及和人类与宇宙的关系等等。
其中比较具有代表性的是前世界首富比尔盖茨，
以及后世界首富埃隆·马斯克，
还有脸书创立人马克·扎克伯格，
也是我们的"暗影"成员之一。
当然比他们更古老的团体组织，
我们还创立了共济会，骷髅会等等。

我记得在 1979 年大致 6 月份，
我们通过"暗影"组织成员罗伯特·克里斯蒂安
用 6 块巨石堆砌了"佐治亚巨石阵"，
其上用英语、西班牙语、阿拉伯语、斯瓦希里语、
印度语、希伯来语、繁体中文和俄语
这 8 种语言写了一些关于人类的寄语：
"愿让我们的思维成为理性时代的指引石"

我们曾经告诫于马斯克，
"茫茫宇宙，
历史长河中的圣人与罪人，
都曾是那一缕阳光中停留的一粒尘埃"。
同时我们把自己最新研制的星舰模块，
传递给他的团体，
以便让未来人类突破星云，
展开星际穿越。
"从长远来看，我们成为一个多行星物种，
最终甚至超越太阳系，
为我们延续生命，
这一点非常重要，至关重要。
这也是我们需要告诉马斯克本人的，
我们对人类有几多遗憾，
也有有几多期许，
目前为止我们只能做到这些。

我相信人类会战胜一切困难，
人类从发明第一架飞机征服天空
到现在不过区区一个世纪，
所以可以想象我们的下一代或者
下下一代人类完全有可能从地球真正走向宇宙，
走向更加广袤更加深远的宇宙。
整个宇宙，都会见证平凡的人类，
是如何再经造化而成为神奇的全新人类的！

你认为在宇宙的毁灭面前，

这一切，你所说的这一切现实吗？？
人类只是宇宙星系的一粒小米虫，
这种毁灭是宇宙定理，不是以人力可以改变和超脱的。
宇宙只是片死寂之海，
地球是海里唯一的火星，
不过也就是火星而已，转瞬即逝，
这片死海里也曾经闪耀过别的火星，
但都没能逃脱熄灭的命运，
宇宙能闪出火星已经是极小概率事件，
生命本来就是孤独的和不可复制的。
因为根据热寂理论而言，
一切机械的、物理的、化学的、生命的等等
多种多样的运动逐渐全部转化为热运动，
最终达到处处温度相等的热平衡状态，
这时一切变化都不会发生了，
宇宙处于死寂的永恒状态。
这时的宇宙就像一潭死水，没有生命，没有运动，
不再有一丝的波澜。
这是宇宙的规律，人类对此无能为力。

那么将来有一天宇宙是否会回到原始的混沌状
态？？？我问

根据庞加莱回归定理的诠释表现：
任何微观粒子的运动，即使十分的复杂混乱，
但终有一天会回到初始状态，
即宇宙混沌状态。

宇宙还会回来吗？
世界万物生命是不是一个循环？我问

根据宇宙自我生成理论和挥发，
如果在一个密闭的瓶子里有一个原子，
原子初始的位置是 a 点，
那么在之后的运动过程中，

这个原子终有一刻会再次运动到 a 点的位置，
即宇宙会回复到具有生命的状态。
我们的世界就是由粒子构成的，
整个宇宙其实也就是一个大号的瓶子，
既然瓶子的原子可以实现回归，
那么我们的宇宙就能产生轮回。
宇宙每亿万年就要更换一次生命形态，
每次更换生命都会被大自然吞噬，
然后再重新开始新的生命。
亿年后"人类"彻底消失，
植物彻底粉碎，冰山融化大海干枯，地心开始被侵蚀，
侵蚀后重新再整顿新的生命资源，
原有生命化为空气。
智慧生命创造了一个完美的宇宙和不完美的生命，
然而因为开始的不适应而死亡了大部分，
剩余的继续生存，慢慢进化演变，
直到有一天现宇宙又将毁灭，
而智慧生命的能力足以再创造一个新的宇宙，
智慧生命继续死亡，进化，演变……
一直这样循环。
时间就像钟摆，每亿万年一归零，
到那时时间会重新生长，进化和变幻。
每一个亿万年纪元为一个不同的生物物理形态，
即生源的物理属性会绝不相同。
宇宙的命运是一个循环的过程，
从无到有再从有到无，
谁都无法逃脱命运的永恒的轮回。

啊！逝者如斯夫，不舍昼夜。
仰观宇宙之大、俯察品类之盛，
世间万物，原来都自有其生命，
大至星体轨迹，小至一草一木。
寄蜉蝣于天地，渺沧海之一粟。
在这变与不变之中，
宇宙长河永远是悠悠前行。

只是人类的毁灭真是太遗憾了，我说

有什么可遗憾和可惜的，
人类的存在就是宇宙的一丝尘埃，
宇宙对尘埃，当然是不屑一顾的。
可笑的是那些鱼一辈子都生活在大海里，
它们天真的认为海水是蓝色，
因为这是它们仅有的认知。
直到某天，它们或许才意识到，
这片蓝色空间其实是物质。
将来某天，水可能会结冰，让它们丧生。
而透过相同的方法来检视宇宙，
宇宙可能也会结冰，让我们丧命，
这就是最后的结果罢了。
其实所有生物都是地球阶段性生存形态的体现，
都是宇宙时代的过客。
地球上任何的生物自从诞生之日起，
都有生存进化的尽头，
会发生旧物种之消亡，
新物种之更替的自然生态现象。
现代人类，从约十万年前造化而有生命演绎走到今天，
也算是走到尽头了！

假设人类灭亡了，
几亿年后"人"有没有可能再次出现在地球上？我问

一个新物种能不能发展成人类，
往往取决于生存环境较大的改变上面。
比如小行星撞击地球、大冰川时代的到来，
使生存环境发生巨大变化，
造成一些物种的灭绝，一些物种的兴旺，
人的生命是一个经过漫长而又复杂的过程，
偶然性的机率必然出现在地球上，
即使达尔文的进化论说到人的进化，
它必须有人的本源，

他不同于其他动物简单的生存，
他是有高度的智慧系统、
高度的感应灵感系统来完成他的生命体的，
这样的生命体不同于其他简单的生命体，
所以人的再次出现会是一个概率微乎其微的一件事。

你的意思是否是宇宙之中"人"不会再出现了，是
吧？？？我问

是的，至少我们"这样的人"和"你们"这样的人"
不会再出现了，
那时候的星际就会出现"无人"的状态。

你们踏破宇宙，穿梭星际，
那么请给我一个人类存在的意义和理由是什么？我
问

世界万物包括宇宙也是有生命的，
星系的循环演变就说明了这一点，
世间万物也遵循着大自然的规律，
也是一个循环渐进的演化过程。
人类是万千生物中的一种，
也是日前已知的最高级的生命体，
人类是自然进化的佼佼者，
世间一切万物按照人类思维的模式生产和运用，
一代又一代的循环更新。
只是地球人如今被这样一个环境以及自身生命载体
所障碍，
才会对地球之外的世界不了解，
才会禁锢自己的思维。
而有了这样的禁锢，智慧才会有所障碍，
就会使大多数人不知道自己存在宇宙中的意义。
人类从自然中走来，
在一个漫长的进化过程中，
变得自我完美，

世间万物的循环自然的存在，
智慧生命有思维意识，
积极地推动这种进化过程，
把自我置身于其中，
生物最基础的本能是"求生"，
生物最大的环境是可生存宇宙（原始宇宙不适合生
存），
无论生物是否意识到，
生存，就必须最终保障现代宇宙的稳定存在。
生命都是根据大宇宙向上发展的需要而被不同层次
级别的创造者创造的，
都有着各自的职责与义务。
既然生命是为了满足大宇宙发展的需要而被创造的，
又有着自己的职责与义务，
那就意味着生命是为了服务大宇宙而来。
对人类存在意义的思考，
本质就是对生命智慧的产生、发展、终极目标的思考。

很多无神论哲学家要赋予生命的意义时，
最终的答案都是："生命毫无意义"。
宇宙毁灭时，一切终究都消亡，终究归于无有，
生命又有何意义？
可以给我一个生命存留的希望吗？？？我说

希望"，这个名词作为人类灵魂的产物，
在人类精神中起着不可替代的作用。
在人类的认知中，从一出生就是一个肉体走向死亡的
过程，
更有人性丑陋的一面充斥着这个世界的每一个角落，
在命运、灾难、痛苦、死亡面前，
基本上每个人都带走无奈、彷徨、迷惑而恐惧。
死亡像魔鬼的毒勾刺破了人类生存的希望，
在死亡面前，
一切豪言壮语、伟大理想、荣华富贵都显得那么苍白
无力。

那人类的希望在哪里？
一切事物要追寻结果，必然离不开源头。
神迹创造这个世界的目的是什么？
他不可能用其全能的智慧创造这个毫无意义的世
界？
每个人都向往着一个充满和平与美好、充满爱、
没有罪恶与痛苦、没有纷争、没有死亡的天堂，
这是人唯一的、最美好希望。
但是在最宏伟的花园里盛开的那朵最美丽的花，
你一定要看到花蕊深处的那滴露水，
那个痕迹，
那才是人类的希望。

世界意义是被设定好的？？
宇宙意义也是如此？
如果这个世界是既定和刻意设定的话，
那么这个世界就是那些政客，伪宗教和神灵，
以及金钱和权力的狂欢世界了，
对于那些平凡人普通人的平凡之路，
就没有存在的价值和必要了，
因为神迹在那些伪高贵者的手里。
同理生命的意义和万物存在的意义就失去了价值及
理念，
那么意味着我们现在所有的一切生命终将毫无意义。
我说

你错了，
宇宙是必然的，生命却是随机必然的，
不要用你的认知和思维来思考这个空间，
虽然说宇宙的轨迹是设定好的，
但是我告诉你，
凡是那些赋予的神迹都不是神迹，
神迹在细微处和平凡处。
那些高贵者并不是，
只有那些能够突破神灵禁握和控制的才是真正的神

迹，
而能够突破神灵禁握的正是那些熙熙攘攘，
普普通通，衣衫褴褛走平凡之路的细微平凡人，
这个世界是平凡人的，并不是高贵者的，
但是想突破神灵禁握的人很少，极少。

你说了那么多上帝的语言，
可是探索宇宙的意义与万物存在的意义，这本身就没
有意义？
对于任一生命个体甚至有思想的每一人类个体而言，
其匆匆的过程之后，
即死亡之后，宇宙万物再继续存在于其又有何意义可
言？
每个人的生命都是毫无意义的，
因为每个人终将都会死去，
我们在世界上做过的一切总有一天会化为乌有，
静止、永恒、湮灭、黑暗，将会统治一切，
时间也会化为乌有，
意义存在那里？？我说

但这并不意味着我们就应放弃希望和生命，
放弃所有事情，
面对虚无的生命，
我们仍然可以选择充满热情的活下去。
生命本没有意义，所有的意义都是人为赋予的，
生命的意义是什么，赋予了意义才会有生存下去的动
力。
生命的意义就是繁衍生息，进行自我优化，
当你把眼光对准无垠的太空后，
生命的意义就是掌握"神迹"的规律，
然后拥有宇宙超然的力量！
我们的宇宙中有无限的宇宙，
但是我们还是有某种意义的，
意义在于你为这个世界做过什么事情……
奋斗和突破的意义就在于实现人的价值。

当夜变得很黑的时候，行走在路上，
不要忘记抬头仰望星空，
那里有期待的光芒，
有不灭的希望，
有明天的方向。

可是宇宙的一个细思极恐的真理是，
光速无法超越，这就像电脑程序的锁死设定，
但这又是谁干的呢？
如果我们生活的宇宙是高级文明虚拟出来的，
就象我们是电脑程序里的一段代码，
那样的话人生善恶毫无意义，
包括人类文明都没有意义，
无论人类文明发展到那一步，
都只不过是生活在高级文明电脑中的一段程序而已，
在这个宇宙中无论你的文明发展到什么高度，多么历
害，
对创造这个虚拟宇宙的创造者而言依然什么也不是。
善恶也不会有任何归宿，
因为电源一关你所做过的一切善恶都消失了，
所谓明天和希望又将在那里。我说

人无论如何不能因为生命没有意义了，
就可以为所欲为，
而不受惩罚。
思想就是我们的灵魂的外在体现！
至于光明与黑暗正好是对阴阳，
一切向上的，善良的，积极的，正面的，美好的，
这些都是阳性的，自然是光明的了。
而那些，阴暗的，负面的，龌蹉的，缺德的，都是阴
性的，
自然是黑暗的。
人类每一个人或早或晚都会成为宇宙的星标，
独特的存在，独立的存在。
只不过自由的人会成为明亮的星际，

光明 灿烂 耀目 祥和 平静 辉煌 自由，
而罪恶的人会成为暗黑星际，
狰狞 空洞 漆黑 扭曲 破碎 奴役 死亡。
也就是说：恶是人性里的主体，
而良知仅仅是人性里很小的部分！
因此，以人为主体的人类社会，
在历史长河里黑暗时期要比光明漫长的多！
社会发展的好坏皆是人性作用的结果，
而社会的好坏是由人性的善恶决定的，
更是取决于人性善恶归属。
人在宇宙的浩瀚里微尘也不如！
善有善报恶有恶报，更多的则是灵魂的报应。
因为肉身只是灵魂的寄宿体，而灵魂不灭世世都要接
受因果。
人死后灵魂不死，肉体腐朽或化为灰烬，
但灵魂能否解脱那就是活着的时候善恶所为了！

. . . .
宇宙有规律，人间有因果，
这个因果的两极就是：天堂与地狱。
它的确有去向，物质不灭，终归要有个去处！
会去哪里呢？
肯定是：恶的东西去恶的地方，好的东西去好的地方，
这叫物以类聚。
光明与黑暗，自然是光明的人去光明的地方，阴暗的
人去黑暗的地方了，
我们能够确定的一点是"邪恶将不具备灵魂"。
其实人类生的意义就是死的归宿罢了！

生与死的界限是什么？？
它们是否有连接？？
死亡会不会痛苦？？我问

茫茫宇宙中，
地球不过是无数飘移着的星球中的一个，
人类在宇宙自然中也不过是一粒微尘。

死亡的恐惧，从生命诞生的一刻起，
就伴随着生命的成长，
直至生命的结束。
生与死是人类两个最大的谜题，
而这两者之间，
出生，我们通常认为是充满希望的，
因为它是一个有着无穷可能性的开端及奇迹。
光辉开始的终结之处，
悲剧也从曾经的无限可能性转变成绝望的受限不可能性，
那就是死亡。
死亡缺乏出生的美丽和前景，
死亡是生命的一部分，
而且是永恒的一部分。
万物皆有定律，相付相成。
只要死亡才让生命拥有意义，
永恒的存在才没有意义，
死亡带来的痛苦不在将来，而在眼前！
每个人都会敬畏死亡，没有人会例外。
因为我们害怕死亡，
才会让我们懂得生存进化的意义。
蚂蚁没有考虑生存的意义，
人类天天在探讨，可是却越陷越深！
不考虑就是最好！
考虑反而没有了意义！
生与死就像磁铁的两极，不可分割。
生命的意义只是人类赋予的而已！
恐怖的是每个生命的生命机制都在抗拒死亡，
仿佛它的运行规律就是要和死亡做斗争。
人类应该时刻保持向死而生的心态，
因为这一点谁都无法违背。
人类无法抗拒！
草木有枯荣，岁岁有初新，
没有什么天堂地狱极乐净土，
一切都在人间，都在宇宙里或者宇宙外，

记住灵魂才是最有意义的！

人为什么会留有灵魂？？
人的灵魂是一种什么东西？我问

用宇宙科学或者万宗归一等视角来看，
人确实有来生，不会陷入无尽的黑暗，
甚至根本没有什么生死，那是假象。
空间填满了我们的宇宙，犹如一片虚无的汪洋。
我们会到处带着时空，就像乌龟的壳一样，
当壳脱落后我们还是会存在。
人类死亡后会去那，
至于灵魂真的存在吗？
这个问题相信所有人都想知道答案，
实际上人类当前的世界为有形世界，
那么灵魂世界，就是无形世界。
虽然在不同的世界里，
但却在同一空间，
空间是由不同世界所组成，
里面的人出不来，外面的人进不去。
人死后，是以灵魂而存在，进入到灵魂世界，
灵魂是另一种生命形态而存在，如同是人类的影子，
它应该是一种奇幻虚拟能量体，
看不见，也摸不着。
人是由肉身，灵魂，神经组成的精密仪器，缺一不可，
肉身在这个时代就是躯壳，
有生命时可以生产能量、制造丰富的物质，
无生命时，就会静止不动。
神经是人的意识活动传导者，来自心灵的想法，
是人肉身和灵魂的桥梁架构。
灵魂是一种类似于磁场的物质，类似于脑电波，
是由一种或多种尚不知道大小和质量的超微粒子构
成的，
是物质的。
物质既不能被创造，也不能被消灭，

它可以以不同的形态存在于不同维度的世界里。
灵魂是一种物质属性，肉体是一种物体属性，
当死亡来临的时候，都会各归各位的，
灵魂才是生命的主宰。
人啊，生于星际，死于星际，
而宇宙只播种灵魂，也只收获灵魂。

当死亡后我们的灵魂又去了那里？？我问

至于人死了灵魂去了哪里？
首先不会脱离宇宙之外，
而是游荡在某个寄宿空间等待轮回，
因为宇宙是有秩序的，
人是宇宙的产物，
自然要听从宇宙所赋予的因果秩序！
从空间角度来讲，大道整个宇宙，小到整个人，
都有痕迹和记录，
宇宙就像一个大型运行数据库，
每个人死后其一生的历程会像倒带一样过一遍。
人死后究竟回去哪里？是人的所作所为决定的。
根据宇宙法则来说，
你所犯的恶，积累的善，都会相对应，
根据善恶念力决定你最后的轮回之境。

人死后是否还会存在传送意识，
让我们进行不停的轮回？
死亡的世界又是什么？？我问

死亡并不是终点！反而只是一个过程！
有很多人，心中都存在那么一个问题，万物皆会死亡，
那么，死后的世界到底是怎样的呢？
生老病死是每个人都要面对的，
那么问题就在于，
活着的人没有经历死亡，
死去的人无法向我们透露信息。

在我们的理念中，
我们人类死后，
就只会化作一摊"粉末"，
几乎所有人都认为，
人死了就什么都没了，
什么都不存在了。
人死了以后，就回到了本原，
是一个寂静的世界。
根据多重宇宙理论，我们猜想，
人类在这个世界死亡了，
但灵魂（物质）不会消失，
会在另一个宇宙继续存在下去！
它将穿越不同的宇宙，
另一个宇宙将吸收你的灵魂并继续存在，
会到另一个类似的宇宙去继续"活"下去。"
当生命走到尽头，身体失去了，
但物质还会将在另一个世界重新开始，
至少我们是这样认定的。

死亡应该是什么一种存在过程和新的展开？？我问

生命只是宇宙的模拟，而灵魂则是规则的投影。
在时空运作中，
灵魂又会进入了另一种生命形式。
这种生命形式是暗生命，
这种暗生命一旦进入胎盘，
就又生出一个可见的生命体。
一个生命从母胎坠地叫生，吸入宇宙真气有了第一声
啼哭才叫命。
那么这个宇宙真气就是人的灵魂，
什么时候这口气没了自然人就死了。
这样的宇宙真气被大自然不断洗礼、更新着，
这就是我们常说的另一个世界。
人类在无法用科学来解释灵魂物质的转化时，
佛教哲学用个"轮回"的述语来阐释。

实际上，
宇宙中任何物质形态上的转化和相互作用都被佛教
用"轮回"和"报应"解透了。

人类死亡后，死亡如果可以转换，或者转化？
那么它所存留的能量物质是如何进行的？？我问

这一点，我们还是需要猜想和推论，
因为没有人经历过这一切，
还能保存转化的记忆过程。
但是我们猜想和推论的前提是：
物质是不灭和存在的。
我们发现当人类的生命线静止的时候，
没有奇迹般的一百万个细胞协调一致，
就这样心跳的线越过看不见的某一点之后就静止了，
这完美的"机器"曾一分钟生出一百万神经细胞，
如今则拒绝产生一个神经细胞，
一小滴血看似都不可能泵出，
曾温暖的身体变冷！
到底是什么出错了呢？
基本上，
死亡时我们99%的细胞仍旧在运作，30亿密码因子，
人类基因书籍上的每一个单词仍旧完好无损，
大部分细胞甚至还需要一段时间才知晓。
如果身体能在10分钟内在大脑受到永久损伤之前醒
来的话，
身体就会继续工作仿佛一切从未发生过！
不管死亡上到底是发生了什么事情，
它也称得上是一个奇迹！
从量子物理学角度出发，
有足够的证据证明人死后意识并没有消失，
死亡只是人类意识造成的幻觉。
也就是说，当物质元素处于停顿状态时，
人的意识信息仍在移动，
除了身体活动之外，

还有其他超越身体的"量子信息"，
或者是说俗称的"灵魂意识"。
意识使得世界变得有意义，
时间与空间只是人类意识的工具。
意识不会死亡……
意识存在于时空的拘束之外，
它跟量子物体一样是非局部性的东西。
意识就是灵魂。
可以脱离人体存在。
意识本尊属于四维空间，
轮回到人间体验肉体生活，
体验结束后重回四维空间。
它没有具体的形态，
看不到，也摸不着，
只有神灵的眼才可以看到。

不是太理解，
那么死亡有所谓的真相吗？？
"我做了个梦，梦见我死了，
然后我就醒了。
原来，死了就是醒了。
我安心了。是这样吗？？我问

宇宙将毁于热寂，灭于奇点，生命也不例外。
庄周梦蝶的意义不是一个叫做庄周的梦到了自己变
成了一只蝴蝶，
而是一个叫做蝴蝶的异星人梦到自己变成了庄周。
同理，如果我们把梦转化为死亡的话，
就是庄周死亡之后，灵魂在第二宇宙化为蝴蝶而存在，
物质继续得到存在，灵魂也继续存活，
那么由于意识不死而继续存在的话，
那么死亡就不再称之为死亡，
死亡只是一个转换的界限而已，
死亡也就变成了一段一段的隔离，
把庄周的意识隔离了，通过界限隔离了，

而不是通过死亡，因为死亡不存在。
生'与'死'只是人类的大生命中的阶段，
犹如人已知生命的各个阶段。
从这个点去看的话，其实人类是一直活在一个世界的。
没有死亡，死亡只是一种经历，
或者说是转换，频道转换，
现在的你，你的存在就是一种经历或者是转换，
只不过你把未曾达的彼岸，称之为死亡而已。
山那边的人会称山那边的人为山那边的人，
而山这边的人会称山那边的人为山那边的人。
人类会通过山的界限而彼此称呼山那边的为死亡世
界，
人类彼此通过山的界限而被赋予自我意识，
而称自己的世界为生者的世界，
其实可能大家都生活在"死的世界"或"活的世界
罢了"。
死亡只是生命的一种结构，
我们在体验不同的生命形式，
中间只是隔了一个死亡！
这就是指的轮回了，
出生，成长，繁衍，死亡，
是生命存在的客观结构，也叫形式，
死亡并不是终结，而是新的开始。
这或许才是死亡的真相吧！

面对死亡的触角？？
我们应该去如何理解死亡？？我问

死亡赋予生命意义，
所以死亡并不可悲，生命亦不可喜，
一切顺其自然，顺其天道而已。
其实人生如大梦，
似醒非醒，似睡非睡，
何必纠结死亡的意义和归宿，
早晚人人都要经历，这一切，

无一例外。

人从何处来，又到何处去，
为何我既回不去从前，又去不到将来，
永远只能活在当下这一刻？
我想知道的是：
我与宇宙（世界）之间是否存在着某种必要的联系？？
我说

只有人类才会思索这样幼稚的问题，
当然看到你们微小的脑电波思考这些东西，
我们就会发笑。
现代文明，人类飞上了天空，
对于宇宙就更加的好奇。
宇宙到底是什么，宇宙到底有多大，宇宙又是怎么形成的，
人们不得而知可人类对宇宙的好奇从不间断，
从而产生了许多猜想和理论，
宇宙大爆炸、开放膨胀、超炫、膜理论、宇宙全息论，
还有各种宗教神论等等。
印度神话中对于世界就有个有意思的说法，
认为整个世界只是梵天神的一个梦，
梵天一醒，世界就会不复存在。
也就是说，我们所处的世界源自神的大脑。
那么，我们的大脑中是否也有个世界？
如果自大点的说就是"世界因我而存在，我亡世界则消失"
这就是我与世界，我与宇宙的关系，
宇宙就是在我们的意识中生成的，
或者说宇宙就是人的宏观映象，
人也是宇宙的微观缩影。
　　人生就像一场梦，
只是你在做你自己的梦，还是在做别人的梦，
或者现在这一刻我就是你的梦境意识。
可是谁又能知道呢？？

人类能感知世界，感知自我，人类真的很神奇。
一个生物身上那么多细胞，
为何衍生出一个"我"这种意识？
我究竟是什么？
为什么会有我？我是谁？
谁让我来到这个世界？
我们的记忆，性格是和躯体相关的，
那么"我"会不会只是一种什么也不是的载体？
"我"究竟又是什么物质？
为什么我是人？
为什么我不是其它？我问

我们都能意识到自己的存在，
也能意识到身边的世界，
但是"我"到底是谁呢？
事实上，我们感受到我们自己就是"我"，
这就是意识，
那么意识到底是什么呢？
我们都有意识，
但却难以解释讲述，
"我意识"正是我们有这种总能够和别人区分开来
的独特感觉。
意识的起源应该就是宇宙内所有万物的起源，
甚至可以说意识就是万物存在之根基，
而"我"就是意识自我表达的一种彰显！

当我回忆曾经的自己时，
会觉得那个人好陌生，
觉得那个人根本就不是我。
或者说，我们可能是不同的人格，
只是我继承了他的一切，
或许人格的变更就是这样的自然，
可能是潜移默化，
也可能是一瞬间的事情，

那么当初的"我"是否有想过这些问题，
他会不会想到更超前的那个"我"的存在？？
他当时是否会因为自己即将人格消失而变得无奈？？
或者"五分钟"以后的"我"是否会怀念想在的"我"呢？？
"我"在那里？？我问

平行多元宇宙的理论已经诞生很久了，
很多在现实生活中不如意的人，
往往寄希望于另一个空间，
人死不能复生，但是意识可能在另一个平行宇宙中出现！
按此理论，意识不会死亡，
没有身体还是会有意识的存在。
意识存在于时空的拘束之外，
它跟量子物体一样是非局部性的东西。
意识存在于脑细胞里的微管里面，
死亡时这些资料与意识会一起离开身体，
我们的意识会稳定存在是因为这些微管引发的量子引力效应，
我们意识的能量在某个时间会被回收到另一个身体，
在这之前它（我）会存在于身体之外的某种多元现实里面，
也有可能是另一个宇宙里面。

我曾经做过悲伤的梦，
到我醒来时，
会产生空落落的失落感，
心里会难过很久很久，
感觉自己曾经深深的爱过一个人或者失去一个人，
痛苦至极，
那种感觉就好像自己过了一段完全不同的人生，
为什么我们会有这种错觉？？我问

睡觉是某种意义上的死亡。

每当黑夜来临，人都会彻底失去自我。

当你睡觉时，总有什么东西在你身上悄然地运作着。

梦境并非你想象的那么简单。

打个比方吧，时间线上的分叉导致了无数个平行空间，
一般情况下不会相互干扰。

但是在脑海深处有一股力量（我们可以暂称为念力），
超乎现有科学解释的念力有时会自发地释放出来，
影响其他平行世界。

如果在你的念力自发释放的同时，
另一个平行世界里的你也被动开启了念力，
相互作用下另一个你会有你自己短暂的记忆碎片，
（科学观里我们称之为错觉）。

就好像你去到某个陌生的地方，
又感觉好像来过，
甚至正在发生的事情和你记忆里一模一样，
好像你做过一样（我们假设平行世界的时间并不对
等）。

又例如，在你的梦境里，
经常会出现一些你从未见过的人或事物，
但梦里他跟你交谈时你又会觉得理所当然。

这种现象，我称之为念力对平行世界的交互作用。

我始终相信科学的尽头就是神学。

当我们可以自主控制念力的时候，
现有的科学理论体系可能会崩溃。

听说人死之前会回忆一生的点点滴滴，
是不是我们早就死了，
现在我们和你们只是生活在弥留之际的回忆中？？
我问

有时候这个世界往往就是比你想的更离奇，
更不可思议，
不知你是否存在这种感觉，
某时某物你正在经历的事情似曾相识，

但是记忆中却根本没有发生这样的事情，
到底是记忆欺骗了你，
还是你欺骗了记忆呢？？
我们的推论是当我们在另外一个世界从梦中醒来，
然后现在这个世界只是我们自己的一个梦而已？
然后，无限的梦轮回以后，
我们就会慢慢的忘记原来的梦，
当某个特定时候梦痕重合的时候，
我们产生发觉痕熟悉的感觉，
是因为我们在另一个世界经历过——场景回定。
梦是连接平行世界的桥梁，
在睡梦中的时候，
这个世界的脑电波与平行宇宙的你的脑电波以一种
无法解释的方式相结合，
有时候你在梦中想飞就可以飞起来，
那可能是因为那个世界的物理参数不同。
就像你和我路过一个地方或者遇见一个人，
但是这个地方和人我们从来没有接触过，
却似曾相识，后来我们意识到在梦里见过。
为什么梦里面经历再离奇的事情都不会感觉到奇怪，
而醒后就会觉得荒唐不已呢？
因为在另一个空间里拥有着不同的生物、化学、物理
性质不同，
造成了我们在梦中不一样的感觉。
也许，当你在这个世界的你死去的时候，
平行世界的你悠悠醒来，
开始了属于你的新的生活，
周而复始，又像一场无限轮回的梦。
就好像，我们整个宇宙都是虚幻的，
一切的一切都是假的，
所有的一切都不存在，甚至连我们都不存在。
……·······
简单的举个例子说：
当我们回忆过去的事情，
包括做梦也是，

都是通过第三视角展开的，
可是第三视角的人是谁？？
为什么他会出现在我的脑子里？？
为什么我们的记忆永远记不住第一视角？？
那么说是不是我们早已死了，
现在正处在无尽轮回的路上，
第三视角又是否是上一个轮回的记忆，
或者是下一个轮回的序曲呢？？

假设存在于这个世界的某人去世了，
灵魂无法聚集在他的身上，
现在的他只是一具尸体，
由分子、原子甚至更小的粒子组成。
当然，这个时候的"他"没有思想，
只是单纯的物质组成。
另外，时间不会因某人死亡而停止，
宇宙仍旧运转，但这些都与他无关。
这个宇宙会继续膨胀，达到极致，然后收缩、死亡，
一切回归于沉寂。
然后等待下一个宇宙大爆发，
新的世界诞生，出现了新的生命，
繁衍、进化、淘汰，周而复始。
那么从无人知晓的第一个宇宙开始，
经历了无数次重生和毁灭后，
到了我们现在这个宇宙所处的时间刻度，
在这些出现过的无数个宇宙当中会不会存在这样一
个宇宙，
它的元素种类以及物质排列和我们这个宇宙一模一
样？
那么会不会存在某一时刻，
两个宇宙中粒子的排列方式是否可能完全一致呢？
就是"我"会不会重复的出现呢？？我问

当然，这种概率小到几乎不可能发生。
但是，宇宙是遵守物质守恒定律，

宇宙中的粒子是有限，
因此其排列组合的方式也是有限的，
这就意味着，只要有足够多的时间，
这种可能还是会出现。
那么是否会有那么一天，新宇宙的诞生，
会出现与之前宇宙的一模一样呢？
这也许是几亿亿亿亿年的时间，
一个长到无法估计的时间里，
一个新的"你"就会如期出现。
对于一个死在上一个宇宙的人来说，
时间对他是没有任何意义的，
对他而言，不管是几亿年，
在时间流逝上，和一秒钟没有任何的区别。
当这个人死于上一个宇宙，
在等待无数次粒子排列组合后，
他等到了一个新的宇宙，
与之前的那个一模一样，
他会在这个宇宙以一个新的生命体出生，
然后开始新的人生。
也许，当我们闭上眼死去后，
再次睁开眼，
一个新的生命，一个新的你，
在另一个新的世界开始一个新的人生，
就是这样了。
你所有的喜怒哀乐、希望绝望挣扎奋斗，
都早已在宇宙历史的的回音里重演了无数遍…
当然你也是循环的，
但是你却不自知。

我们无法确定宇宙到底经过了多少个这样的轮回，
我们的世界重生了多少次，
也不知道宇宙在轮回中经历过多少次大爆炸。
这个看似巨大无穷的宇宙，
其实所有可能发生的事物都已经被穷举出现过了。

宇宙是怎么存在的？宇宙的外面是什么？？
宇宙总应该有那么最原始的一个东西，
可最原始的东西又是如何来的呢？
宇宙的根源和底蕴又是怎么组成的？？我问

宇宙的存在是循环的，它的运动也是循环的。
当一个星云变小压缩到最后，
产生热核反应，大爆炸，
再产生旋涡状星云收缩，再爆炸，
这就是一个循环。
当这个星云收缩时环境温度会极高，
所有的生命都会消失，
然后越缩越小，最后爆炸，
这些爆炸碎片形成星球，
一个星系就是一个天体的循环系统，
银河系就是一个系统。
这个系统中间星体密，外围稀，
中心有一个漩涡眼，
所有的星体都在这个漩涡中收缩。
而像银河系这样的星云分布在宇宙空间许多许多、
它们的时间是亿万万年为一个单位的变化着。
宇宙的存在不是你们这一代文明所能理解的，
就像蚂蚁不知道巨人的构成　样，
星云，永恒，沉寂，黑暗的阴影。
奶酪的内部也是奶酪，星云的内部也是星云。
道德经：有物混成，先天地生。
寂兮寥兮，独立而不改，周行而不殆，
可以为天下母。
吾不知其名，字之曰"道"。
（注释：有一种混然天成的"物质"，
在宇宙产生之前就已经存在了。
它悄然无声，恒定不变，周而复始，
永不停息地运动着，是万物之源。
我不知它的名字，姑且称之为"道"吧！）
道之为物，唯恍唯忽。忽兮恍兮，其中有象；

恍兮忽兮，其中有物；窈兮冥兮，其中有精。

其精甚真，其中有信。道德经：天下万物生于有，有生于无。

（注释："道"这种"物质"，光华闪耀，忽明忽暗。

它含有物质，蕴有能量，载有信息。

世上一切事物皆实在源于潜在、宏观源于微观。

即："无"中生"有"！

道生一，一生二，二生三，三生万物。

道生一，一是太极；

一生二，二是阴阳；

二生三，三是天地人；

三生万物，万物是万事万物。道即是熵。）

· · · · · · · · · · · · · · · · · ·

中国的《老子》说："道者，万物之奥。

基督教圣经里以神学的方式表达出来：

"神（上帝）就是道"、

这个"道"就是指产生和维护这个宇宙一切万物正常运转的源头。

但基督教对"道"给出了神格化的定义，称为上帝。

东西方的文明先哲，

对"道"（宇宙）的理解和诠释，

如同循环线上的两个点，

竟然在历史的某个时刻不谋而合，

都共同诠释了宇宙万物的生成和存在理论，

不知道这又隐喻了什么？？

总不至于老子也是外星人吧？？

不同的宇宙之间有什么连接吗？？我问

在虫洞的另一头，是我们宇宙中遥远的虚空，

是另一个宇宙，是另一个时空点的宇宙。

只是当前人类的科技还无法穿越过去。

宇宙为什么会存在？

宇宙存在的终极意义是什么？？

宇宙的未来结局会是什么？？我问

宇宙如何存在理论的起源，
是来自于人类对宇宙的过去和未来的追问。
换句话说，是因为有了人类的存在，
才有了关于宇宙过去和未来问题的产生，
这是人类以自我为中心而产生的问题。
事实上，人类在宇宙是何其的缈小，
人类之所以在宇宙间能够产生又是何其的偶然！
如果人类不是以自我为中心，
就不会去探讨宇宙的存在起源。
宇宙分为过去宇宙，
正在进行时宇宙，
和未来宇宙，
只能这样回答。
宇宙的存在，
让一切物质的起源与生存有了载体，
我们赖以生活的地球，
和地球以外的太阳系、银河系，
以及广袤无边的外太空，
所有的生命与物质都存在于宇宙之中，
依照某种规律井然有序的运行和演变着。
宇宙存在的终极意义就是创造人类，
宇宙中除了人类，其他一切都是物质的，
只有人类是"意识的"。
人类的使命绝不是走向最后毁灭，
而是以人类无穷智慧和探索，
让"意识"得到永生，
如果世上没有任何感知意识体，
宇宙便失去了意义，
宇宙是辽阔的、寂寞的，需要生命的衬托。
没有人类，没有了意识，
宇宙将是虚无之境。
但是我们注定会在一场宇宙星爆或者核原子爆炸中
走向世界末日。

生命是靠能量和信息繁衍的，
任何一种有意义的意识形态都不可能永远存在，
宇宙永远是孤独的。

宇宙是无限永恒的吗？？
浩瀚无垠的宇宙到底从何而来，
一直是让我们倍感困扰的谜题之一。我问

宇宙中所有的客观实在体，
其存在时间皆是有限的，
没有真正的永恒，
只有周而复始的混沌
因此，存在不是一个静的概念，而应是一个动的过程。
宇宙是无恒的，无边无际的，
但是宇宙再大时光再长，
却也是有边界和有始终的。
我们通过观测和推理发现，
宇宙开始于极小的一点，
是在大爆炸中形成的，
如今的宇宙仍处于大爆炸的余威中，
还在不断的膨胀着，
宇宙也是有生有死的，
它将以一种人类未知的形式消亡或者变换。
从客观实在的角度来讲，
宇宙不过是一批又一批空间基元和物质基元的总称
罢了。
整个太阳系最初也是由宇宙尘埃凝聚而成的，
后来才慢慢地演变成现在的这个样子。
有生必有灭，
我们现在的这个世界必然会走向解体，
最终又还原成为宇宙的尘埃。
整个宇宙正是以基础单元原子那样分分合合、
聚聚离离的不断循环来作为自己的存在方式的！

在我们原来越深入的了解宇宙深层的奥秘之后，

究竟能否发现浩瀚而又神秘的宇宙究竟从何而来的
真正原因呢？我问

宇宙的起源，似乎变成了一个完全抽象的哲学命题。
天文问题，一直困扰着人类，
宇宙是什么时候、怎样形成的，
迄今为止得到认同最广泛的说法，
是由大爆炸所产生的。
宇宙，我们认为就是一种存在，
它无边无沿，无始无终，
人类只不过是它运动过程中的一种过客。

现代物理学说我们的宇宙是从大爆炸，
从一无所有而来的。
就算大爆炸是发生在一个很小的奇点。
可是奇点爆炸瞬间有以亿为单位的高温，
包含巨大能量，
如果宇宙是由奇点爆炸而来。
那奇点是存在于什么纬度或空间之中，让它得以存在，
假设有这个空间存在，
那么宇宙只是那个空间中的一个空间分支。
如果没有这个空间，
那么奇点从何而来，又突然山现？？我问

我们认为大爆炸是有！
而大爆炸的能量源于"黑点"物质的释放，
就是我们所说的黑洞密度爆破，
黑洞就是不断将星系吸入，
就像水中旋涡一样，
最后压缩成高密度的一个球，
这个球质量非常之大！压缩到一定程度，
又爆炸开来！
如此反复！
这个球就是所谓的奇点！
宇宙大爆炸以前，

宇宙还只是一个奇点

（时空区率无限大或其他物理量无限大的一点）

这个奇点的大爆炸后出现了宇宙。

在宇宙大爆炸以前即在那个奇点处

是不会有任何物质存在的，

因为任何物质在到达奇点以后都会被转化为能量。

所以可以认为，

宇宙大爆炸之前世界是一种"无"的状态。

即什么也没有，除了巨大的能量。

宇宙有无数气泡，

其中的一个气泡炸了，

使许多基本粒子形成并相互影响

形成初期宇宙和基本元素，

产生了"这个宇宙"而已。

从另一方面来理解，

宇宙大爆炸之前，

应该是另外一个时空的终点。

这个时空的终点所有的能量被压缩在一个奇点里，

当奇点因为自身的众多原因发生爆炸，

那么一个新的宇宙时空就开始生成了。

宇宙就像一个大盒子，盒子是绝对不变的空间，

而我们所观测到的所有星体，包括太阳系，

都存在于这个绝对的空间中，

对于处于这个绝对空间中任何位置的参照物而言，

时间都以相同的速度流逝，它跟物体的状态毫无关系。

时空并不是为我们所存在的宇宙而单独存在的，

宇宙不是永恒的，而时空却是永恒的

因为只有永恒的时空才能蕴藏巨大的破时空能量。

我们认为我们所存在的宇宙，

只是无数宇宙的其中之一。

我们相信宇宙是物质的，

既然是物质的，

就必然要有生成物质的过程，

但这个过程不一定非得爆炸，

诸如裂变，幅射，电子对幢，引力波，代谢等等

都会生成新的爆破物质。
或许宇宙从未爆炸过，
它只是按照物质不灭定律，
不间断的产生物质和消灭物质，
反反复复轮回....
但是这一切谁又知道呢？

宇宙大爆炸之前宇宙是明亮的，
还是漆黑的？？我问

宇宙大爆炸之前理论上是一个点，
一个奇点，没有任何物质存在，
宇宙大爆炸之前宇宙应该是漆黑的，
奇点是一个特殊的存在（不是实质存在），
并没有光明黑暗之分，
只有微弱，暗能量的微弱，
当时是不会有恒星之类的星体辐射能量，
更不会有光，
所以那个点，应该是一切虚无且黑暗的。
无论如何也就是说宇宙衍生于黑暗，
也将湮灭于黑暗。

不管宇宙最原始的状态是怎么样的存在，
但是前提它必须存在的。
那它为什么会存在？
我想问的问题是：
宇宙的一无所有之前又是什么？
有人说宇宙是上帝创造的，
让我想问上帝是谁创造的，
创造上帝的那个人又是谁创造的？
另外现代物理学说在宇宙之外是母宇宙，
在我们的宇宙之外还有几百万亿个跟我们的宇宙一
样大小的宇宙，
这些宇宙组成了一个母宇宙。
那么我的问题是，

在几百万亿个母宇宙之外又是什么呢？
我比较悲观，
我认为在人类的认知层面上这两个问题永远无解。我
说

这个问题不应该问我们！
应该去问神！
神是什么？
我们觉得拥有无中生有的能力的就是神。
不过根据我们推测，
最初的宇宙，
应当是没有时间，没有空间，没有物质，没有能量的，
整个宇宙应当是无中生有的。
如果说最初的宇宙，
是有巨大的能量和的致密物质的一个点发生大爆炸
而产生现在的宇宙，
那么这些物质能量从哪里来的呢？
我们常常用现在发现了的物理定律去解释宇宙，
实际上宇宙在产生之初，
并不遵循现在的任何物理定律。
宇宙是如何产生的，谁也不知，永远无答案。
只能说，无边无际的大宇宙，没有起源，只有永恒，
永远存在。
我想这一切应该是神创造的，
所以我们也正在寻找神迹。

你们认为能够越过宇宙的禁制，寻找到神迹吗？？？？
我问

到目前为止，
我们对神迹和神灵的了解，
还是零，还仅仅是零。
我们推断之所以一直都无法找到外星文明的任何踪
迹，
很可能是因为我们本身就置于一个等级超高的外星

实体之中。

因为生命体不一定都是由原子和分子组成，

生命体也可以是由一些模块盒子组成。

我们所说的生命体，

其实也可以像积木模型那样，

由一个个零散的模块盒子堆积而成。

不是没有外星人，

而是人类只是属于生物的一种，

生活方式不一样，

存在于空间的方式纬度不一样。

从本质来说，宇宙中并不存在外星人，

也不存在任何外星文明，

因为宇宙本身可能就是一个超高级的我们目前尚能
够未探查到的外星种族的"大脑"，

从某处程度来说，

有可能我们周围的一切都是这个外星种族的意识和
记忆。

有时候我在想为什么蚂蚁那么藐小，

为什么人的体内也会有生命存在，

比如寄生虫，

那我们是否也有可能是生活在一个巨兽的体内呢？

我们就是那个寄生虫。

换个角度来说，

我们的身体对这些微生物来说也是一个无法想象的
存在，

而这些寄生虫的体内也会有更多更小的微生物存在，

由此展开的天马行空的想象的时候，

那我们人类也只是寄生虫，

只是目前没有合适的参照物能拿来对比形容，

但是也同时让我们真正的了解到了，

人类是有多么的藐小。

我感慨的说

宇宙就是一个生物，

星河是经脉，
星系是细胞群，
如此去推断。
物质是宇宙人的骨骼，
暗物质是宇宙人的神经。
宇宙可能就是一个玩具盒子，
或者是像我们人类的生物培养瓶，
我们在我们看来很高级，
实际上蚂蚁也这么认为。
地球也许是某个外星人，
指纹里的一个细菌，
而所谓的人仅仅是细菌的一个电子或质子，
有个生命正在用显微镜看我们太阳系。
不要把人类的世界想想得那么高大上，
在浩瀚的宇宙中地球也不过是亿万尘埃中的小小一
颗，
就好像我们用显微镜观察细菌的世界，
高等生物或许也要用显微镜才能看到我们也不一定，
说到底我们人类只是在地球上繁衍生息的一种寄生
体。
既然地球上有寄生体，
其他星球也肯定有寄生体。
相对而言蚂蚁也认为自己是强大的，
人类一泡尿，
蚂蚁也就认为是自然灾害发洪水。
人类全身有上亿中细胞，
而如果把人类比作世界，
细胞比作人类，
相对应的，细胞又怎么看待自己所处的世界呢！
任何生物，
所能感知的就是它的世界。
这确实很有意思！
如果将细胞放大 $1 \times 10-24$ 倍，
你将又看到"城市"，"人类"。
也有可能，如果细菌有意识的话，

可能他也觉得自己所在的那个人体器官就是宇宙。

在我小的时候一直都这样认为，
所寄居的这个生物体，
外面还有更大的世界，
就好比俄罗斯套娃一样，一层一层接一层。
人类和宇宙万物可能都是存在于一个更高级的生命
之中。我说

根据这个认知，
人类的宇宙可能存在于高等生命的大脑中，
也可能是高等生命身上的一个细胞，
这个细胞包含了人类存在的宇宙。
宇宙是一个密不可分的整体，
无限小就是无限大，
无限小的原子核和电子云的分布就像是星系和各个
星球的关系，
这个关系又像宇宙和宇宙内的星系，
从最大的宇宙到最小的原子规度完全可以类比，
大家都如此和谐统一。
万物的关系如果都是相似的，
那么我们可以继续推导到更大的框架，
我们存在的宇宙之外很可能是另外的　个宇宙，
如此多的宇宙可能是存在于一个高等的生命体中。
我们所存在的空间都被囊括在了高等文明生命的体
内，
宇宙或许也只是他们身上的一个细胞而已。
其实佛教释言中也有这样的诠释：
茫茫人海，浩渺宇宙，
于天于地于海洋：
一切都是那么庞大，而人是那么渺小，
那么意义呢？？
有时候细想起来可以这么说，
从我们出生开始，
这个世界这个宇宙才真真正正开始，

直到离开这个世界为止，
我若不在，
这个世界再精妙再炫彩又有什么意义呢？
一花一世界，一叶一菩提，
说的就是这个道理。

你越说越像神学，
不知道这只巨兽又生活在谁的体内？
看来一切的一切都是注定的，
任何事的发生都是无数因素综合作用的结果，
任何事的发生都是必然。
从宇宙大爆炸那一刻起，
一切的一切都是必然都是注定。
在这广袤宇宙中，
谁是裁判？谁又是主宰？我问

所有的相遇都是一个循环，
就像时间是一个圆环，所有的人都在这个刻度上循环。
也就是从初始和结束一样无休止的循环，
因为时间不是平行的直线流逝，
而是椭圆的循环流动，
而且所有的人物和事件出现都是既定的和设定好的，
而无法更改，
所以我和你一样也不例外。
我们遇到过过去的人，也遇到过未来的人，
同时我们也到过过去的星体，也即将去往过去的星体，
一切无法避免，
都会如期到达。

我很奇怪的是为何我会遇到你？
你又是如何找到我？
冥冥之中为何我们会相遇在这一时刻？
可是为什么我会遇到你？？？我问

其实我们的宇宙并不孤单，

所有的宇宙都是以概率存在，
量子力学的多世界解释则认为宇宙是不断分叉的。
当我们的宇宙诞生之后，不断地加速膨胀，
第一缕光线发出以后，就在宇宙中传播开来
并进行交叉映射。
根据平行宇宙理论，在某个宇宙中会存在着无数个星
系，
看起来几乎和我们所在的空间一模一样，
看上去就是我们自己一样，
几乎可以和我们划上等号的宇宙空间，
存在着无限的可能。
所以有可能存在的那个"你"不是"你"，
或者我也不是我。
所以不是你遇到了我，
也不是我遇到了你，
而是"我遇到了我"而已。

就像这一刻你遇到我，我遇到你，
以及包括我们的谈话吗？？我问

这可能还要回到关于时间的这个话题上，
每个人拥有不同的时间，
每个人时间流逝的速度不同。
所有的人和物都在一个平行的线上，
而不是在一个时间的线上，
宇宙一切都是虚幻的。

有时候模糊的意识边界使得虚幻和现实很难被把握
及掌控，
或许，开始与结束，生与死，
时间与荒野，你和我本来就不是绝对存在的，
但是思想的交集却是真实流动的。
思想意识的无限大，
也会无限小，
它可以把世界万物和宇宙映像凝结成为一颗球，

或者比球体更微小的一粒刹尘。
同理宇宙一颗星，地球一个人，
我们通过意识进行思想交集，
告诉你我们的过去、未来和现在，
我只是你的意识体而已。
我从遥远的未来星际赶来，
负责把我的意识传送给你，
由你来寻找神迹的痕迹，
然后在回归到过去的永恒时空。
你将获取到所有的人类证据和基因，
希望你能寻找到，并创造神迹，
这里是诺亚方舟，欢迎来到未知的世界，现代人。

悬窗外星际一片濛黄漆黑，
我的头颅一阵刺痛，昏沉。

备注：死亡是人类的终极未解之谜，我希望我对人类
死亡的推论和衍化是"正确"的，因为这符合人类对
自己亲人挚爱灵魂归宿的美好愿景，只有这样，我们
才能在未来的时空，和我们最挚爱的亲人、挚爱相聚
在一起，在神灵的庇佑下，这个世界应该有天堂。

卷六：终章

诗人凝望着，
那一片树叶的脉络细纹，
那一粒沙石微粒，
那一朵花蕊凝结的露水华晨，
啊！三千大千世界、
草木丛林、稻麻竹苇、山石微尘。
一物一数、作一恒河。
一恒河沙、一沙一界。
诗人和但丁感觉身心疲惫，
无尽空虚，
也无尽虚空，
说不出喜悦，
也说不出忧伤，
只感觉莫名的永恒！
莫名的恒定！
万古同亘！！！

备注：可能有很多读者，看完这组诗歌，会很困难和
难以理解，我也是写了三年，完善了很久，才算定稿
结束。我本人再次重申，我认为人类所信仰的宗教，
第一，不能作恶。第二，不能杀人。第三，宗教信仰
应该感性，居于人类的胸腔，而不是颅脑。因为我一
直认为：爱才是人类最大的宗教信仰，才是全球人类
的最大的永恒。我不与任何宗教为敌，相反我很尊敬
信仰，崇仰神灵。人类离不开神，神也离不开人类，
人类与神的关系是：神在人上，人在神前。如果人类
明白这句话的含义的话。

二、　创世纪救世主——普罗米修斯

霹雳，无情的撕扯着天地间的重重黑幕；
闪电一个白色的精灵在天地之间舞蹈；
乌云像铅一样重重的压在人间，
大地上一片黑暗，宙斯又在愤怒了，他在关心什么？？

高高耸起的山，黑色的岩石，黑色的棱角，
它像人间支柱一样屹立不倒，
狂暴的风吹打着海面，如山的巨浪拍打着黑色的礁石，
这一切的一切，仿佛就要爆炸了，
天地之间蕴藏着一次巨大的变革。

一只巨鹰在山顶盘旋、盘旋，它的猎物在哪里？？
铁钩般的利嘴无情的撕扯着一大块血肉，
粗长的铁链紧紧捆绑着那带血的头颅，
他的胸前皮开肉绽，鲜血淋漓，上天啊，救救他吧，
他是谁？？
整整七天七夜，普罗米修斯已经神志不清了，
他没有了意识，没有了知觉，有的只是愤怒和绝望；
他本是宙斯身边掌管圣火的天神，
只因为违法天规，私自将天火带给人间，而遭到宙斯的惩罚。
一切的一切都是因为人间没有光明，有的只是无穷无尽的黑暗。
自从人类被赶落凡间后，大地上的人们因为饥渴难耐，大多冻饿而死，
普罗米修斯用自己正大光明无私的心洞察了一切。
半夜的时候，普罗米修斯高举着燃烧的火种，

像一个坚强的战士一样，勇敢的来到凡间，
他点燃了人类革命的第一堆火，第一堆代表人类脱离
自然界迎来光明的火，
圣火久久的燃烧着，大地上的人们欢呼不息。

但很快，宙斯就发现了那火、那人群，
宙斯惊恐不已，他扼杀了一切，于是黑暗重新笼罩大
地，
宙斯把普罗米修斯捆绑在天界的高加索山上，
他派巨人塔马斯女儿"鹰身女妖"，
每天给予他痛苦的神罚。
普罗米修斯想带给人间一个新的"太阳"，
但他却倒在了"战火燃烧的最前沿"。
宙斯许诺只要普罗米修斯向自己忏悔，承认自己的罪
恶，
抛弃一切，追随自己，就可以立即回归天界，继续掌
管圣火。
整整七天七夜，普罗米修斯饱受了风雨雷电之灾，
他被宙斯派来的巨鹰每天啄食的鲜血淋漓，体无完肤。
今夜就是最后的期限了，普罗米修斯不想再面对宙斯
那副充满正义的嘴脸。
普罗米修斯心想：只要再给我一些力量，我一定可以
把这个世界砸个粉碎，
让战斗的火焰的这个世界的每一个角落燃烧，
而自己会像一个坚强的战士一样，流尽自己身上的最
后一滴血，
然后走向自己生命的辉煌。

"普罗米修斯啊，我的孩子，难道现在还不悔悟
吗？？
放弃你心头的怒火，回到众神的创界山吧，"
不知道什么时候，宙斯已经来到天界的高加索山。

"孩子，你还承认我是你的孩子吗？
但你是怎么对待下界你的孩子的，

众神之王宙斯，难道你已经变了"？"

不，我没有变，改变的是下界那群无知、丑陋的生灵，
是他们的无知，首先背叛了我，
他们不该听从蛇神蛊惑，放弃向神灵的祈祷，
所以我惩罚他们，
我要让蛇神终身生活在阴冷、潮湿、黑暗角落，
让它一生吃土生活，永远不许它见到阳光；
而那群蚁民，我惩罚他们，诅咒他们，
让他们相爱的人不许相爱，相亲的人不许相亲，
让他们终日辛苦劳作，困顿不堪，
我不会赐给他们阳光、火种，
我要让他们饥渴难耐，困顿而亡。
我要让他们生如尘灰，不会再给他们生的希望"。
他们还妄想得到众神的火，真是可笑，
难道他们不知道自己的身份吗？？
至于你火神，我要让你永生钉在高加索山脉之上，
让风戳雨淋，让巨鹰食你之肝，鲜血淋淋
反复如此，
宙斯威严的说。

众神之王，我并不知道自己错在哪里？？
我不知道自己为何要忍受这样的痛苦，
难道仅仅是因为我盗取天火吗？？
"宙斯啊，为何我们创造他们，
却一定要毁灭他们，他们是愚昧无知，
可是他们也是你的子民呀，就是因为在当初，
我们创造他们时，就已经赋予了他们灵性、尊严、爱
和精神了，
自由是当初我们给予他们的承诺，
为何还要责怪他们背叛？
要知道我们当初创造的并不是一群毫无思想、呆若木
偶的玩物，
他们有思想、有灵魂、也有爱和互相结合及生生不息
的权力和自由呀"！

"不，我没有赋予他们这个权利，
从创造开始我就没有赋予他们那些灵魂上的东西。
神赋予人类生命，他们应该学会感恩戴德，
他们得到这个世界的时候，
完全不知道是众神多大的恩赐，
那时初生的人类太渺小了，
如同众神手指甲缝里的尘埃。
可是现在的人类已经拥有了狮子的勇猛，
狗的忠诚和聪明，
马的勤劳，鹰的远见，熊的强壮，
鸽子的温顺，狐狸的狡猾，
如果当人类拥有火之后，他们会驱散黑暗，
不会在恐惧和惧怕远古的怪兽，
那时人类就不再向我们祈祷，
众神就会失去主导人类的力量，
我们的城就会坍塌，消亡。
如果他们拥有火源强大起来的时候，
那么众神又将安置在何处？？
所以我命令火神赫淮斯托斯创造美艳绝伦的少女；
命令雅典娜赐她优雅的形态容貌，扮装迷人的服饰；
命令神的使者赫尔墨斯赐予她迷惑人心的语言技能；
命令爱情女神阿佛洛狄忒赐予她无限的魅力，
这个美丽的少女潘多拉将带着众神的诅咒去那大地，
释放出人世间的所有邪恶
——贪婪、虚无、诽谤、嫉妒、痛苦等等，
把灾难和疾病带给人间，
把虚无的权势和财富带给世人。
我让潘多拉大神变换人类的语言，让他们彼此隔阂；
变乱人类的意识，让他们彼此争斗；
变乱人类的血缘，让他们彼此仇恨；
变乱人类亲情，让他们彼此陌生⋯⋯
当然我也会赋予他们"女人"这个更可怕的物种，
什么瘟疫、战争都不如她们，
让她们扰乱这个世界的平静。

臣服于我们，信仰于我们，
向众神祈祷，才是众神创造他们的唯一目的，
火是神灵的，不是人类的，所以不能给予他们，
凡人不得拥有神灵之力——火，
众神的火只能有众神掌管。

众神的王，宙斯，
创造人类，削弱人类，毁灭人类，
让众人爬行着行进，
让众生抢食众神手指缝里遗留的面包渣，
让人类永远跪着在众神神像前供奉自己，
难道这些就是众神创造人类的目的吗？
不给予他们意识，
不给予他们情感，
不给予他们自由，
一切众神所拥有的都不给予他们，
就让众人像众神的玩偶一样低贱的生存，
永远的不允许人类超越众神而存在。
那么众神的王，宙斯，
众神创造他们是为了什么？
难道众神创造人类仅仅只为了玩乐，戏耍。
难道众神创造人类不是为了在星际留下我们的名姓
吗？
众神的王啊，宙斯，
我愿意接受你的绝罚，
但请你饶过那些下界那用泥土滚成的土人吧？？

普罗米修斯，你始终不明白众神的诅咒和禁忌是一种
什么意义？？
众神是作为信仰而存在的，
普罗米修斯啊，你并不知，
神创造人类，但是神不能干预人类的任何行为，
也不能给予他们任何事物，
神只为人类指引方向，建立祭坛。
至于在行走的路途中的艰难和困苦，

人类只能依靠向众神祈祷去解决。
神不能干预人类的事情，
除非人类与众神有契约，
但是今天人类中还有人不敬奉我们，
我们为何还要把众神的火给与他们。
人类根本就不相信众神的存在，
除非整个种族信仰我们，祈祷我们，
我们才能给予他们。
你盗取天火，传递世人，
当你的手触碰到世俗的人类，
众神就会失去纯洁，失去神的力量。
众神之所以是众神，是因为众神是纯净的，无暇的。
人类必须得到众神的亵渎后，
才能有资格存活下去，
而人类所能享有的尽善尽美之物，
也必须沾染尘土后才能到手。
他们必须祷告我们，信仰我们，才能有资格用那脏手
取得饮食，
他们必须吃生食，饮生水，不能用众神的火焰来取暖，
任何妄想和众神比肩的人类，都必须被尘土亵渎后，
接受众神的命运安排，接受上天降下的苦难和忧患后，
才能存活下去。
假如人类得到神的灵力——火以后，
创造出纯净无暇的品质，到那个时候，
人类不再向我们祈祷，诸神便会渐失神力，
众神将会消退，神庙会燃烧，神像会倒塌，
天界的宙斯山就会崩溃了，
那么众神就会失去存在的价值。
当你把众神之火施予他们，
当你把纯净的手给他们，
当你把神的力量给他们，
你可知你已经违背了众神的禁忌？

众神的王，宙斯，
你说神的手不能去触摸人的手，

那样众神会失去神力，
可是众神在创造人类的时候，
人类的身体和灵魂，
众神不知道触摸多少回了，
我只是把那火投掷到大地上，
我只是把那信念和希望灌注到人类内心的魂魄，
人子的手我那里又去触碰了？？
众神的王，宙斯，
世人厌倦了为残羹剩饭而感激，
总有一天会有人忍无可忍的，
会有人对此说受够了，
会站起来反抗的。
众神的王，宙斯，
人类的信仰不是仅仅只是对神灵的信仰和崇敬，
信仰还包括那些代表自由意志，
那些情感信念，那些人性光辉，
可以由此驱散黑暗，
可以迎来光明和新生事物的信念和憧憬，
你口中所谓的信仰不是信仰，
而是对众人的奴役吧，
你捆绑众人，却说是为了信仰，真是可笑，
那火就是人类的信仰，
为什么不能给他们？？
如果我们期望人类相信众神，
那么我们就应该对他们有信心，
他们有自由意识的权力。
不能以神的力量和权威而束缚他们的自由意志，
自由比众神还重要，自由比火还重要，
自由比众神之王还有重要。

普罗米修斯，你始终不知道，火的意义，
你看着火自由飘荡，恣意燃烧，
就像是世人自由的意志，我们把这火传承给他们，
就相当于把这自由意志传递给他们。
可是当人类被赋予自由意志时，

他们会质疑神，反抗神，
他们会放弃对神灵的崇拜，
众神就会失去主导人间活动的力量，
那么众神存在的价值在哪里？？
通过敬奉众神，把纯净的归众神，
把沾染尘土的归自我，
人类不能拥有众神的灵气和火焰，
他们必须丑陋无知，
才能衬托出众神的所在。
所以在某些时候需要惩戒他们，
让他们感受到众神的威严和可怕，
让他们重回我们的怀抱。
他们才会重拾信仰，
感受到他们对众神的敬畏和恐惧，
众神才会重新变得强大，
以他们的祈祷供奉我们的不朽。
人类啊，是需要统治的，
没有众神的扶持，
他们站立不起来，
离开了神灵的引导，
他们什么也不是。
他们应该学会低着头，
低到尘埃里，向众神祈祷，
人类不能由人来统治，
只能由神来统治，
众神是冥冥宇宙之中的天意。
而这火是人与神之间的界限，
也是众神的禁忌，不能传承。
普罗米修斯，我们来自哪里，
我们的存在在这个世界意味着什么？？
我们来自蛮荒的遥远星际，我们也历经黑暗和痛苦，
后来在这里我们创造了一切，像神一样创造了一切，
花鸟虫鱼，飞禽走兽，
我们创造一切，供我们享用和采用，
但是众神有约，我们决不创造任何和我们体形一样，

有思想意识，有感情丰富的物种。
"创造"这种生物，就意味着冒犯了众神的禁忌，上天的禁忌，
冒犯者必须得到众神的神罚，而不能松懈。
神的存在是独特的，也是唯一的，
任何具有和神一样思想和意识的物种都是危险的，
更不要说拥有神的力量了。
人与神不能站在比肩的位置，
因为那样众神会丧失神性。
普罗米修斯，你须明白这是一个众神时代，
不是人类时代。

众神的王，宙斯，
自由的传承并非一帆风顺，众神的衍生之初，
也有光明和黑暗之分，我们也经历了艰难和痛苦，
但是众神也始终没有放弃自己的信念和对光明之火的憧憬，
而光明之火也没有因为众神之中的黑暗，而放弃燃烧，
相反那火还是光明如初。
在人类之中只要还有一人对光明之火充满信念和憧憬，
众神就不能放弃对世人的救赎。
我们的世界，无论是众神的世界，还是人类世界，只能以火传火，
我们才能彼此救赎。
假如我们传承给他们暴力，以暴传暴，
那么我们就失去了创造世人的意义了。
世人就像是一颗柔嫩的苞蕾，需要慢慢的、曲折的成长，
需要小心翼翼的呵护，耐心的等待，它经不起风雨的摧残。
假以时日，只有见过那朵盛开花朵的人，
才能知道今天这颗幼苗的珍贵，而这火将会守护于他们。
他们需要教化，需要众神的引导，

而不是让潘多拉大神离间他们，蛊惑他们，奴役他们，
众神需要卧于其心，庇护人类，而不是置于其脑，控
制他们。
自由、自由，这是多少众神向往的事物，
可是为什么我们拥有后，
却用来控制和奴役万物？？
人类的生命形态和众神到底有什么不同，
竟然可以不配得到众神可以拥有的东西？？
我们来自于遥远的蛮荒星际啊，
虽然我们创造了一切，但是我们并不是救世主，
因为我们并不能永生。
我们的时代会消逝，在星际间消逝，
唯一可以传颂我们姓名的是那群感性的人群，
今天我们将火传送给他们，人类会记得我们的名姓，
而继续让我们在他们的信念中永生。
人类是众神的根，当有一天众神消逝不见的时候，
只有我们的根还继续生长在这片土地，
这些根系的存在，就等同于众神的存在。
给予他们自由自在的意识，
让他们像星际的流星一样自由自在的行走，
是这一代众神的使命啊。
须知众神也曾经穿过黑暗，披枷带锁的流血来到这里。

普罗米修斯，感性的眼泪像大海又有什么用，
人类需要的是鞭子和秩序，而不是众神的救赎和那火，
今天你赐予人类天火，就意味着你对众神的背叛，
神的火应该由理性的神来掌控，
而不是由那群混合着眼泪、泥土感性的土人手中，
天火由感性的人掌握，会灼伤自己，
人类会因为火的存在，而互相残杀，
就像他们追逐权势，追逐财富一样，
最终的结果会毁灭他们自己。
普罗米修斯，人类并不需要这些天火，
在某种情况下，有时候他们更喜欢黑暗。
只有在黑暗中，他们才可以利用恐惧、未知来蛊惑人

心，
才可以利用神的名义去控制世人；
只有在黑暗中，他们才可以利用铁血、杀戮来监禁人
们，
才可以利用城邦的名义去控制世人；
只有在黑暗中，他们才可以利用意识来禁闭人们，
才可以利用种族的名义去控制世人。
普罗米修斯，你所创造的物种，
他们中的人天生的具有兽性，而没有人性，
人类中的野兽是畏光的，
而他们就等同于野兽，
人类世界衍生于黑暗，那么何苦给予他们光明？？
有时候我认为并不是我收回了天火，
而是世人中的某些人希望我收回。
只有黑暗的世界，他们才可以为所欲为，
只有在黑暗的世界，他们中的某些人，才能变成野兽，
去吞噬他人。
什么时候人类可以自由的掌控众神之火了，
众神自然会赐予他们，
但是今天，我依然没有从他们身上看到希望。
他们好杀成性，残忍血腥，
他们被世间的权势、财富蛊惑，
他们的人性逐渐泯灭，他们的自由在喘息，
所以我不愿意众神的火焰在人类的手中熄灭，
我宁愿众神之火，由众神熄灭，
也不愿他们接过这众神的火。
诚然众神不能永生，我们也会腐烂，
但是这火是我们从另外的星际带来，
并不属于这片土地和这里的人群，
我们没有权利将天际的火，众神的火施与他们。
世人可以不喜我，我也可以不喜世人，
但是我必须为众神负责，为遥远的星际负责。
我属于永恒，众神也属于永恒，
众神的火也属于永恒，不属于人类。
只有这火才能代表着创界山的存在，

只有这火才能代表着众神的存在，
只有这火才能代表着神的永恒。
普罗米修斯你要明白
任何妄图改变和影响人类意志的行为，
就是死亡，神的死亡。
众神的王，宙斯，
你按卧天际，
从不睁开神之眼，去详查人间和人类的内心，
你只看到人类的邪恶，却从没有看到人类的希望和光
芒的一面，
我承认千百万年以来，人类互相仇杀，
他们杀戮、残酷、屠城，
用他人的血作为饮露而饮下，
用他人的肉作为肉羹而食下，
他们用他人的痛苦来娱乐自己，
用他人的生命来成就自己。
但是众神的王呀，宙斯，
我也看到他们在黑暗中坚持自己信仰，
他们也向我们祈祷，以求得众神的庇护；
我也看到他们在残酷的杀戮中，保存有一丝丝的人性；
我也看到他们将自己的手伸向更弱小的人进行救助；
我也看到他们在危难和灾祸来临之时
扶老携幼，亲情不断；
我也看到他们在地平线上慢慢的长出幼小的苗，
虽然弱小，
但是那是和众神不一样的生命之光。
所以，众神的王，
他们感性，有感情、有良知、有正义、公理、自由才
可以继续繁衍生息；
而我们理性，但是我们没有感情，
众神的存在形成一个困境，
没有感性的神有一天会坍塌，
所以众神约定创造了一种新的生命体，
用这个星球上混合着感性泥土和眼泪的东西，
创造了他们。

理想 信念 价值 尊严 自由 是世人的美德和品性，
也是世人的名姓，
让人类代表众神继续存在，以彰显众神的存在一样。
众神的王，宙斯，我们会永生，但是关键是他们是否
可以拥有我们的火。
所以我盗取了天界的火，给他们送去希望。
宙斯啊，死亡又有什么可惧怕的，
难道你会认为我们在黑漆漆的人类内心，
我们还可以不朽吗？
人类就是因为感性，
这个世界才充满温情，人与人之间才会互助，
而那火才会一人接一人的传递下去。
人类不是用冰冷的铁皮制成的，他们是用感性的土滚
成的，
所以他们会流眼泪，会有喜怒哀乐，会悲伤、会痛苦，
众神创造了一个全新的物种，或许我们的世界就会如
此改变。
理性的神没有感情，没有悲伤和痛苦，
我们有时候不知道存在的意义是什么？？
我们想让世人记得我们的不朽，
可是我们的存在价值是什么？？
我们给予了世人什么？？
他们凭什么要传唱我们的不朽？？
我们的不朽不在于那火，
而在于众神向人类传递的信念、信仰，
以及燃烧的火中的"自由精灵"
假如我们把火传递给他们，世人自然会传唱众神。
宙斯啊，
那城为什么要以你的名义来命名？？
为什么不是众神之城，
为什么不是众人之城？？？

众神的王，宙斯，
妄图维持摇摇欲坠的山脊和自我威名，
用天之火奴役、捆绑那些自由人群的，

到那时拥火者会自焚，
到那时我们的城池会坍塌，
到那时我们的名姓会湮灭，
我们也会归于尘土，散于星际。
所以将我们的火给他们，将我们的城给他们，
将我们拥有的一切给予他们，
世人自然会传唱众神和众神之王。
众神之王，宙斯，
我们每一个神的内心之处都隐藏着一团天火，
那是我们在遥远星际众神的造物主赐予我们的，
这团火，众神可以自由掌控，而不必由你负责。
众神之王，今天我愿意自我燃烧，将我的火施与世人，
或许你是对的，或许我是对的，
但是我坚信将来有一天
人类的车轮会踏平高加索山脉，来解救于我，
将来有一天人类会修建高高的塔，一直到你的脚底，
和你并肩而立。
将来有一天人类会来到这里堂堂正正的
来归还我的火，
将来有一天人类的根会超脱众神，成为新的众神。
众神是属于人类的，众神的火也是属于人类的，
将来有一天众神湮灭的时候，
这个世界也是属于人类的。
当有一天众人接过我们的火时，
那么众神的火炬也会越燃越亮，
到那个时候人类将开启一个新的人类时代，
人类将成为新的诸神。

风凌冽的刮着，巨鹰在头顶盘旋着，
普罗米修斯面对人间无穷无尽的黑暗大声的嘶喊着：
人间的勇士啊，跟我起来战斗吧，打破所有的黑暗，
让光明的火在地球上，
在你们的家园上燃烧吧，起来、起来，胜利是属于我
们的，
我渴望和你们一起战斗，渴望和你们一起燃烧。

遥远星际众神的造物主呀，
今天你的众神中的一人普罗米修斯，愿意放弃胸中的
天火，自我燃烧，
将这火传承给世人，
就像当初你将那火传递给我们一样，
我将以你的名义将这火传给新的"众神"，
将这自由之光也传给他们，希望世人人人都得自由，
不被奴役。
遥远星际众神的造物主呀，
我愿舍弃束缚我自由的血肉之躯，燃烧心中的火，
让胸腔之中的光散播出现，让世人在众神之火的光亮
下行进，
扬众神之名，
让世人沿着众神的古老脚步和痕迹，
向着自由，希望，信念的地方前行。
燃烧吧，天火，将来有一天这个世界一定被光明统治，
黑暗将会无所遁形。
人类啊，醒来吧，所有的沉睡的人啊，
睁开双眼，看看我们的世界吧，建我们自由的城池吧！
人类啊，在遇到困难的时候，
你们要想想我的名姓和你们在一起，
我心中的火和你们在一起，
人类啊，我告知与你们，
你们的幸福取决于自己的努力，而不是神的赐予，
路是你们自己走出来的，不是神给予的。
世人呀，把你们所有的痛苦、不幸、哀伤、恐惧、苦
难给我，
我来替你们承受这一切，
世人啊，当这个世界充满黑暗的时候，永远不要向绝
望屈服，
请跟着我，我来带你们回家，我有温暖的火，
请跟着我，回家，我的名永远和你们在一起，
生活在黑暗中的人们呀，举着火，我将在光明中等你，
请跟着我，回家，我的姓永远和你们在一起。

宙斯凝望着下界熊熊燃烧的火焰，
普罗米修斯，我会把你的名字，从神之族谱中消除掉
的，
我会让整个神界永远记住你是他们的耻辱，
我会封闭人类的记忆之魂，
让他们彻底的忘记你。
那么这个世界既然有飘渺的天界，
就必须有坚实的大地，既然有天神，
就必须有蚁民，这个世界必须有天，也必须有地，
必须有天神，也必须有尘土，这是世界形成的规律。
世人不了解我，我也不了解世人，但是我要对创界山
负责，对众神负责，
我是众神之王，宙斯。

很多年以后的一天………

妈妈，这光明之火是谁赐给我们的？
是众神的王吗？
孩子，众神的王已经把我们遗弃了，
这光明之火是普罗米修斯带给我们的，
妈妈，我们祈祷吗？
孩子，我们祈祷，我们祈祷光明之神普罗米修斯。

院子的外面有一颗幼小的苞蕾，迎着红日摇曳。

三、 诸神的黄昏

在巨人的始祖伊米尔还未出现的远古洪荒时代，
我感知到天地间一片混沌和虚无，
没有砂石，没有大海，
也没有天空和大地。
只有一道深深的开裂着的，
无比巨大的鸿沟，深不见底，
空旷漆黑，
只有一片虚无和空荡，
没有任何活着的生命，
黑暗统治着这片混沌的空间。

我感知在我的一边是冰雪覆盖的世界，
在那里，浓雾终年笼罩在万年的冰封和积雪，
寒冷孤寂，没有声响。
在我的另一边是火焰燃烧的火的海洋，
那里终年喷射着冲天火焰，
每个地方都被一片无比强烈的光亮和酷热所笼罩。

我感知到巨大的生灵，巨人的始祖伊米尔，
就在冰与火的世界中慢慢的孕育出来，
有着巨大身躯的伊米尔在混沌世界中徘徊，
寻找食物；
母牛奥都姆布拉也被冰与火孕育出来，
于是巨人伊米尔以母牛的乳汁为食，
母牛则以舔食冰雪和盐霜为生。
于是，在混沌黑暗，冰天雪地的洪荒时代里，
生活着这样两种巨大的生灵。
我突然之间感觉到冰冷和孤寂，
身上没有一丝的光。

我在一片虚无空荡中游走，

生命孕育生命，
我感知到诸神的敌人霜巨人，
从伊米尔的双足下诞生出来，
他们哇哇的哭着，
显得单薄和瘦弱，
他们是未来巨人世界的主人，
世界秩序的破坏者。
我感知到母牛奥都姆布拉舌头湿润温暖，
带有些许的粗糙，
它在不停歇的舔食，
冰雪和盐霜中诸神的始祖布里诞生了，
诸神的始祖布里是一个高大英俊的男人，
他强壮有力而性情温和，
他的儿子博尔不久也衍生出诸神的父亲：
奥丁、威利和维。

我感知那是一个诸神父亲创世纪的时代，
诸神的父亲奥丁、威利和维联手杀掉巨人的始祖伊米
尔，
巨人的吼叫惊天动地，
痛楚撕心裂肺，
伊米尔鲜血汇成了一片红色的海洋，
像洪流一样淹没余下的巨人，
只有巨人贝格尔密存活下来。
诸神的父亲奥丁、威利和维，
开始着手创造一个新的世界。
诸神的父亲用伊米尔巨大的身躯来填充整个世界和
深不见底的鸿沟，
以形成坚实的大地，
用伊米尔的脑壳形成天空，用脑浆形成云彩，
用血造成海洋和湖泊，
用骨骼造成丘陵和山脉，
用牙齿和零碎的颚骨造成岩石和卵石，
头发和胡子形成树木和青草。
诸神的父亲又从南方的火焰国采来火星，

抛撒到天空，成为漫天的繁星，
照亮世界。
在世界初具规模的时候，
父亲们开始考虑创造一种新的生物，
以居住在这富裕肥袄的大地上，
于是他们用木岑树雕刻成为男人的形状，
用榆木刻成女人的样子，
奥丁赐给他们生命和呼吸，
威利赐给他们灵魂和智慧，
维赐给他们体温和五官的明亮，
于是男男女女诞生了，
男人的名字叫做阿斯克，
女人的名字叫做爱波拉，
人类诞生了。
这个世界有光明精灵，黑暗精灵，有侏儒，
有树木花草，游鱼飞鸟，日月星辰，
也有诸神和人类。

诸神的父亲在宇宙的最中心的地方，
划定了一处神的居所，作为神园，
一株盘踞在神园无比巨岸的大木岑树尤加特拉希，
穿连九个世界，
它萌生于过去，繁茂于现在，延伸到无限的未来，
树叶永远青绿，
它的枝干支撑着整个宇宙的重量，
根部贯穿全世界。
诸神的父亲奥丁，
掌管死亡、战斗、诗歌、魔法及智慧，
手持从不会射偏目标的长矛，
佩戴德劳庇尼尔饰环，
胯下八足神马，
双肩上栖息着两只乌鸦胡晋与穆宁，
左右跟着两只狼格恩和弗拉基，
在北方世界威风凛凛的巡视。
我的母亲婚姻女神弗丽嘉，美貌端庄，

头发中间夹杂着白利毛，
能预知一切未来之事，
主宰婚姻和家庭生活。
我的哥哥雷神托尔，
红发红颜，体格健壮，臂力过人，
拥有可怕力量的雷霆之锤，
是冰霜巨人的死敌。
我还有许多的兄弟姐妹

。。。。。。

诸神的父亲奥丁，
收集人类世界中最英勇死亡战士的灵魂，
让他们在瓦尔哈尔宫进行磨砺，
以备诸神黄昏的来临。

我感知诸神的敌人洛基，
在亚萨园中，他相貌堂堂，
仪表英俊而高贵，
但是却有一颗黑色的灭世之心。
他和他的妻子安格尔波达有三个孩子，
一个是芬利尔狼，
一个是世界之蛇尤蒙刚德，
一个是死亡之神赫尔。
他们都是为了灭世而孕育出生，
但是灭世的前提首先是除去光明。

我还记得我的那个梦境，
我在诸神之父奥丁的亚萨园中漫步，
鲜花遍地，白雾迷茫，
墙角有不起眼的槲寄生，
我的身后有黑暗的阴影，阴沉、忧郁，
万物都因为我的光而欢呼，
它们都发誓不会让我受到任何伤害，
但是我身后的阴影却置若罔闻，
有邪恶的火焰燃烧我的脚跟，
在我妄图跳起的时候，

有藤蔓把我紧密的缠绕，
身后的阴影把我拥抱成灰，
有尖利的刺猛戳我的心脏，
火红的血灌满我的双眼，
耳边有巨人的吟唱。
梦醒来，我感觉沮丧，
就像是死亡后有获得新生一样，
可是死亡的阴影有过于浓重，
让我没有任何生还的乐趣。
我感知我一定会死亡，
诸神之父奥丁的园子一定会破败，
诸神的黄昏也一定会降临，
因为黑暗把我笼罩，
他那么真切的吻我的脸，
我的唇，我的眼，
不知黑暗过后，
我的命运又会如何？？？

啊，死亡；啊，我父；啊，诸神；啊，黄昏；
当我真真切切无知无味的沉睡在死亡世界的时候，
那样黑暗的日子过了很久很久，
黑暗中有我熟悉的呢喃声，
有手指抚摸我的脸孔，
有嘴唇吻我的眼睛。
有一日，当我在黑暗中醒来，
我看到满脸皱纹，
白头白须的巨人弥弥尔，
他穿过死亡之国，
不知是悲伤还是欢愉告谕于我，
诸神的黄昏已经降临，
亚萨园已破败，
宇宙之树已崩倒，
星辰从苍穹坠下，
焦黑的大地沉入海底，
诸神已经湮灭，

宇宙只剩下死寂和黑暗，
一片孤寂。
诸神之父奥丁在奔赴黄昏之前，
曾告语于我，让我传语于你：
世界陷入黑暗，但是还会有光明，
诸神步入死亡，但是还会有苏生，
毁灭是为了重建，重建是为了新生，
邪恶与善良，死亡与新生，
黑暗与光明，朝阳与黄昏，
曾经共同的衍生，也必将共同的湮灭，
自由与奴役，尘土与面具，
诸神错了，是诸神错了，
寻找光线，将由光明引领，
寻找黑暗，将由黑暗引领，
邪恶不成邪恶，光明不叫光明，
去诸神死后的世界吧，
引领黄昏后的黎明。
巨人弥弥尔走后，
我在黑暗中流着眼泪而不停歇，
啊，我父；啊，诸神；啊，兄弟；
在漆黑的黑暗处有浓重的阴影，
阴沉，忧郁，
我的兄弟啊，
是我创造了你的死亡，
是我引领你步入这死亡的国度，
不要说我的无心，
也不要说我是有意，
当黑色坚硬槲寄生扎进你的胸腔，
我也在那时死去，
来吧，兄弟，是我给了你伤，
但是，我的心更伤，
我给了你痛，
可是我的心更是痛，
鲁莽、任性、嫉妒、贪婪，
仇恨、痛苦、尘土、面具，

虽然我是盲眼的灵魂，

可是你不知我曾看过那面具之后的脸孔，

现在已是黄昏，

我的兄弟，来吧，

去诸神的世界吧，

有一人等你。

黑暗中有人悲切的摇我的身体，

于是我从黑暗中醒来，

睁开双眼，

我来到我的世界，

那里已是黄昏，

我在这里寻找一人。

啊，任何毁灭都无法阻挡我的新生，

啊，任何黑暗都无法遮挡我的双目，

我看到一对男女藏身于倒塌的世界树的树洞中，

饮用晨露，

从他们的脚下的大海中涌现出新的坚实大地，

一轮红日冉冉的跃起，

我是光明之神巴德尔。

啊，众人；啊，诸神；啊，兄弟，

啊，世人都认为我是邪恶的火，

那么我就是邪恶的火，

我的内心就没有一丝的善良，

哦哦，那美丽的彩虹桥，

诸神的园子，雄武的英灵殿，

雷神、战神、武神，

还有诸神之父奥丁大神。

如今你们的灵魂，

是被流放到漆黑不见底的海域，

还是被软索紧紧的捆缚，

或者你们也在死亡的国度里煎熬？？

巨人的始祖伊米尔，

如今我已把你的血肉归于你，

骨骼、牙齿归于你，

头发、胡须归于你，
脑壳、脑浆归于你，
我巨人的后代子嗣，
倾天覆地，摘星吞月，毁林破地，
把巨人始祖的身体进行拼接，
那冰雪的世界，那莫斯比海姆的火焰之国，
还有古老世界的冰巨人、雪巨人，
我的远古兄弟。
这是邪恶的一群吗？？
却是我的至亲。
当诸神之父举起正义的剑，
肢解巨人的始祖，
装饰那诸神的世界，
这仇恨怎可轻易湮灭。
或许这就是远古的约定和宿命，
以巨人的血为饮，
以巨人的肉为羹，
成就今天诸神的欢乐。
我踩在巨人始祖的尸骨上，
抬头就可以看到巨人始祖的脑壳、脑浆挂在天空，
啊，我的痛苦又能向谁倾诉，
凡人们都认为我们是神灵，
难道神灵就没有痛苦和哀愁，
难道神灵就没有心酸和眼泪，
难道神灵就没有仇恨和杀戮，
生存还是毁灭，
这是诸神的问题，
也是我的问题。
一方的延续要以另一方的毁灭为代价，
一方的黎明要以另一方的黄昏为延续，
啊，巨人的黄昏，黄昏，
那么我又如何不做邪恶、丑陋的复仇之神。
在这里，破败的亚萨园，
在这里，荒芜的英灵殿，
在这里，倒塌的世界树，

在这里，我的儿子芬利尔狼吞噬了诸神之父奥丁，
在这里，我的儿子尤蒙刚德和托尔同归于尽，
在这里，
我的儿子坐着用死人指甲做成的战船耀武扬威，
在这里，火焰巨人苏尔特尔的火剑刺中了弗雷，
巨人的吼叫在这里，
诸神的惨呼在这里，
从黎明战斗到黄昏，
一片雪与火的海洋，刀与剑的世界，
真是痛快呀，痛快。
可是那骑黑色马，背金色号角的白神——海姆道尔，
却砍下我的头颅，
啊，真是痛苦，真是不幸，
不过我也手刃了我的仇人，
当我死亡的时候，我听到了宇宙之树断裂的声音，
我知道他们的黄昏即将来临，
我终将巨人之祖的血肉归于一体，
这个世界还将归于巨人，
而不是诸神的世界。
可是我临死看到有一对男女隐藏在断裂的世界树的
树洞里，
或许他们也只能躲藏在兔子洞里。
世界是巨人的，
终究是巨人的，
啊，我父，啊，我的远古兄弟，
我们终究会相遇。
那黑暗终于把我吞噬，
我又回到那过去空虚、荒芜的初始世界里，
我的灵魂需要寻找一人，
我是洛基，巨人族的后裔，
诸神世界的毁灭者。

啊，那里有一片光，
洛基循着光走到那里。
被我设计而踏入死界的巴尔德啊，

你为何还在这里？？
是在这里凭吊诸神死后湮灭后的世界吗？？
就是在这里，巨人敲响了诸神的丧钟，
吞下了诸神之父奥丁大神，
这里真是一场伟大的巨人和诸神之战呀。
洛基说。

诸神世界邪恶的毁灭者洛基，
既然黄昏已无法回避，
就只得硬着头皮去接受了。
巨人族的后裔呀，
露出真面目的你，
今天才是真正的你吧，
诸神都以为你在亚萨园中安卧其中，
已经忘记自己的出身，
身为奥丁大神的十二主神之一的你，
并且和奥丁结拜为兄弟的你，
毁灭这一切真是你的快慰吗？？

光明神巴尔德，
你认为安卧在诸神的亚萨园中，
就可以忘却一切吗？
你可知在笼中唱歌啊！
即使百花盛开，也没有春天。
你抬头望过星空吗，
你低头看过大地吗，
这山川、河流、森林、丘陵，
看着头顶的星云和天空，踩着脚下坚实的大地，
这天和地都是用巨人始祖伊米尔的血肉铸就构成的，
漫步在这世界和园子里，
有时候我还认为自己生活在"父亲"的身体里。
你感受过巨人始祖临死亡前的吼叫吗？？
巨人的始祖伊米尔在我们幼小时用宽厚的肩膀为我
们遮挡风刀霜剑，
母牛奥都姆布拉的乳汁养育着巨人族，

用冰雪筑成的巨人，
有的双头六臂，
有的独眼四腿，
有的粗矿，狂野，野性，张扬，
在雪的世界里裸露胸膛，
仰天大呼，自由的跑，
巨人的眼光极目之处，
那是巨人的世界，
也是自由的世界。
可是诸神之父奥丁、威利和维，
却用刀剑创造了正义，
用屠杀制造了善良，
用黑夜建立了光明。
光明之神巴尔德，我问你
邪恶，善良是谁定义出来的，
那个时代只有空旷，虚无，孤寂，寒冷，冰雪，
只有生存，艰难的生存而已。
那个时代根本没有所谓的正义和邪恶之分，
因为正义还没有制造出来，邪恶又哪里会存在。
巨人族做了什么，吃了什么，饮牛乳，食冰雪，
无畏的生存，无谓的生活罢了，
在世界还没有形成之前，
你们就形成了律法，国王，裁定和正义的剑，
你们说巨人族是邪恶的，
好吧，你们就戴上了善良和正义的面具，
当巨人始祖的血汇成海洋之时，
你们就正义的胜利了。
你们把邪恶裁定出来，把正义和善良归自己所有。
你们在制造光明的时候，为什么不能制造全部的光明，
而把一部分光明制造成邪恶，
制造善良的时候，为什么不能制造全部的善良，
而把一部分善良制造成邪恶，
原来光明和善良都是你们指定的，自以为是的诸神。
诸神极大的恶隐藏在极大的善之间，
他们权欲、性欲、贪婪、自私、骄傲、自大，

而且他们还认为这些品德是诸神理所当然应该具备。
用傲慢装饰自己，用偏见去凝视巨人。
难道巨人就没有极大的善吗，还是你们只看到巨人的
恶？？？
诸神的恶被善良隐藏，而为所欲为，
你们用邪恶、杀戮和暴力创造了诸神的信仰，
去欺骗人类，洛基说。

诸神世界的毁灭者洛基，
这个世界不破就不立，诸神不为人类制造信仰，信念，
人类就会迷失，
邪恶的影子是让人类警惕不要走错方向，
有时候虚无的正义和善良，可以让人类更有信仰的生
活和生存。
谁都无法否认人类需要一个强大的精神世界，
在人类的内心生活着诸神的正义和公理，善良和爱。
那么诸神的分裂，巨人的分裂又何妨，
或许我们都是诸神一族，或许我们都是巨人一脉，
世界总归是他们的，是人类的，
以黄昏对黄昏，以黎明对黎明，错了吧，都错了吧。
将来能让人类精神信念存活的不是诸神，不是巨人，
而正是那些善良，正义和公理，虽然时常带血。
在洪荒时代，神灵也只能用刀剑创造文明，
年轮的发展，那里会有不流血的行进，
只能打破一个，才能建立一个，
要不然我们还在洪荒的时代，
历史的年轮本身就是刀和剑推动的，
血和骨头铸就的。
要不然光明进不来，
黑暗也出不去，
诸神和巨人就只能拥有空虚、寂寞、寒冷。
我们啊，诸神和巨人，
从一种苦难到另一种苦难，
从一束光到另外一束光，
我们穿过黑暗又迎来黑暗，

我们从洪荒中走来，又走进洪荒，
哎，诸神和巨人都是找不到方向的孩子，
是否存在就意味着毁灭呢？？
就像没有永恒的光和永恒的黑暗一样。
我们啊！一边挣脱束缚，一边又摧毁美好，
无论成功与否，最终都将与生命无缘。

光明神巴尔德，
你口口声声的真理和冠冕堂皇，
殊不知那些为你疗伤的人，
其实是伤你最深的人。
空虚、寂寞、寒冷，
我们都是在那个冰雪世界诞生的，
都是在那个巨大、深不见底的鸿沟衍生的，
只不过你们是正义的，
而我们是邪恶的，
你们是朝阳，
而我们是黄昏而已。
当我一个人的时候，我或者是邪恶的，
空虚的，孤独的，
巨人族复仇的火焰炙烤着我的灵魂，并把它撕裂，
谁懂我的痛苦和不安，我一个人就像野兽，就是邪恶。
当我面对诸神的时候，我努力善良着，微笑着，
亲近你们，
我像小孩子一样恶作剧，搞笑，顽皮，希望自己变得
无邪，
我希望自己可以融入诸神之中，融入这亚萨园子里。
可是诸神始终认为我是巨人一族，
我身上留有巨人罪恶的血，
你们警惕我，怀疑我，诋毁我，防范我，
捆缚我的孩子芬里尔狼，
用幽深的海水淹没世界之蛇，
把赫尔送至死亡的国度，
一切都是因为那该死的预言。
如果诸人不爱我，我宁愿死去而不愿活着

——因为我受不了孤独和被众人憎恶。
孤独的人非神即兽，
空虚，寂寞，孤独，焦虑，
越是孤独，越是没有支持，我就得越要知道我是谁，
因为我害怕我会迷失自己，而变得疯狂，
洛基说，我在想我是谁。
好吧，我也恨自己是巨人一族，
好吧，我的始祖应该死亡成全你们的世界，
好吧，我的孩子就应该毁灭在襁褓中，
那么就让一切预言实现吧，就让一切成真的。
如果暴力杀戮，也是一种文明的话，
那么我宁愿这世界毁灭，
如果这是命运安排的话，
那么就让我来引导诸神黄昏的降临，
当我被关在可怕山洞里就是这样想的。
在那荒凉不堪岩石嶙峋的边界之内，
仿佛是囚禁地，是放逐的极限，
也是仇恨的极限。
生存还是毁灭？这是个问题？
究竟是像诸神一样高贵的生存，
还是像巨人一样惨烈的死亡，
究竟哪样更高贵？
巨人们是忍受那狂暴命运无情的摧残，
还是挺身去反抗那无边的烦恼，把它扫个干净，
究竟那个结局更好？
或者诸神给巨人一个黄昏，
那么巨人们就一定要给诸神一个黄昏。
在我沉迷的时候，有时候远古的巨人就会呼唤我，
冰雪的呼唤，呼唤一个过去的世界和巨大生灵，
为了父亲的复活，我不惜死亡，
用自己的躯体去敲响诸神黄昏的丧钟。
你们该想到创世之时，
当你们敲响巨人黄昏的时候，
将来有一天诸神的黄昏也不会太远吧。
好吧，既然诸神不接受我，我也做不了诸神，

那么我就做野兽，巨人一样的野兽，
我会埋葬一切，诸神的，巨人的。

诸神世界的毁灭者洛基，
即使整个世界恨你，并且相信你很坏，
只要你自己问心无愧，知道你是清白的，
你还惧怕什么？？
一个人如果总是将一条蝮蛇供养在心口，
那么他就不可能每晚起身在心灵的花园里播种鲜花。
昨天的过往只能是今天的影子，
而不应该成为今天的绳子。
有些事如果你避免不了，就得去忍受。
不能忍受生命中注定要忍受的事情，
就是软弱和愚蠢的表现，
自己不能站起来的人，
老是埋怨是别人把自己推倒。
这个世界，
或许有不公，或许有黑暗，
但是这些都不能成为你成为黑暗的理由。
沉湎于复仇者的孤独，是一个可怕的深渊，
当槲寄生的尖刺穿过我的心脏时，
作为光明之神我终于品尝到了什么才是黑暗，
漆黑不见深渊，心里面的孔洞感觉深不见底，
没有什么可以依靠，依偎，
带着仇恨死去真是一种痛苦，
无论是巨人也罢，诸神也罢，
两个种族的战争竟然可以从朝阳处延伸到黄昏处，
原来存在的目的就是为了毁灭，
无休止的反复的毁灭，
我们究竟创造了什么样的世界啊？？？
我们要忘记过去，很难，
可是过去的毕竟已经过去了，
就像现在黄昏已经来临一样，
而无法扭转。
但是最重要的一点是，

我们需要创造一个什么样的崭新的黎明，
是巨人，还是诸神继续掌控这个世界，
或者我们一起掌控，
我们是否还需要戴着那面具存在，
接受人类的祈祷，
以见证诸神和巨人的不朽？？
或者我们需要一种秩序，
诸神的秩序也罢，
巨人的秩序也行，
只有共同遵循的秩序，
才能让我们避免毁灭，
黄昏、黎明，
只有秩序才能让我们平稳的从黎明走至黄昏，
从黄昏再走向黎明。
摧毁这一切，
诸神和巨人都会惊慌失措，
陷入空虚和虚无，
走向洪荒的原点。

光明之神巴尔德，
你只记得黄昏和黎明，
秩序和生存，
但你还忘了权杖和面具，
难道带有强制性奴役的秩序就是好的秩序，
难道失去尊严的生存就是好的生存，
难道血色的朝阳和黎明就是好的光明吗？？
"在这世界上的虚妄比真实的事物还多"，
黑暗比光明的要多，
因为秘密的面具本是制造黑暗的工厂，
可是诸神却以为自己制造出的是光明。
诸神把信心寄托在秩序，光明，统治之上，
相信这些就是通往终极朝阳的钥匙，
可以避免黄昏的到来。
可是当诸神拥有统治的时候，
就会被权力腐蚀，

拥有秩序的时候，
就会被纷乱侵袭，
拥有光明的时候，
就会被黑暗腐蚀，
诸神想极端的拥有什么，
就会被什么所统治和俘获，
那些无形却闪耀的光亮的东西，
在诸神的内心占据了极重的位置，
诸神依赖和信任它们，
但是却不知这些东西构成了新的诸神面具和黑暗。
诸神总是认为是对的，其实他们总是错的，
他们自己制造了黄昏，
却归罪于我的头顶，
他们自己推倒了自己，
却说是我存在的缘故，
诸神不知道啊，也不了解，
神灵也是虚妄的，也带有迷失本性的面具。
所有他们曾经想要的美好之物光明、秩序和统治都有
可能成为虚妄的面具，
当神对美好事物的要求超过了恰当的界限时，
它就变成了假的光明，而成为一种权力的奴役和面具，
最后这面具变为手中的尘土，因为它们原本就是尘土
构成的。
偶像面具是我们一切做错事的根源"，
面具附带的作用，是会让你为了抓住它，
而失去自我，迷失本性，
从而众神会把战争的行为看成是忠诚，
把杀戮看成是守护，
把权欲看成是责任，
把独眼看成是美妙，
它会驱使你违反一切美好和合宜的界限。
崇拜面具就是作它的奴隶，
还是认清诸神的面具背后的虚妄吧，巴尔德。

诸神世界的洛基，

诸神之父奥丁已经付出了应有的代价，
他在黄昏的时分或许也已经有所悔悟，
当然他在毁灭之前的内心"独语"，
我们也无法知晓，
那么就让这彼此的仇恨都湮灭吧！
无论是诸神的，还是巨人的，
都不要在铭记什么战争和黄昏，
该走的让它走，该留的让它留，
光还在这里，黎明就不会太远，
黄昏既然无法阻止降临，
那么就面对它吧！
暴力不是消除仇恨的最好方法——
报复当然也肯定治不好创伤。
有人说，回首痛苦的往事是一种坦然，
但是沉迷于其间，又相当于拥蛇而眠。
黑暗无法驱逐黑暗，只有光做得到；
仇恨无法消除仇恨，只有爱做的到；
恐惧无法驱除恐惧，只有自由做得到。
诸神、巨人，谁都会有错误，
但下一个黄昏时分我们很快会死去，
很快就会有这么一天，
我们在摆脱腐坏的躯体的同时，
也会摆脱这些罪过和尘灰。
我们的过往将会随我们的身体一起消失，
希望那时我们能够留下精神不朽的火花，
而不是那诸神的面具，
这就是我从来不想复仇的原因，
所以我平静的在赫尔的死亡国度生活，
静静等待末日的降临。
因为在这个世界上，
没有绝对所谓的好神和恶神，
也没有所谓的邪恶的巨人，
更没有绝对善良和美好的诸神，
有的只是创造和毁灭，秩序和利剑，文明和洪荒吧！
我们虽然是神，但是生命还是太短促了，不能用有限

的生命来记仇蓄恨，
还是坐在阳光下吧，
既宁静又舒心，
当风吹过来的时候，
你会感觉自己再也没有了面具，
只剩下平静的自由。
冥冥之中，不知上神创造巨人和诸神的用意是什么？
巨人和诸神总是在相互牵累而不自知，
难道我们只有摔的遍体鳞伤，
是否才能拥抱彼此？

光明之神巴尔德，
你是否还记得沉在智慧河河床之下奥丁的眼球，
诸神之父奥丁的独眼中充满了秘密，
奥丁的眼珠在弥弥尔的智慧河中并没有死去，
毕竟那是诸神之父身上的东西，
它依旧存活，
那沉在智慧河的眼珠，充满了权欲，色欲和血色。
可想而知奥丁大神的眼罩之下
一定充满了权欲和统治，
杀戮和嗜血，
你不要问我为什么会知道这一切，
毕竟弥弥尔也是巨人的分支。
光明之神巴尔德，
你是否想知道在诸神之父在毁灭之前，
奥丁大神在与我交战间隙
在我耳边低语了什么吗？？
他曾亲口转告于我，
并且让我再次转告于你。
诸神之父奥丁大神说：
当毁灭和黄昏来临的时候，
我才知道权力不可及，欲望不可及，色欲不可及，
诸神都带着欲望的面具，
尘灰的面具，是诸神错了，诸神错了，
我们需要寻找是内心的那一片宁静和平，

以及神性的光，
或许我们已经晚了，或许我们还有希望。
告诫于巴尔德吧，
让他的光继续照亮这个世界！！！
巴尔德，黑暗是你的影子，黑暗之神是你的兄弟，
有明亮的地方，就会有阴影。
而诸神的影子，也是巨人，
或者说巨人的影子也是诸神吧？
两者之间不存在谁消灭谁，
谁是正义的或者邪恶的，
也没有所谓的黄昏和黎明，
只有人的自由问题吧？
我的兄弟是奥丁，
或者奥丁的兄弟就是我洛基，
我要回到我的兄弟那里去，
我会努力和他达成和解。
我们巨人族和诸神都曾经戴着尘灰的面具，
我们都忽略了世界树之下的那一对男男女女。
这个世界将是光明的，也是黑暗的，
只是这世界再也没有神灵和巨人，
只剩下反复的黄昏和黎明，
你看黄昏已经来临，
黎明也在不远的前方，
洛基对巴尔德说。

巨人世界的洛基大神，
我来告知你我所理解的自由。
无论是诸神，还是巨人，
引领人们回到那能满足人心渴望的真实面前，
获得真正自我的唯一路径，只有自由，
权力可以带来毁灭和黄昏，
只有自由才可以带来永生和长存，
尘土的面具只能让我们走向疯狂和绝望。
只有光明才可以带来自由，
也只有光明才可以穿透那尘土面具的阴冷，

给每个人带来希望。
所以诸神的毁灭，巨人的毁灭，
对于这个世界而言，
一切都成为过去，
同时也无谓对错，
重要的是现在，你和我，
你，洛基，巨人族的后裔，
我，巴尔德，诸神的后裔，
对于这已经毁灭即将没有巨人和诸神的世界，
我们应该如何向这破碎的世界诠释，
什么才是自由，什么才是希望，
毕竟世界期待着新的光明。

诸神世界的巴尔德，
啊，我洛基，衍生于古老洪荒时代，
被命运的预言诅咒着，支配着，
被巨人的枷锁，诸神的枷锁锁着，
我不自由啊，不自由。
在那个黄昏下，
我第一次尝到复仇的快感，
那快感犹如芬芳的美酒，
喝下时让我痛快，
但回味起来却又苦又涩，
给人已中了毒的感觉，
有些事物，是否只有失去，
你才会知道珍惜，
然而又为时已晚。
为什么啊？为什么！
我不知道巨人的路和诸神的路又在哪里？？
白神海姆雷尔了结我的生命，
我反而感觉那是一种解脱，
再也不欠巨人和诸神任何东西了，
偿巨人始祖之恩，还诸神之情，
我想我明白了一些东西，
在生命即将终结的时候。

诸神错了，难道巨人就没有错吗？？
诸神戴着权欲的面具，
巨人却同样戴着这面具，
只不过我的面具却多了一样东西——仇恨，
什么时候，什么时候，
诸神和巨人都能脱下那尘灰的面具，
恢复到我们最初的本性时代，
饮冰霜、食盐粒，茹毛饮血，
赤身露体，披毛带发，
自由自在的在大地上奔跑，
没有阻碍，没有权欲，
没有尘灰，没有面具，
一直奔跑到大地的遥远不可触及之处。
可是，不可能啊，不可能实现了，
世界毁灭了，巨人和诸神也湮灭了啊，
为什么呀，为什么，
我们的生命都是要到了死亡的时候，
才能有所感触呢？？
可能诸神和巨人我们都忘记了，
忘记了那权欲面具的后面刻有的字痕：
以善为诱，比恶更恶；
大邪若正，大恶若善。

啊！这个世界，
懦弱常常驱人奔赴死亡，
而死亡又将赋予我们莫大的勇气，
而生命的奇迹，
就藏在诸神和巨人的生命热情里。
光明之神巴尔德，
用我们最后的神力吧，
我们再造一个世界，
我们再创造出一种不向任何种族诸神和巨人臣服的
族类———野人。
这野人和奥丁大神所创造的人类不同，
野人有诸神的黑暗和光明，

有巨人的强壮和野蛮，
他即是感性的，也是理性的，
即是复苏的，也是愚昧的，
我们集合所有战死的诸神和巨人的魂魄，
融合他们，
让他们屹立在这巨人始祖伊密尔的大地上，
诸神不会佑护他们，
巨人不会帮助他们，
他们需要离开这破碎的世界，
去自己独自创造自己的文明。
今天这块冰雪陆地上的人类是我洛基用邪恶的火，
奥丁沉在密密尔智慧河的眼珠，
光明之神巴尔德的心和黑暗之神的暗夜，
再创而成。
他们不是用木头雕刻而成。
他们有巨人魁梧的身材和智慧，
有诸神感性和理性的心，
有黝黑的眼珠和白色的皮肤，
诸神和巨人不仅活着，
而且守护着世界，拯救着世界，
并且给了所有人自由，
我，洛基，邪恶之火神，
用感悟的心，创造了他们，
创造了这个世界。
我梦想，在这个世界，
将来有一日别人爱我，
就如我爱别人，
别人自由，就如我自由，
自由的世界将会无限广阔。
若干年后，
人类一定不会记得诸神，不会记得巨人，
但是他们一定会记得自由。
因为在最黑暗的时代，
心存不灭的火花，自由终将燎原

○○○○○○○○○○

脚下的溪水水流潺潺，
树上结满了累累果实，
屋宇以黄金为顶，
田野里不经播种也绿意浓浓，
新鲜的空气里带着泥土的香气，
男男女女在自由世界里奔跑，
大地一直延伸到最远的尽头，
望不到边际，
世界一片光明。

备注：我阅读北欧神话的时候，
不知道是中文翻译的原因，还是别的原因，
我始终不知道诸神的黄昏之前，
奥丁在巨人弥弥尔的耳边低语了什么？_？
不知道一个神灵，北欧神话的最高神灵，
在毁灭之前，到底具有了什么样的感悟和思索，
所以我写了这篇诗歌，
也许我希望奥丁大神可以真正的安息，
因为在今天的北欧世界，
已经有了人类崭新的文明。

四、　众神的灰烬

亘古、宇宙、星辰、椭圆形的球体，
太阳的神殿，高耸的拱形石，
高高的奥林匹斯山，
是众神栖息的乐园。
雷电、洪水、阴郁的死界灵魂，
音乐和诗，战神和长剑。

漫长的时间过去，宙斯把那盗天火者从黑暗中提出来，

但他的苦难不但没有终结，反而更加深重。

他仍然戴着镣铐，直挺挺地被钉在高高的悬崖壁上，
无法入眠，也无法休息。

他任凭阳光炙烤和狂风吹打，早已消瘦不堪的身体任
凭暴雨与冰雹抽打。

冬日，雪花成团的落在他身上，严寒将他的肢体冻住。

但折磨远不只这些！

众神的王还派去一只巨鹰，每天扇动强劲的翅膀飞到
悬崖上，

伸出钢刀般锋利的巨爪，

将他胸膛撕开，啄食他的肝脏。

鲜血不住流淌，染红岩壁，
在悬崖下凝结成黑色的血块。

但是那伤口会在一夜之间愈合，肝脏长好了，
一到第二天，却又成了鹰的食物。

一年接一年、一个世纪又一个世纪，普罗米修斯持续
的经受这样悲惨的折磨。

尽管被折磨得奄奄一息，但坚强的提坦神那崇高的精
神和意志并未被摧垮。

神圣的苍穹，以及你们这些迅疾的风！

啊，河流之源以及大海永无宁静的波涛！

啊，大地，神与人的祖先！

啊，环绕世界奔跑、可见一切的太阳！

请你们为我作证！

你们看清我遭受的境遇！你们是否看到？

在未来数不清的岁月中，我将背负怎样的耻辱！

唉，痛苦啊，痛苦！

此时我痛苦地呻吟，这呻吟还将继续许多世纪！

痛苦的尽头如何到达？

现在我还能说什么？

一开始我便知道将会发生什么。

我的苦难并非骤然降临。

这可怕的命运我无法逃避！苦难是我必须忍受的！

为什么？只为我将神圣的火种送到凡间，

所以难以忍受的折磨必将加诸在我身上。

盗天火者出了可怕的怒吼：
"只为引起我的恐惧，
众神的王给我施加了什么样的打击啊！
啊，光芒四射的太空！你们要见证！

被捆缚在高加索山脉的提坦神族之子，
那盗天火者诅咒着，诅咒着神界，这众神的世界。
初始的大地女神盖亚和原始的天空之神乌拉诺斯，
被禁锢在地狱深处的提坦神族和百臂巨人，
残暴吞噬幼子的克洛诺斯，
还有那长着一百个龙头的怪物堤丰，
众神之战中亡去的神灵们，带着你们不屈的战意和精
神，汇集到我这里来，
有眼的带眼，有臂的带臂，有腿的带腿，有火的携火，
准备着奥林匹斯山的陷落，
新的众神之山将会诞生，
所有旧的秩序和旧的神将会湮灭。
宙斯的小厮赫尔墨斯我告诉你，新的姻缘将导致众神
之王的堕落，并被推翻，
有一个神的儿子拥有超群的智慧和力量过人的能力，
他被赋予宙斯王位的命运，毁灭众神，
到那时众神会化为灰烬，神会消亡，
新世界的众神将会从新诞生，
那声音随着滚滚的雷声，迎着呼啸的风，
传的很远、很远，一直到高高的奥林匹斯山。

宙斯暴怒的雷击劈在高加索山脉上，
整个天与地轰隆不绝，
手握权杖，脚踩地火的众神之王宙斯
发出众神也惧怕的权威和力量。
黑暗降临的时候，
是我用雷击之锤撕破天际，迎来光明，
众神畏怖的时候，
是我用勇气和力量对抗残暴，击碎邪恶，
众神沉睡的时候，

是我用尖利的狂吼唤醒巨人，对抗魔神，
我脚踩大地，头顶耸入云际，
是我结束了众神的纷争，建立了秩序和权威，
我为众神创建了奥林匹斯山，
让他们各司其职，拥有神的权杖，
我开辟了疆土，拓展了海域，
把一切邪恶罪恶的灵魂送进地狱，
建立了三界的秩序和权威。
我给巨人们创建了新的巨人跑道，
为什么提坦族还不服从我？？
你可知众神之王的愤怒
将会摧垮和毁灭你的生命和种族。

我从来不以我的提坦种族为荣，
也不以我的提坦种族为耻，
对你小小的权威和统治也从来不放进眼里，
在众神未衍生之时，
在地母盖亚刚刚衍生众神初始，
提坦种族的巨人就奔跑在大地上，
他们无知无畏，吞天踩地，
呼风唤雨，撕云捉电，
巨人们像风一样奔跑，
自由的无牵无挂的奔跑，
赤身露体、跋山涉水，
从幽暗的星际奔到黎明的光线，
挥汗如雨，追逐自己的影子。
当提坦族的巨人垂垂老矣，
就会停下飞奔的脚步，
寻觅到一处洞穴，轰然亡去，
让身体化为灰烬。
没有什么东西能够束缚提坦巨人的脚步，
就连死亡我们也是自由的。
啊，自由而生，
啊，自由而亡。

在众神的世界中有自由吗？
我们都是作为一种维持秩序而存在的，
我们是秩序，
我们是责任，
我们是鞭子，
我们是一切生命的主宰和造物主。
自由，哪里有自由，
我宙斯需要主宰奥林匹斯山和整个大地，天空，
波塞冬需要主宰整个海洋，
哈瑞斯需要掌控整个幽冥。
每一个神邸都有自己的主宰和责任，
他们每一个神邸都有自己的秩序需要维护，
阿波罗需要坐着金车，引领太阳，
阿瑞斯需要保卫奥林匹斯山，
雅典娜是智慧女神和女战神，
赫尔墨斯是守护神，商业之神，黄泉的引导者，
赫淮斯托斯火和锻造之神，铁匠和织布工的保护神，
。。。。。。。。。。
奥林匹斯山有太多太多的神邸，
这些神邸可以自由吗？
这个世界可以自由吗？
任其众神自由的话，
天与地会悬挂，
海洋、河流会倒流。
提坦族的人子，
我把你的种族赶进黑暗不见天目的幽深地狱，
你是否心存怨恨，而反对我的权威？？
在众神之战后，提坦族的巨人背弃我，
和古老的魔神一起反对我，
须知他们今天所遭受的任何苦楚都是应得的。

提坦族之子被捆缚在高高的山崖上对着天际喊，
天道的自然轮回和循环，
何须神来维护，
人的衍生和死亡是一个自然而然的过程，

人该生的时候自然会生，
该死的时候自然会死。
不需要神来设定和指手划脚。
你问我提坦族的巨人为何要背弃于你，
我告语于你，
在众神之战爆发的时候，
大地、天空、海洋遍布疮痍，
鲜血、灾难、死亡，还有众神的尸体，
巨人们不在乎胜利属于谁，
只在乎什么时候大地才会平稳，
天空才会澄明，海洋才会安息，
众神之战中没有什么光明和黑暗之分，
没有什么善良和邪恶之别，
有的只是众神的权欲、无休止的权欲争斗。
黑夜依然没有过去，
一直都没有过去，
众神也一直生活在黑夜之中，
黑夜的后裔凶恶、残暴、妒忌，
欺骗、纠纷、苦难也一直都在，
你贪权、好色、残暴、嫉妒、不公、享乐，
用极权统治奥林匹斯山，
黑夜和光明依旧处于无尽的搏斗之中，
众神依旧在流血和死亡，
在你的完美统治之下死去。
你的统治仍旧在继续，
就像在众神之战中被你击溃的魔神——
克洛诺斯一样。
用黑夜替代黑夜，用残暴替代残暴，
人们依旧在绝望中生活，
没有光亮。
大地上一片萧条，什么也生长不出来，
人们的土地上只有干枯的沙粒，没有半棵瘦弱的禾苗。
犁地的牛徒然地拉着沉重的耕犁，
但它们辛勤的劳作换不来丝毫收获。
人们一个村落接着一个村落地死亡。

饥饿的哀号声直冲上天，震颤着奥林匹斯山，
大地上再难见到祭神时的袅袅香烟，
死亡展开巨大的黑翼，笼罩在一切生灵头上。

提坦族的巨人，普罗米修斯，
众神从一个无序时代进入一个有序时代，
克罗诺亚时代难道真的比我的统治好吗？？
那么我们当初推翻自己的父亲又为了什么？？
我或许残暴，或许贪权、好色、嫉妒、不公、享乐，
这些都是神灵应该具备的东西，
作为一个神灵只要维护好天空的秩序，
海洋的秩序，幽冥的秩序就好，
没有人苛求我们什么，
为什么我们要自己苛求自己？？
众神的职责就是创建和维持，
而不是其他。
你所说的大地的创伤，
那只是秩序的代价罢了。
你说黑夜替代了黑夜，残暴代替了残暴，
其实这只是神灵的手传递了神灵的手。
不会永远存在原始的手和古老的统治，
所有的进步都是在黑夜中进行的，
光明也是逐渐露出面容的，
那里有一望无际坦途呢？？
对于人类而言，我们是永生存在的，不是吗，
只要众神存在就行了，
还奢求什么。
你所说的大地的创伤和人类的死亡，
我当然知晓，全然知晓，
但我有意为之，
给他们艰难，给他们困苦，
给他们黑夜，给他们死亡，
那个旧众神时代的生灵
就应该随着克罗诺亚一起消亡，
克罗诺亚时期所创造的众神之子必须湮灭，

一个新世界何必需要陈旧的生命，
众神有能力创造更新的生命，
何必怜惜他们，
他们缺乏对神灵的崇敬和信仰，
那群人低能，愚昧，罪恶，无知，为何还要拯救他们。
毁灭他们，创造新的众神世界和人类难道不好吗？？
何苦要维护一群不应该存在的人类。

众神之王，宙斯，
无论是多么完美的统治，
多么高贵的神灵，
统治都会变成枷锁，
阻碍人类的行动，
给予他们困苦，眼泪，创伤，黑夜，
甚至死亡，
捂他们的眼，塞他们的耳，
堵他们的嘴，扼他们的喉咙，
这一切又有什么意义？
难道是为了彰显你的高贵，
或者你的残忍，
倒不如让人类选择拥有自由自在的生活为好，
普罗米修斯说。
我们都知道自己的出处，
也明白自己来自于哪里。
众神是宇宙的陨石之火创建而成，
众神有权力统治世界，维持秩序，
创造生命或者毁灭生命，
这是众神至高无上的权力。
但是众神也会死亡和湮灭——
当众神之火熄灭之时。
你问我为什么要维护一群该死的人，
我告诉你，众神之王，
在众神之战中，
我亲眼所见众神死亡后燃烧的灰烬，
就像是黑色的蝶翼弥散在漆黑的夜空里，

然后坠落在大地上。
众神的湮灭让人震颤，也让人沉醉，
更是一种死亡的唯美。
看到同一时代众神的湮灭，
巨人们那时也很迷惑不解和困惑。
曾几何时原来死亡离神灵也是如此的贴近，
当华丽的唯美脱离众神的躯体烟消云散时，
于是巨人们，提坦族的巨人们，
开始思索如何创造一个众神湮灭后，
可以依旧在这个世界上行走的生灵，
不用众神最纯净的神力去创造他们，
而是用最卑劣的泥土、灰尘，
用巨人们最痛苦的眼泪去创造他们，
创造出一群无知、无畏，有希望的生灵，
去取代众神死亡后的世界。
人类是众神灵魂死亡后燃烧的灰烬啊，
众神死亡后灵魂会依附在人类的躯壳中，
啊，人类的祈祷有一天可以复活死去的众神，
恢复众神的统治。
但是前提是谁创建的人类，人类就会向谁祈祷，
就会复活谁的统治，
作为和克罗诺亚同一时代创建的人类，
你只是惧怕克罗诺亚的复活罢了。

我是惧怕克罗诺亚的复活，
作为一个弑父的神灵，
我内心的痛楚也是存在的，
而且无时无刻不在隐痛，
但是我并不后悔自己所做的一切，
至少我们众神结束了一个黑暗的时代，
残暴的时代，
当然你也可以指责我也是黑暗的、残暴的。
我可以告诉你的是，
当我看到克罗诺亚父亲的灵魂弥散在夜空中时，
我没有悲痛，也没有伤心，

只感觉到了巨大的喜悦和空虚，
或许这就是手握权杖的代价吧？？
说到众神之战中死亡的众神，
我还记得那场伟大的战争，
我还记得那时众神的辉煌，
以及和提坦神族巨人们并肩作战的过去。
那时候大地在呻吟，天空在轰鸣，世间的一切事物都
禁不止颤抖，
就连地狱中残忍冷酷的塔尔塔罗斯也不禁为之震动。
我迎着狂列的风又投出一道道火光四射的闪电，
一个个震耳欲聋的霹雳。
地面上燃起了熊熊大火，无边无际的大海也随之沸腾，
到处都弥漫着浓重的烟雾和焦臭味。
可怕的百头怪物——堤丰，
当他从地底下爬上来的时候出的撕心裂肺的咆哮，
使空气都为之颤动。
他的吼声像战场上人们声嘶力竭的喊叫，
像狼犬遇到入侵者竭力的吠声，
像愤怒的公牛攻击时的怒叫，
更像失去伴侣的雄狮仰天的长吼。
熊熊的火焰也伴随着堤丰沉重的脚步，
燃烧着大地上的一切生命。
那时候众神们见此情景都惊惧缠抖，
但是只有我和提坦族的巨人们屹立不倒，
我们紧紧的站在一起，
丝毫不畏惧这个强大可怕的敌人，
我们勇猛地冲向他，与他激烈的缠斗。
我手中闪光的雷电向那怪物射去，
巨人们的咆哮惊天动地，
天地间响起了隆隆的雷声，
连大地和天空都禁不止震颤。
遍地燃起烈焰，遍地焦黑，找不到一块完整的土地，
冲天的火光将天空烧得通红，
世界似乎又回到那初始的混沌和可怕时代一样。
当堤丰接近大海时，烈焰都会让海水沸腾，

连空气里出隆隆声响的乌云，也仿佛被它燃烧起来。
我的弟弟波塞冬、哈德斯，他们都勇猛的像火箭一样
四下飞射，
那些雷电锤都准确的打到堤丰的一百个脑袋上，
将他们统统都烧成灰烬。
失去头颅的堤丰轰然倒地，
他燃着烈焰的躯体引将四周的一切生灵都烧化了，
随着那可怕怪物的倒地，
那世界仿佛静止了，
后来我们才知道自己还活着，
我们迎来了新的众神时代。

我并没有赞美克罗诺亚的仁慈和光明，
因为他没有这些东西，
但是众神之王你也没有这些东西，
自由的奔跑、自由的生息，
你从来没有给予我们，
人类的自由更是无从谈起，
看看熄灭的火，
我就明白你从来没有打算给予我们自由，
所以我们选择走了不同的路。
奥林匹斯山的众神之王，
你也始终对我们抱有警惕和怀疑，
众神之战后，
你给予提坦族的巨人们带上沉重的镣铐，
将他们推入地狱的最深处，
也就是塔尔塔罗斯栖息的地方。
这些提坦神就这样被关押在永恒的黑暗中，
并且由百臂巨人把守着
关押他们的塔尔塔罗斯的铜门。
在他们的严密监视下，没有一个提坦神族的巨人可以
逃出塔尔塔罗斯的牢笼。
至此，那个由克罗诺亚统治世界的时代就真正的一去
不复返了，
这就是你送给巨人们，回报巨人们的礼物吧。

可是提坦神族的巨人们拥有掌控世界的秘密，
拥有创造和复兴众神的秘密，
拥有颠覆奥林匹斯山脉的预言，
拥有毁灭众神的力量，
你们从地母盖亚时代后就一直创造人类，
复活人类，改进人类，
或许将来有一日如果人类向提坦族巨人祈祷的话，
那么这个世界将属于谁？？
这难道还不可怕吗？？
我从自己的父亲克罗诺亚手中获取的权杖，
难道还继续交由提坦族来统治吗？？
你们的内心难道从来就没有想过
去掌控这权杖吗？？
众神之王宙斯的权杖雷击在高加索山脉山，
地动山摇。

众神之王宙斯你不明白，
提坦神族是古老的神族，在众神还没有衍生的时候，
我们就出现了，
我们和你们的父亲克罗诺亚一样都是地母盖亚和天
空之神乌拉诺斯创造的。
巨人们拥有长生的能力，巨大的力量，超凡的预言，
以及解读宇宙的奥秘，
但是作为誓约，
地母盖亚和天空之神乌拉诺斯曾要求我们起誓，
不能让神介入王的权限，王也不能介入神的权限，
提坦族永远只能作为一个奔跑的自由神族存在，
而不能作为一个王族统治者存在，
提坦神族永远不能主宰和统治世界。
所以我们是以古老神的面目出现的，
而你宙斯却是以统治者王族的名义出现的。
巨人们无法统治王族，
而王族也无法影响神族。
神族和王族也都无法永远存在，

更新，超越，衍化是我们共同的目标和责任。
所以提坦神族的巨人在黑暗的地狱中
开始静思和思索——
战争的意义，创造生命的意义，复兴众神的意义，
以及对那古老的预言开始进行反思。
巨人们在黑暗的地狱中静思和思索了几万年，
后来我们终于发现所有的秘密都在，
我们当初用低微的泥土创造的人类身上。
地母盖亚说过众神产于混沌，
起源于虚无，是被宇宙之火劈开后，
燃烧的混沌锻炼成为众神，
众神是混沌之火燃烧铸造的，
而众神死亡后燃烧的灰烬形成人类的灵魂。
火是世界的本原，世界是"在一定分寸上燃烧又在一
定分寸上熄灭的一团活火"，
火产生一切，一切又都复归于火。
人是宇宙体系的一部分，是神圣的宇宙之火溅出的一
个小火花，
世界是由原始的火演变而来的，原始的火也就是神
——众神。
人类是提坦族的巨人所创，
当这样一群带着泥腥气味道的种族被创造出来后，
众神是为了人类可以继续向自己祈祷，
来供奉自己的不朽，
以便众神可以继续举着火而行进，
掌火者即是众神的王，也是人类的王。
但是巨人们看到众神为了掌控天火，
而互相开战，破坏世界的秩序，
让神的世界和人的世界一片纷乱。
所以巨人们预言保持天火平衡燃烧的最好状态，
就是众神无火，人类拥火。

多么可笑而幼稚的预言，
我有时候怀疑地母盖亚将自己的预言能力赋予你们，
到底是对还是错？？

人类在提坦族的创造产生后经历了四个时代：黄金时代、白银时代、青铜时代、铁器时代。

黄金时代最为美好，乌拉诺斯坐在御座上。

慷慨的大自然满足了人类的一切要求，没有严寒酷暑。

人间的任何不幸被拘禁在桶中，这只桶由厄庇墨透斯保管，

而潘多拉还没有出世来打开桶盖。

人们生活美满，青春永存。

他们常常举行盛宴，大吃大喝，

而对艰辛与悲哀一概不知。

死亡的来临犹如酣睡，死后他们变成精灵升入天堂，

斜斜的站立在众神的肩膀下。

在克罗诺亚的白银时代，人类在体力与智力方面欠佳。

这种孤弱的开端延续百年。

人类在愚昧与不幸中

度过了这一短暂而焦虑的成年期。

他们不再崇拜天神，也不再献祭。

好在白银时代的人类并非一点美德也不具备，

他们有廉耻之心，

他们死后作为神灵继续在阴间生活。

在今天我的青铜时代，人类更加堕落。

身着青铜盔甲，手握青铜兵器，住在青铜铸造的房中。

他们残忍无情，尚武好战，

最终在无止尽的战争中消亡。

死时，他们降临阴间，神也不在庇护于他们。

普罗米修斯呀，我自己也有预感，

我预感到人类的最后一个时代也即将来临，最后一个时代——铁器时代，

这将是一个持续烦恼与悲伤的时代。

没有亲人的爱，没有孝顺长辈的责任感，

没有友谊，没有礼仪，

更没有信仰、真理与正义。

罪恶四处蔓延，强权即公理，战火烧焦了地球的表面。

天神也将摒弃人类，

众神的火也即将熄灭，

我们也不知要身归何处。
你为什么会认为众神都主导不了的东西，
而作为众神手指甲缝里卑微的尘土，
却可以去平衡？？
罪恶的人应该被彻底的湮灭，
由提坦族的巨人们用神力创建新的纯净人类，
再由众神的王来建立新的世界，
继续让纯净的人类向我们祈祷，
我们才可以保持不朽，
众神的火才可以保持不灭。
人类低能，野化，白痴，粗野，
而且没有灵魂，也不配拥有灵魂，
巨人们在创造人类的时候，
并没有用自己的灵，
对着他们的鼻窍吹气，
所以那些人都没有灵魂，
像无意识的行尸走肉一样。
人类必须消亡，湮灭克罗诺亚时期一切的人类，
由众神之王重建新的人类世界和宙斯之城，
众神的火不能被野人掌控。

众神之王，宙斯，
人类总是被黑暗所统治，
愚昧是统治一切的基础。
所以只有自由的火照亮这个世界的时候，
人类才有希望，
他们才能从蛮荒中穿过树林、荆棘，
给我们送来玫瑰的花蕊。
世界是按照一定的规律永恒运动的，
也就是人性推动的结果。
神可以创造不一样的人类，
那么人类也可以创造不一样的世界。
或者人类才能解决众神的问题以及自己的问题。
是的，巨人们当初创建人类，
并没有把神的灵魂赋予他们，

他们的鼻窍中没有神的气息，
所以今天的人类无知、愚昧、滥杀、
没有道德、没有信仰，
他们自己把自己吞噬，
众神只有化成灰烬，
才能把灵魂赋予人类，人类才能苏醒，
建立众人的城。
但是如果众神不死亡，人类就永远没有灵魂。
神的存在是慰籍众人守护众人的，
他并不需要实体的形体存在，
他是以精神和灵魂的存在和人类内心感性及理性的
心融合而存在而存在的。
神不需要依靠奴役而让人们供奉他，而是需要以自由
和博爱让人们信服他，
一切的神灵和古老国王的统治都应该给人让路，
给人性鞠躬，人才是自己的主人。
众神之王，宙斯，
你认为在克罗诺亚时代创立的众人，
会向克罗诺亚祈祷吗？
你惧怕众人的祈祷会复活
你的父亲克罗诺亚和古老众神，
会让整个世界回归到古老众神的时代，
让你的父亲克罗诺亚活过来，影响自己的统治吧。
你怎么不想想人类如何会向一个独裁的暴君去祈祷，
如何会向一个奴役人类自由的恶神去祈祷。
众神之王，你梦想永远拥有自己的统治，
永远拥有奥林匹斯山，
你用权杖和锁链同样
也捆绑了整个奥林匹斯山和众神，
也捆绑了自己，捆绑了人类，捆绑了自由。
你只是想着创建新的人类，以达到让众人供奉你，膜
拜你的目的，
你希望以众人的祈祷，延续自己的荣耀，
以维持自己在奥林匹斯山的统治，
你剥夺人类的火，

不允许他们在光明中生活，
自由你没有给予他们，
人类如何会向你祈祷？？
众神之王，宙斯，
你做错了，人类也不会向你祈祷。

提坦族的巨子，普罗米修斯，
无论人类向谁祈祷，
无论人类的祈祷可以复活谁，
对于众神来说都是一场灾难，
不能让人类对众神失去信心，
不能让人类的信仰和祈祷对众神发生偏移，
不能让人类滋生出对众神的质疑和思索，
任何细微的"思想的火"，
都有可能摧垮我们的世界。
你难道想摧垮众神世界，
让人类奉你为王，
在星际留名吗？
你还在想着恢复提坦神族的荣耀和原始统治，
回到那已经逝去的古老时代？？
回到那个洪荒的巨兽时代吗？？

不，我不想，
我从来没有想过要恢复巨人的荣耀和统治，
因为誓约在那里，
一直都没有启封，
我只想恢复自由的众神和人类。
让人类选择自由的生活，快乐的生活，
人人平等，人人自爱的生活。
他们不必向谁祈求，
不必向谁供奉，
不必向谁屈膝，
他们可以自由的选择自己的国王和神祇，
而没有人强迫他们的意志，
或者说神和王他们都不需要。

人类不需要任何东西，
他们只需要自由、无休止的自由。
反而，我却想替你脱下神的外衣，
当国王和神死去，人类终将获得自由。
我告诉你吧，众神之王，宙斯，
人类谁的统治也不会复活，克罗诺亚不会重生，奴役
也不会出现，黑暗会继续消亡，
因为人是自由的，是一团自由的火，一汪自由的水，
人类的天性是自由，
人类有一天会高举陨石之火，像众神一样在宇宙中自
由飞翔。
人类会进入自由时代，而不是黄金或者白银时代，人
类会建立众人之城。
人类祈祷自由，不在祈祷众神的庇护，
以人类的自由来祈祷众神的自由，当人人和众神都自
由的时候，
我们的世界再也不会爆发战争，黑夜将会永远被锁进
地狱，不再降临。
你囚禁我，只是想着询问毁灭古老人类的办法，创造
新人类的秘诀，
以及那从古老众神时代就流传的预言罢了。
那人类是提坦族巨人用泥土创造的，
他们浸染了巨人的心血，
他们的心窍中注有感性和理性的情感，
他们有知觉、有疼感、有意识，
有感情、有辛劳、有悲苦，也有快乐，
众神没有的东西他们都有，
这些微小的人啊，
并不是说毁灭就能毁灭的，
他们经历了两代众神的奴役和束缚，
但是他们还是像他们的祖先提坦族的巨人一样——
在黑暗的地狱里坚强活着，不屈的意志，努力的活着。
当有一天这些人啊，
如果挣脱众神的奴役和束缚，
不知道啊，他们会建立什么样的世界，

或者他们会复兴众神的荣耀吧。

提坦族的巨子，普罗米修斯，
你可知，
没有神灵慰籍的人类，心灵是一片荒芜，
没有国王秩序的人类，自由也是空想，暴力却处处存
在。
众神的存在自然有存在的理由，
奥林匹斯山的建立自然有建立的价值，
众神之母盖亚创建的众神世界，
怎么可能在我手中坍塌，
不，我宁可自己消亡，
也不允许你让众人来取代众神的地位，
我有权欲不假，难道众人没有嘛？？
我也色欲不假，难道众人没有嘛？？
众神也只是平凡的众人罢了，
但是混沌之火铸造了我们，
而我们开创了这个世界，
我们就要责任和义务，
维持众神的世界不坍塌。
人类只是众神指甲缝中的尘灰罢了，
如何可能将我们的世界交付于他们的手中？？
人类的劣根性太多，
他们互相敌视，杀戮成性，
欺骗、暴力、战争、统治，
他们难以成人，
你如何让他们成为众神？？

众神之王，宙斯，
人需要教化，需要灌输，人类缺什么就给予什么，
宁要教化的世界，也不要奴役的统治，
总而言之，就是不能剥夺他们的自由和天性。
如果人类是感性的，看到一朵花，一滴露珠，一碰雏
菊都立即生出对生命的热爱和尊敬，
把世间万物像对待信仰，有生命的信仰一样去热爱它，

那么我们还会不会发生战争和暴力。
众神的天堂里都是感性的人，而理性的人只能在人间
做王，
我们只要确保和教化人类感性起来，
那么自然人类会脱去旧皮，
拥有自由的生活。
彼岸的那边是自由，
而不是供奉和奴役。

提坦族的巨子，普罗米修斯，
这个世界哪里有绝对的自由和公正？？
天空之神乌拉诺斯厌恶提坦族巨人的近亲——
三个只有额上长一只眼睛的巨人，
和三个身长如山、
各长着五十个脑袋和一百只手臂的巨人。
地母盖亚不满我的统治，
生出一个一百个头颅的怪物——提丰，
让整个众神世界和秩序被血浇灌，
我们的父亲克洛诺斯吞噬自己的孩子赫斯提亚、得墨
忒耳、赫拉、哈德斯和波塞冬，
连我也差一点被吞噬，
众神的世界是用血与火浇灌、铁与剑统治的，
你嘴中口口声声的自由，
不知道会给人类世界带来多大的灾难。
我告诉你，这个世界永远不会有绝对的自由，
自由只是吟游诗人口中的肥皂泡沫罢了。

有，众神之王，宙斯，
当国王和神王死去的时候，人类就自由了。
当人类的意识达到众神的肩头后，人类就自由了。
用最后一个神灵的肠子绞死最后一个国王，
人类就自由了。
当所有的神灵和国王死去，人类将会独立生活和生存，
他们再也不需要依靠任何神和国王做扶手，人需要依
靠人性活着。

我会让人类拥有超脱众神的慰籍和信仰，
我会让人类拥有更自由的自由，而不是强制下的众神
给予的自由，
秩序是自我遵守的，而不应该是国王的鞭子建立的。
将来有一天当人类到达众神的肩头，
死去的灵魂会复活，
化为灰烬的众神会回到这里来，
人类会复活所有的众神和灵魂，
接众神回家，回到众神的怀抱，
只不过那个时候不再有宙斯山，只有众人之城。
人类将回到众神的世界，让众神得到安息。

真是疯狂呀，愚昧，
在众神的世界中竟然有你这样的疯子，
但是谁又能让我们毁灭，
经过众神之战后的我们，
谁也没有这个力量摧毁我们，
四周寂静无声，唯有大海的波涛永不停息的喧嚣。
正在这时，大地突然颤动起来，一切都不停的摇晃，
滚滚雷霆震耳欲聋，闪电一道道令人目眩。
黑色的旋风狂暴的嚎叫，
山一般高大的排空巨浪在海上掀起，
泡沫飞溅的悬崖被震撼，
狂风呼啸，霹雳闪动，在大地隆隆抖动。
众神之王握着权杖，
从云端俯下身子威压的凝视提坦族奄奄一息的巨人。

不，有一个孩子可以，
命运女神摩伊赖说过，智慧女神墨提斯将有两个孩子，
姐姐就是美丽的雅典娜，
而另一个则是拥有超群的智慧，和膂力过人的儿子，
这个尚未诞生的男婴在出生前就被赋予了推翻神王
王位的命运。
雅典娜可以从你的头壳中走出来，
你怎么知道不会有新的神邸

或者人类来取代你的统治。
在克里特岛长大的宙斯，你又怎知那被你吞噬的孩子
不会在你的肚腹中长大，
神的宿命怎么可能被轻易改变。
众神的父亲克罗诺亚也吞噬过那些孩子，
可是最终那些孩子还是存活在这个世界上，
并推翻了他的统治。
你又怎么知道，
你吞噬的那孩子没有存活在这世界上？
宙斯，提坦族的巨人只要赋予这个被你吞噬的孩子
以新的姓名，
他就能复生，从你的肚腹中，颅脑中走出来。
原始的火决定了世界的一切都将是必然地发生，
这种由原始的火或者神决定的必然性
也就是自然规律，
或者人类把它叫做命运，
自然界的一切都是服从命运的，人和神都必须服从它，
世界是按照一定的规律永恒运动的。

鹰身女妖尖叫着从高空中俯身冲下，
用利爪、尖嘴割开普罗米修斯的肚腹，
继续啄食他的肝脏，
巨人痛苦的嘶喊着，
我们都是为了抵抗残暴而残暴的，
我们都是为了反抗不公和黑暗而奋起的，
凡是压迫的都会崩溃，
凡是不公的都会坍塌，
凡是黑暗的最终有一天都会迎来光明，
只有人们的信念坚持到那一天，
所有的邪恶都会消亡。
普罗米修斯颤抖着从肚腹中抽出自己的肠子，
那血红的血涌出来，
像红色的鞭子、像死亡的绞索，
伴着闪电飞向众神的王，
缠绕在他的颅脑，四肢，肚腹。

众神之母，盖亚，
以众神的名义，为扬众神之威名，
给予众神永生的生命，
提坦族的巨人在此向你立誓，
为维护众神的未来，
保护无辜的生命，
维持世间的和平，
我将以神的血去熄灭王的火，
以神的肠子去绞下王的头颅，
以信念之血去阻止众神之王的统治，
赐予人类永久的自由和希望，
让世界进入新的文明，
希望永存，信念永存，自由永存。
沉睡在众神之王宙斯肚腹中的逆天者醒来，
我，提坦族的巨人，赋予你新的名姓，
一个新的世界将由你以及全人类展开，
苏醒吧，希望，
人类的自由之子醒来吧，
普罗米修斯嘴里叫着希望、希望。

宙斯的肚腹和头颅中冒出光来，
一片灿烂的光映照高加索山脉，
雅典娜的弟弟从众神之王宙斯的肚腹内走出来，
他全身穿着铠甲，头戴闪着金的头盔，
手握孔雀的羽毛和雏菊，
英姿勃勃的出现在高加索山脉。
他抖了抖手中羽毛，气势汹汹的大喝一声，
这一声在天空中震荡，久久回响，
就连高高的奥林匹斯山也不禁被震得颤动起来。
众神之子，从今日起你的名字叫做“希望”，
你将会带领人类建立自由和信念的城池，
你将会复活所有的众神，
你将会引领众人走向众神的世界，
你的世界有邪恶，也有善良，
有感性，也有理性，

有荆棘，也有鲜花，
有仇恨，也有死亡，
在面临艰难痛苦之时，
请不要忘记你是谁，
你的名姓，
你的火将明亮这个世界，
给每一个往前行进的人，
照清脚下的路，
让人类自由的走。
众神时代之后有一个人类时代，
那将是最好的一个时代。

花儿慢慢凋谢，
直到那些在春天和夏天一直陪伴着大树的叶子，
萎黄的在空中漫舞，
又飞灰一样的四散的飘向远方。
众神之王宙斯想起自己初生之时的情景，
阳光像金子一样洒在了克里特岛的各个角落，
那些雪白的岩石，还有大海都随之散出了生气和光彩。
女神们纷纷来到克里特岛，为新生的自己唱起赞歌，
并送来了神食和仙酒。
岛上的山谷、溪流、以及那些矗立的岩石都开心的与
女神一起庆祝。

众神之王记得自己在岛上的树丛间穿梭了很久，
才来到绿草如茵、开满鲜花的谷地，
谷地里的景色十分的精美，
到处都生长着悬铃木、香桃木和冷杉，
那些林边的柏树挺拔得就像一支支乌黑的箭，
高高的耸立着。
一片有一片绿油油的草地
就如同一块巨大的绿色地毯，
上面缀满了五颜六色的艳丽花朵。
一条条清澈的小溪蜿蜒的穿过山谷，潺潺的流淌着，
溪水清澈见底，这片溪水从未被牧人和羊群喝过，

也从未有枯枝掉进溪中，
就连在风中飞舞的花瓣也不曾落到溪中。
水面如同镜子，映照出周边景物，岸边灌木丛生、柏
树笔直挺拔伴着蔚蓝的天空。
那里真是一个既幽静又安宁，还很清凉的好地方。
等到大雪覆盖克里特岛的时候，
自己就会坐上像雪一样洁白的天鹅驾的车，
飞向那个没有严冬，
四季如春的世界——极北族人的乐土。
在那里自己会呆上整整一个冬天。
直到田野和山丘再度转绿，百花被春天的呼吸唤醒，
当五彩缤纷的花和绿草覆盖在克里特岛山谷的时候，
自己才会再次乘坐来时的那辆车返回。

众神之王宙斯想起自己的奥林匹斯山，
在奥林匹斯山的上方，是一片无边无际的天空，
无数的金光透过自己蔚蓝的身体流泻下来，
给这座迷人的城池披上一层神秘的面纱。
这就是众神之王宙斯统治的王国，
这里既不会下雨，也不会下雪。
这里没有万物衰败的秋天，更没有寒冷萧瑟的冬季，
只有阳光明媚，气候宜人的夏天。
奥林匹斯山的下方，飘动着层层浮云，
有时这些洁白的云会突然变得乌黑，
并急速的聚集起来。
它们就像奔腾的千军万马，
咆哮着压向广阔无边的大地，
那是人类生活的下界，
自己坐在高高奥林匹斯山众神之王的宝座上，
手握权杖，从高高的云彩上俯下身子志得意满的凝望
着大地，
但是现在万物凋零的秋天和冬天将取代那生机勃勃
的春天和夏天，
曾经洋溢在空气中的喜悦和快乐，也会被痛苦与哀愁
所替代。

众神之王宙斯的神庙着火了，
宙斯化成黑色的灰烬散落弥漫在整个世界。

在那漆黑的下方，有微小的声音嘶喊哭号，
是谁创造了我，让我从蒙昧中苏醒，
谁的灵魂塑造了我，谁的灵魂进入我的体魄，谁的灰
烬赋予我新的生命，
谁的歌进入我的梦中，谁的死亡燃烧了我。
众神啊，我的吾父，以人类之名，
我们会铭记你，我们会塑造你，
让众神在某日重生，
在某日人类会在众神的羽翼之下再创众神的世界。
啊啊，希望，希望，啊啊，自由，自由，
我们将擎着火，去追寻于你，
追寻那失落的众神，和众神的世界。
听着下界无边的歌声，
普罗米修斯想起年轻时曾站在湛蓝的海边。
任海风在他深色鬈上轻抚，将他披在匀称的双肩上的
紫红色斗篷轻轻撩拨。
美丽的花朵纷纷绽开，一切植物都重新抽出绿芽，
森林又披上嫩绿的树叶，
旷野又穿上了嫩草织成的新装。
农田里很快很快又长满了庄稼，稻谷忧愁满了谷穗，
果园里又是一片香花扑鼻，阳光下的葡萄园又泛着美
丽的翠色光泽。
整个自然界像刚刚从沉睡中苏醒过来，显现出前所未
有的生命力。
所有生灵都仰望着高加索山脉欢呼，颂赞着伟大的众
神。
远处有不知名的神灵在拨动他金色的琴弦，
琴声袅袅的在高加索山上空回旋，
金色的琴弦中回荡这袅袅的歌语声，
就像活着的阿波罗和缪斯们在演奏的天籁，
这时候通常缪斯女神们就会情不自禁的放声歌唱，
伴随着歌声，

刹那间，原本响动着欢歌笑语的奥林匹斯山就会变得悄无声息，

众神都安静下来，在静静聆听，

就是暴躁嗜血的战神阿瑞斯也会忘记战场上的金戈铁马。

宙斯心爱的神鹰在听到阿波罗和缪斯们演奏的天籁时，

总是垂下它强而有力的双翼，合上敏锐的双眼，

神态安详地在宙斯的权杖上打着盹，再也不愿出一声可怕嘶叫。

伟大如雷神宙斯，也会暂时忘记自己的权利，

于是那威力无穷的霹雳也会泛出柔和的光芒，显出一丝温情，

奥林匹斯山上变得和平而宁静。

世界仿佛都陶醉其中，如痴如醉地静静倾听着阿波罗的琴声，变得宁静、安详，

一片金色的光亮和白昼覆盖整个大地。

啊，漫长的黑夜永远不会再降临，

众神的世界那一日也会复活，

新的人类将会戴着众神的冠冕来到我的山脉。

人类一定会永远迎来明天，希望永在，

普罗米修斯露着苍白的脸，微笑的死去。

金色琴弦激越的声音寂静中激越的响起，

绝妙之美的旋律如同宽广的波浪在自然之海中滚滚流淌。

一曲弹罢，飘渺的余音缓缓消逝，

时间的一切都寂然无声。

地母盖亚坐在黑马拉的车上在天空缓慢前行，

深色的外衣遮盖大地，四周的一切随之浸入夜色。

在车子周围有一群群星星聚集，

这些星星布满整个黑暗的夜空，

向大地闪烁着洒下隐约的光芒。

很快，东方的天际露出一抹淡淡的光，

随着这光逐渐明亮，
地母盖亚静静地将一切都洒上银光，
将熟睡的大地照亮。
再将这忧伤的光洒向大地，地母盖亚满身的忧伤，
待到黎明临近，东方现出曙光，
启明星发出夺目的光辉。
随着一阵微风，东方更加明亮，
天空之神乌拉诺斯醒来，
晨光女神身穿淡紫色衣裙，扇动着透明的羽翼，飞上
玫瑰色霞光映照的天空，
她又为大地洒下装在金钵中的露水，花草上顿时缀满
钻石般闪闪发亮的露珠，
大地上的一切都散出芳香，满溢着一股股馨香。
大地苏醒了，精神抖擞地迎接太阳神，
太阳初升，将群峰照亮，
山巅如燃起烈火般高高地耸立。
太阳神一出现，群星匆匆逃离天宇，一颗一颗紧紧簇
拥，躲入黑夜的怀中。
太阳神驾着金车盘桓而上，
他头上的冠冕金光四射，身着的长衣熠熠闪亮。
金车在空中前行，阳光生气勃勃的洒向地面，为大地
带去光明、温暖与活力。

清晨，太阳升起来了，
高加索群山那积雪的山峰被朝霞染成了玫瑰色，
那山峰上空空的。
田野里小虫子从土里爬出来，
惊蛰到了。

备注：今天看我十年前写创世纪救世主普罗米修斯的
时候，感觉有点索然无味，因为人物斗争和对话过于

刻板化，机械化，在人物塑造上面有点高大上的感觉，对于人性和神性的交锋，对于神灵和人类命运的探讨及解读挖掘不够深入，所以我重新在创世纪救世主普罗米修斯的基础原型上，构写了众神的灰烬。原因无他，就是我在宙斯神性的基因中添加了人性，而在普罗米修斯人性的基因中增添了新的神性信仰。

五、 梦中的尼采

我沉睡着，沉睡在这静谧的森林，
傍晚的余晖拖着长长的尾巴，
去往海的那边，山的那边，
给海的那边、山的那边带去它的光阴，
而我们又到了沉睡的时间，
该安息在这森林里，
就像千百年来我们的沉睡一样。

在那夜的光阴中，
我穿过弥蒙的雾气，
踏足于黑色的大地，
大地的土层里就像是母体口袋，
滋生了一个个用泥土滚就的土人，
他们有的背有双翅，有的双臂孔武有力，
有的双眼闪烁着智慧的光彩，有的长有游鱼一样的鱼
鳍，
他们的能量似乎可以撕裂整个大地。
但是他们都无一例外在大地面前颤栗，
他们手握泥土，跪于大地梵唱：
我衍生于这土层，
我将永远忠于这大地，
以我之血忠于大地，以我之魂忠于大地，
我的血脉和这大地连成一体，
大地乃是我之名。
我们立誓将海那边、山那边的光阴采集回来，
种于这大地。
那大地说：去吧、去吧，你们是大地的超人，
你们将站在人的顶端去统治世人！

我站在大地的一边，
看那土人有的去攀高于天顶的山，

有的去渡浮于深渊的海，
他们有的从山顶摔落，
有的落于深渊，
他们的身体肉块被跪伏于大地的另外一些土人吞噬，
那是一群没有长耳朵的土人。
我听到尸骨和牙齿摩擦啃噬的声音，
鲜红的血、鲜红的肉，
撒满整个大地，
这样的场景过于诡异，
我听到大地的咆哮。
我握紧从树林里采摘的无花果叶子，
惊异的不敢呼吸。

欢迎你我的血亲，欢迎你我们的过去，
欢迎你来到现在和未来的集界点，
我们将一同见证一个新世界和新人类的诞生。
循着声音望去，
我看到那大地上坐着一个死去的灵魂，
他和那些土人统统不同，
因为他长有一双怪异的耳朵和灵巧的嘴。
你或许不知我的名，不知我的姓，
但是我世俗的名字是威廉·尼采，
——弗里德里希·威廉·尼采

于是我开始小心翼翼的朝那灵魂走去，
看那大地的"口袋"里不断滋生的土人。
请不要惧怕我，
我的灵魂是宁静的，
就像是澄明如拂晓的山谷。
我生前曾长久的居住在山上，
也曾长久的倾听溪流和森林，
所以在今天你安睡的时候，
我从森林中把你的灵魂寻来，
让你见证一下我们的未来，
因为你是我们的血亲，我们的过去。

你居于森林，我们行于大地，
不知谁的归宿是正确的？？
你是过去，而我们即将踏入未来，
不知谁的路将会更远一些？？尼采说

我不明白，那些长耳朵的人和没有长耳朵的人，
都是一些什么物种？？
为何无耳的要吞噬那些长耳的土人？我问

现在的我们处于现在和未来之间，
那些长耳朵的是一群即将掌控世界的超人，
他们有强于常人的体魄和智慧，
有优良的血统和基因，
他们具有超强的意志力，
他们具有大地，海洋，闪电那样的气势和风格，
是人类世界精神上的强者，
他们是属于未来的一群。
如果今夜他们能超越自我，
攀越过这高山，飞跃过这大海，
就能掌控未来世界，
超人就是这大地的意义！
而那群没有长耳朵的一群，
是这个世界即将被淘汰的一群末人，
他们傲慢、妒忌、暴怒、懒惰、贪婪、贪食、色欲，
只拥有低能的生理欲望和感官刺激，
他们大脑退化，四肢萎缩，
只长有一张噬吃的大嘴，
在饥饿的时候，他们会把自己吞噬下去。
他们没有耳朵，没有眼睛，
也就没有了听觉和视觉，
他们以别人的视觉为视觉，
以别人的听觉为听觉，
过着意识弱化或者没有意识行尸走肉一样的生活，
他们的脑壳里没有一丁点脑子和智慧。
今天所有的世人将作出抉择，

要么成为激情，欲望，狂放，活跃，争斗的超人，
成为统治者；
要么成为傲慢、妒忌、暴怒、懒惰、贪婪、贪食、色
欲的末人，
成为被统治者，
人类的世界今夜将进入新的进化。尼采说

为什么你们从森林中走出来，
来到这大地，
却又要进行这样的进化？？
又是什么时候人类出现了这样的分化呢？？我问

我们忠于大地，
当我们从树上跳下来，
双脚踏上这大地的时候，
我们就是大地的守护人，
就像你是森林的守护人一样。
人是一条浊流，但是他们不知道如何净化，
如何在大地上生活、生存，
他们妄图改变大地的意义，
人类生产出光魔，
不在对火神和太阳崇拜，
他们就像干涸的大海，
把自己和自己的世界弄脏。
世界被肮脏烟雾笼罩，
森林被砍伐，高山被铲平，
空气变的浑浊，酸雨从天上落下来，
河流、海洋里污水泛滥，
水土流失大地变得枯竭，
人类生活在垃圾和各种有毒气体中，而产生变异。
人们只为了铜锈和资本而活着。
人类释放出光魔，
妄想让他们取代太阳和火神，
信仰变得不再重要，而且毫无价值，
于是世界变得失去秩序，

所以我们需要强者的意识和统治秩序，
而超人就是这个世界新的统治者，
也是人类新的进化之路，
所以我教他们以超人之路。尼采说

轰的一声，一堆火在大地上燃起，
尼采指着那火堆说：查拉图斯特拉在这火里，
当我们像熟透的果子从树上掉下来的时候，
掉到陆地的时候，
我们的世界是黑暗的，
四周有野兽的足迹，
我们于是请求神灵庇护我们，
后来神的光在大地上滋生，
众野兽不敢靠近我们，
只有我们不受神火的灼伤，
那火庇护我们，
使我们得以在大地上繁衍生息，生生不止。
查拉图斯特拉在火中说，
我爱众人，我爱人类，
但神灵不会把爱挂在嘴边说说而已，
我给人类带来了一样礼物，
就是这火。
众人膜拜于我，就是膜拜于这火，
我曾照亮指引过世人进化的路，
但是人类制造出光魔却妄想取代我和太阳，
世人被欲望、利益包裹，
他们意识消散，道德破坏，
就连他们的神灵也不在庇护他们，
他们的信仰、灵魂以及神灵都死了。
所在今天我燃起这火，
给这黑暗的世界照明，
给这黑暗的人心照明，
假如世人继续在黑暗中徘徊不前的话，
当这火也熄灭的话，
当我离开这里的时候，

你们的世界就会灭亡、坍塌。
寻找新的进化之路，
是你们的宿命。
征服高山、海洋、天空，
你们将成为这个世界的超人，
而那些失去征服之心和征服意识的人类，
将沦为末人。
记住你们的神死了，
我是新的指路者。
查拉图斯特拉在火中说。

当我们在森林的时候，
我们成群结队进行聚集，
不分彼此在树林里生活，
大家都是平等的，
并没有谁高贵，谁低贱，
谁超人，谁末人之分，
为什么世人踏足陆地之后，
却有了这些意识上的东西？？
人类的上帝在那里？？
人类什么时候需要需要新的指路者了？？
我不解的问

我的血亲，我的过去，
人类就像是蚁穴溃烂的蚂蚁，
不知道应该爬向哪里，
不知道那里是人们的归宿。
在失去神的庇护和束缚后，
人类的道德败坏，伦理塌陷，人文萎缩，
他们人欺人、人骗人、人杀人、人吃人，
他们失去了耳朵、眼睛、嘴巴、头脑，
只有最原始、最基本的生理欲望和感官刺激，
他们像行尸走肉一样活着而不自知，
他们放弃了对神的信仰和膜拜，
所以神也不在佑护他们，神在他们心里死了，

而他们自己也死了，
他们死了，人们杀死了上帝，上帝死了，一切都死了，
对上帝的亵渎曾经是最大的亵渎，
于是所有的一切都死了，
现在那些人还想继续亵渎大地，
他们对不可知之物的内脏大加尊崇，
远远超过尊崇大地的意义！
他们从虫进化到了人，
可他们身上仍有许多东西是虫。
他们曾经是猴，
可是即使到今天人仍比任何一只猴更是猴。
他们辜负了进化之路，
而自甘堕落，意识消沉。
人是连接兽和超人的一条绳索
——是架在深渊上的一条绳索。
假如人类不能朝前进化的话，
那么他们就会朝后堕落，
那么人类真正的危险就会到来了。
自从神死后，
我们需要寻求新的进化和秩序了，
假如我们无所行动的话，那么我们的世界就会灭亡。
人类在这块大地上生存了太久，
是需要寻求新的进化的时候了，
就像我们不仅仅只满足做一个森林人、大地人一样，
假如我们不寻求新的进化的话，
那么我们就会灭亡。
将来有一天我们征服整个高山、大海和天空的时候，
我们将会是新世界的主人，
我们将掌控一切，
塑造新的人类未来。
迄今为止，一切存在者不是都创造出了超过自己的东
西吗？？
尼采说

不对，死的是世俗的上帝，

人类的精神上帝一直在人们的信仰中存活，
它从来没有抛弃过人类。
中世纪时代是世俗上帝和那些国王僧侣们的时代，
他们枉借上帝的名义奴役统治世人，
就像是超人对末人的统治一样，
其实他们只是世俗的一群，
神灵从来没有在中世纪出现过，
中世纪他们的十字架上钉立的也不是上帝之子，而是
世俗。
上帝之子在中世纪之前就已经完成救赎而死去，
在那古兰的石头城里，
所以上帝才降下瘟疫、战争，惩戒世人，也是惩戒世
俗。
人文时代的降临，人性开始复苏，
人类真正的精神上帝才开始出现了，
上帝在科技中出现，上帝在文化中出现，上帝在政治
中出现，上帝在社会中出现，上帝在人性中出现，
上帝在人类的每一个细节中出现。
人性是人类从树上掉下来之后，新的人类精神上帝，
他从来没有死去，只有人类存活一天，这上帝就不会
死去。
人性是我们唯一的救赎，也是唯一的"上帝"。我说

人是一种应当被克服的东西，
也是一种统治和被统治的东西。
你看那森林里大树之下小草生长，
大树是小草的统治者；
你看那海域里鲸鱼呼吸，群鱼掩藏，
鲸鱼是群鱼的统治者；
你看那天空中巨鸟展翅，群鸟敛翅，
巨鸟是群鸟的统治者。
人类与自然的生命一样，都有强弱之分，
超人理所当然是新的统治者。
你见过被残暴鞭打的马吗？？
我曾经搂过那马的脖子哭，

为什么人可以鞭打那马，
而马却不可以去鞭打那人？？
难道马没有痛楚，
还是没有感情，
或者它没有思维？？
人类的鞭子可以落到马上，
也可以落到女人身上，
当然也可以落到自己身上，
生命本身就是一个上下层叠，
上下统治的过程，
天覆盖大地，
我没见过大地去包围天的。
所以人可以骑在马上，
超人可以统治末人，
末人只是"超人"实现自己权力意志的工具
和被践踏的土，
是他们的存在使人类道德的崩散和神的死亡，
神死了，
人类的自我价值和意识也死了，
需要我们的世界重新构建新的价值观和意识观。
尼采说

人应该是一种自然的东西，平等的关系，
而不是刻意的为之，
进行层叠和统治。
你看那森林中大树之下巨木庇护小草，
海域之内鲸鱼奔腾，群鱼随流，
天空之上巨鸟展翅，群鸟欢畅，
人骑马，马载人，
这只是一种自然流动迁徙关系，
而不是你所说的统治与被统治关系，
至于超人和末人更不是那种理所当然的关系。
尼采呀，你为什么要抱着那马哭？？我问

我抱着那马哭，

是因为那马就是世人，
马受鞭打，就像世人受上天鞭打一样，
我无法叫停那人不要鞭打那马，
也无法叫停上天不要鞭打世人。
但是抚摸那马伤痕累累的脖子，
我懂的那马的痛楚，
可是那马却不懂我的痛楚，
我懂的世人的哀伤，
可是世人却不懂我的哀伤，
我和那马、那世人无法沟通，相互无法理解，
我们被各自不同的意识包围，
而产生隔阂。
我明明的在自己的世界里看到人类的希望，
妄想把那马和世人拉进我的世界，
可是世人不懂我的思想，
不懂我的世界，
所以我只能哀痛的看着那马在受鞭打，
无法施救而抱马痛哭，
世人并不懂我，那马也不懂我，
我哭马即是在哭世人。尼采说

尼采呀，征服、统治不应该是人类的目标，
那山不是我们的日标，那海也不是我们的目标，
而山那边，海那边的光阴也不是我们的目标，
因为明天那光阴还会回来，回到我们这边来，
它不会像流沙一样流逝后不回来的。
统治更不是我们的目标，
众人的平等才是我们的目标，
才是过去、现在和未来的目标。
人不应该用来统治的，绝对不是，
平等、友爱、自由才是人类的目标，
同样从土层里爬出来的人，
你们征服大地，出现了超人和末人，
如果你们征服高山、大海和天空的话，
那么超人和末人也将永远继续存在，

而不会消亡。
人种没有区别，肤色没有区别，
超人和末人也没有区别，
我不知道人类什么时候戴上了有色眼镜。
人类发展到极限，
是否允许一部分被另一部分人淘汰、
灭绝、统治、扼杀？？
我们为什么不去消除两者之间的差异，
而不是无限的扩大他们的距离；
为什么我们不为他们画上耳朵、眼睛，
让他们明辨是非，
让他们贫瘠的头脑里也装上一些智慧。
单一个体的进化和强大，
就是成功，也不会长久，
因为末人会集体把超人吞噬，
众人的平庸和众人的恶会把整个世界拖入深渊，
所以超人救不了这个世界。
不要妄想什么超人，
要想到每一个人，
才能救这个世界。
要做到对世人的平等和普爱，
而不是让单个的超人去统治世界，
假如那样的话，
我们的世界就会有倾斜的危险。我说

那人呀，大话、漂亮的话人人都会说，
但是关键是世人是否承认你的思想和你的价值，
将来有一天你也会抱着那马哭，
因为世人不会理解你的思想，他们会视你为异类，
他们会羞辱你，仇视你，
他们习惯了强权统治的生活和生存，
你给他们平等，他们不会适应，
因为世人从树上掉下来的时候，
就不停在戴着那"帽子"，
他们拾了一顶，丢弃一顶，然后又拾一顶，循环不休。

当他们失去帽子的时候，他们就会疯狂，
世人何曾是人，他们一直都没有学会行走，
他们也一直不知道人类行走的价值和那自由两个字
的含义。
不要妄图给他们自由和平等，
自由是强者的权限，弱者不需要，
平等是弱者的呼喊，强者不需要，
强者需要的是统治，敬畏和服从，
友爱更是可笑的东西，不可能，
谁能知道末人得到强势的力量后，会不会更坏？？
当超人莅临众人之上的时候，自然会给末人自由和平
等这些形式上的东西。
先哲柏拉图也是崇尚精英治国的，
那些没有经历过高山、海洋、天空的弱者末人，
凭什么要求平等，
那群没有耳朵、没有眼睛、没有智商的末人也妄想寻
求自由，
是否是一种公平？
友爱更是见鬼去吧，
弱者的平等和暴民的自由，
会破坏我们的世界和社会秩序，
让我们陷入分裂之中。
没有流出汗水，没有付出，没有耕耘，
却妄想收获，妄求公平，
这是对人类进化价值的一种挑战和亵渎，
难道不是吗？？尼采说

你错了，尼采，先哲柏拉图也是谬误的，
众人寻求的平等，并不是绝对的平等，
而是寻求的一种理念的平等、
价值的平等、思维的平等、
意识的平等、品格善良的平等而已，
世有百行并百业，
付出者必定有所回报，这是定理，
汗在谁的脸上流水，果实就会在谁的脸上出现。

世人做百梦，有的人梦想做森林人，
有的人梦想做大地人，
有的人梦想做高山人，有的人梦想做海洋人，
有的人梦想做天空人，
我们的世界是由森林、大地、高山、
海洋、天空构成的，
为什么一定要指定一个归宿要所有的人都去做一个
梦？？
并没有一个梦想是人人必须要做的。
你愿意做超人，或许我愿意做末人，但是你做你的超
人，
不能寻求对我的统治，因为末人不是超人的奴隶，
我们在理念、价值、思维、意识、品格上是平等的，
你不能强迫让我服从你的梦想，
你不能寻求让我和你朝同一个轨迹进化，
你不能以你的强势定理来压迫我的弱势思维。
超人是世人的一员，末人也是世人的一员，
超人爱世人，末人也爱世人，难道这种爱有区别
吗？？
人类从同一个目标森林开始衍化，
我们寻求陆地的进化，现在寻求天空、海洋、高山的
进化，
不知道那一种进化才是人类的最终归宿，
而同样我们对未知道路的迷惑和迷茫，
也让我们无所适从，
今天的超人之路和末人之路我们也是同样的迷惑和
迷茫，
这种进化是否正确，
就像当初我们从森林跳到陆地的时候，
也是迷惑和迷茫的，也是无法决断是否正确的一样，
而超人和末人的定义今天是否公平，
我们有何权限定义某种人类该淘汰、灭亡，某种人类
该主宰、统治？？
人类的进化不应该是某一种族的进化，
而是平等的进化，品格的进化、善良的进化，

只有这种进化，才能让人类的存在变得更有价值。
到那个时候，人和人是平等的，神和神是平等的，人
和神是平等的；
高山和大地是平等的，天空和海洋是平等的，森林和
天空是平等的，
世界上任何一切都是平等的。
到那个时候，人类会进入一个众人时代或者众神时代，
没有所谓的超人和末人之分，一切都将归于平等和平
静。
人类将生活在同一天，
没有过去、现在和未来，平等的生活在同一天。我说

怎么去拯救世人，
依靠那死去的所谓神灵吗？？
森林有森林的法则，
大地有大地的法则，
我们在大地上建立宫殿，
我们有国王、有臣民、有奴仆，
我们有我们的规则，
那大地又发出咆哮。
众多的土人纷纷涌向那高山和那海，
末人的罪和末人的恶，
凭什么要超人来承担，
难道一艘即将沉没的船上，
率先逃离的反而有罪吗？？
难道一同沉没才是正确的吗？？尼采问

众人有罪，众人有恶，
但是假如不经过教诲和施救，
就宣告死亡的是否是好的医师；
假如不经救助，
就宣告船只倾覆的是否是好的船长；
假如你看不到众人之中微小的善，
就宣告众人的罪，
是否是合格的先知？？

神灵创造人类，
因为我们原始的罪，
而沦落大地，
但是神灵让我们在大地上是先做兽的，
而不是人。
当我们从树上掉下来的时候，
我们的兽性并没有和我们的灵魂、躯壳上脱离干净，
所以我们有些是人，有些是野兽，
那是因为那些急着落地的人，
还没来及去吃树上的无花果子，
就跳了下去，
所以他们的腰无法直立，
他们只能用四肢爬着前行。
假如他们吃了这果子的话，
他们就会明辨是非，头脑睿智，体魄强健，
他们就不会仅仅依靠生理欲望和兽性生存。我说

你这从树上跳下来的野兽，
披发带毛也同情世人吗？？
世人鞭打你们的时候，
你的同情在那里；
世人耍弄你们的时候，
你的同情在那里；
你这过去的人竟然同情现在的人，
你是否违背自己，违背了过去？？
我竟然没有见过过去的人妄图改变未来的。尼采说

就是因为世人鞭打、耍弄我们，
我们才要给世人同情，
我们只能同情他们，
他们才能接过这同情，
把同情种植在内心，
我们给他们同情的种子，
不是仇恨的种子，
将来有一天他们才会回馈我们。

世人啊你们奴役我们，
鞭打我们，捆绑我们，
你们都是我的敌人，
但是我也爱你们，
我知道你们从树上掉下来的时候，
丢失了什么东西，
所以今天我把这东西给你们带了回来。
你们知道这无花果子的内核是什么吗，
那是人性呀！我说

人性，人性，今天的世人只有兽性，
他们背弃了自己的信仰，
他们没有道德，
他们人吞噬人，
他们利用所谓的国家、民族、宗教来杀人，
他们习惯于服从强权，
跪在那里，
还沾沾自喜，
所以我让超人去统治他们，
失去统治者，
他们就会崩溃，
他们的心里根本就没有自我概念和自我意识，
他们根本还不会用自己的双脚行走，
他们身上长的毛发比任何森林里的野兽还要多，
他们的脑子萎缩的比一粒浆果还要小，
你还想教化他们，
他们只有兽性的感官刺激和生理欲望，
已无可救药，
你还想让他们变成"人"。尼采说

伟大的康德说过，
人是一切事物的目的，人是目的，
世界上任何事物都是围绕着人展开的，
脱离了人这一目的，
任何事物都会失去意义，

没有了人这一主体，
那么我们 就没有国家、民族、宗教，
国家、民族、宗教都是为了达成人这一目的的手段，
而不是让人成为国家、民族、宗教这些目的的手段，
可笑啊，今天的世人都是本末倒置，
颠倒行走，混淆黑白，
他们屁股上的尾巴比我的还要长，
而且长的很多、很多。
做奴隶做久了，
他们对自由会非常恐惧。
我知道世人都是愚蠢的，
那些权力者说什么，
用意识形态给他们灌输什么，
他们就信什么，
他们没有脑子，
不会思考。
但是这并不能成为他们灭亡的理由。
我可怜他们，
但是我更多的是鄙视那些权力者，
他们才是白痴中的白痴，
他们自认为愚化别人，
可以让自己的统治更加稳固，
但是拥火者必自焚，
那些狭隘的权力者将来有一天一定会付出可怕的代
价。
这个世界的超人啊和那些权力者们，
我告诉你们，
昨天我在森林的时候，
我们的世界是平等的、自由的，
我们在森林里没有谁统治谁这一说，
因为大家的屁股后面都拖有一条长长的尾巴，
没有谁比谁高明。
而今天你们在陆地上行走的时候，
却有了高矮、尊卑之分，
你们乐于统治他人，

而那些人也乐于被你们统治，
你们认为这是陆地的规则，
我告诉你们，世界上所有的权力者们，
你们都错了。
世人乐于被你们统治，
是因为你们借用了国家、民族、宗教的名义——
这些森林里没有的破烂东西，
去统治他们，
将来有一天世人看透了、看破了你们所谓的国家、民
族、宗教，
他们就会狠狠的把你们丢在地上，
把你们的体制和你们这些人倾覆，
丢进历史的垃圾堆。
这个世界的超人啊和那些权力者们，
我告诉你们，
人类今天的发展道路和未来的发展道路，
在昨天、今天和未来的明天，
人不应该被统治和奴役，
就是国家、民族、宗教也不能统治奴役他人，
人应该是自由的，
在昨天、今天和未来的明天，
一直到我们看不到的那一天为止，
人一定应该是自由的。
我会用你们的信仰、理念、意识，
建立一个笼子，一个巨大的笼子，
我会把人的劣根性关进这个笼子里去，
我会把人世间的所有邪恶——
贪婪、虚无、诽谤、嫉妒、痛苦、贪食、色欲、
暴怒、懒惰、伤悲、自负及傲慢等等，
把潘多拉魔盒中所有的罪恶关进去，
我努力把你们兽性的尾巴斩断，
教化你们，
我努力把你们的人性呼唤出来，
　我要让所有的人有耳朵和没耳朵的人明白，
你们都是人，

不是统治者和被统治者，
只有一个人人是人的时代，
才是众人的时代，
才是你们的时代。
　将来有一天，
你们的阑尾蜕化殆尽，
你们的意识完全复苏，
你们将进入一个更伟大的人类时代，
在那个伟大时代，
人人都将成为众神，
人类世界将进入一个众神时代。
众神时代的意思是，
我会把人类所有的劣根性，恐惧，黑暗，残忍用关进
牢笼。
我会把潘多拉魔盒中人类的善良，良知，正义，公理，
自由，人性释放出来，
还有压在魔盒中人类的"希望"也释放出来。
尼采啊，无论你走还是不走，一定有人要推动这个世
界前进，
世人也会走到众人时代，甚至众神时代。我说

哈哈哈哈......
尼采在那里笑的前仰后合，
喘不过气来，
我说我疯狂，
可是你比我更疯狂；
我说上帝死了，
可是你说死的是世俗的上帝；
我说世人需要统治，
你说世人都是你的敌人；
我说需要重建人类的价值观进行进化，
你说人类还可以继续进化，
——进化到一个众人时代，
甚至众神时代。
　你这披着兽皮还不能称之为"人"的人，

你只是我们的"昨天"，
可是你怎么自认为是我们的"未来"。
是时光倒流了吗？？
还是你来自未来？？
谁的对、谁的错，
我也不想再做无谓的争辩，
或许顺从自然，
或许顺从人性，
或许顺从自由，
或许你是对的，
但是今天在我眼里还是一群群肮脏的猴子和一群群
还没有进化的兽性的人，
他们污秽不堪，
没有心智，
以彼此的血肉为食，
乐此不疲。
假如你还认为需要教化这样一堆不能称之为人的人，
那么你就去吧，
去救你的人吧，
世人也不会承认你的价值，
他们也会诋毁你，唾弃你，
用后人看不清的历史把你埋葬，
你也不会出现在未来人们的历史中，
无论是否有众人时代或者众神时代。

历史总会把所有的人埋葬，
无论是谁的名姓，
我宁愿自己是一粒种子，
在来年的春上吐出绿芽，
自由的绿芽。
对于世人的污秽和肮脏，
我们需要一场本源的水冲刷这一切，
净化这一切，
人类的生命本源是水，
从浩淼天空落下的水，

它是一切生命出现的本源。
这个时候狂风刮了起来，
霹雳伴着闪电割开漆黑的天际，
一滴一滴的水滴像天空的眼泪一样流下来。
生命的本源呀，
请你到这里来，
这里有久违的干涸，
有迷失的魂魄，
他们需要你，
请降到这里来，
落到这大地上、森林里、大海里、高山上，
请给这个世界带来新的生机和人性的渴望，
快点吧，落下来。
世人啊，在这个世界上你们为何都是我的敌人，
　世人啊，你们什么时候才能真正的学会行走和思考，
难道用他人的肉做羹，用他人的血为泉，
就是你们的价值吗？？
人吞噬人就是你们存在的意义吗？？
　世人啊，你们什么时候才能学会直立行走，在陆地
上直立行走。
吃这橙亮的果子吧，它能让你们心智清醒，
这是神后花园的果子，你们的先祖就是因为偷吃这果
子，
才赶落凡间，你们才开始行走的。
说着，我将那无花果的叶子和无花果仍向大地，和那
大地上的人群。
　生命的本源啊，请你快点落下来吧，
我需要冲刷这一切。我说

于是开始下雨了，
那雨水从天空中落下来，落到高山上，落到森林里，
落到海洋里，落到大地上，
那火开始慢慢的熄灭，那灵魂也开始慢慢的飘荡。
那灵魂在飘起来的时候说，
那人呀，你将来一定也会抱着那马哭，

就像我一样，因为世人中不会有人懂你的思想，懂你
的价值，
你奉他们为王，而他们却会视你为猪狗，
大雨过后，人类还会有很长的路要走，
世人的路不会那么平坦，
强权意识超人思想是人类不可缺少的果子，
将来有一天我会和查拉图斯特拉重新回到这大地上
来，
　继续我们的意识。
雨下的越来越大了，
风声、雨声、大海的声音、森林的声音，天空的声音，
大地的声音都在一起咆哮，
大地上那些超人有的张开双翅，为末人挡雨，有的用
坚实的双臂拖着末人，寻找遮雨的地方，
有的直接带着末人在大地上舞蹈放歌，
更多的超人和末人平等的躺在大地上，
让雨水拼命冲刷自己的躯壳和灵魂。

于是一切开始恢复原状，
高山的回到高山，海洋的回到海洋，天空的回到天空，
大地的回归大地，
我也回到森林，我的树上，
我睁开眼发觉这是一个梦，
一个叫做尼采的给我留下的一个梦，
看着早晨雨后青翠的高山、海洋、天空、大地、森林
以及树上的那果子，
这难道不是我留给尼采，留给世人的一个梦吗？？？

备注:我一直认为神灵有缺陷，
　（就像北欧神话的神灵一样，

神灵也充满了权欲和偶像的面具)
否则人类也不会出现,
但是人类也需要不停的进化和改变自我,
以适应社会的发展,
可是关键的问题是"方向"在哪里?
尼采的方向又是否正确无误呢?

六、　荒原——尼采和穿条纹睡衣的斑马

夜、漆黑，漆黑，
大地像亘古的巨兽，潜在那里，
夜色之下雾气妖异，
荒草、残壁、森林、土岗，
冷月挂在那里，
荒原上传来狼的悲鸣，久久不息。

在荒原的那头，那头，
远远的那头，
有灯火辉煌的城市，
有光怪陆离的幻影，
汽车、楼房、混凝土的城市，
以及川流不息的人群，
就像是爬满方糖的蚂蚁，密密麻麻蠕动不止。
没有东西可以脱离或者逃离这里，
人类像蚂蚁一样倾轧在一起，
有人在底层喘息、喘息，艰难喘息，
还有一些人隔的很远、很远，
像行尸，像走肉，
没有生命应有的气息。
冷月挂在那里，
城市里阴暗的角落，
若有若无传来谁的哭泣？？

我穿着条纹的睡衣，眯着眼睛，赤着双足，
就像是一只初生的斑马，
从十八层高楼六零房间里笃着步子走出，
平举着双手，我顺着高楼的墙壁，
踩过邻家光滑的玻璃，
中间有婴儿吮奶的声音，

有男童的梦语，
有猪和狗咕噜咕噜不甘的声响。
我顺着城市的哭声，
像一匹敏锐的斑马，
寻找那悲鸣的哭泣。
在光线微弱的城市角落，
我看到有一个穿着黑衣服的男人，
蹲在那里哭着，
他似乎搂着一个什么东西。

那人，在这静谧的城市，众人沉睡的夜里，
你为何哭泣？？

我失去了我的城市，我的乐园，
世人也不了解我的心。
那人的声音空旷无力，
就像是从遥远的荒野传来的气息。
人类建立了世俗的城池，
却不在将上帝放进人心，
他们相互倾轧，撕扯，争斗，
眼眶中充满了利益和血腥，
内心注满了魔鬼的欲望，
上帝的城池遥遥无期。

你说的我并不懂，
什么是世俗之城，上帝之城，
我们生活在这城市很好、很好，
我们以粒米滚成雪球，
从茹毛饮血的兽人创造了今天的文明，
今天的城市。
看这灯火辉煌的城池，
人们自由的繁衍生息，
谈论什么上帝的城池和魔鬼的欲望，
我不解那人。

你有多久没有看过天上的星辰，
你有多久没有审视内心？？
那男人在阴影中问。
当我们躺在原始里，躺在荒原里，躺在森林里，
透过稀疏的枝叶看那天上的繁星，
在宇宙刚刚衍生我们的时候，
星空是那么的美，
我们是那么的单纯和纯净，
星星映在我们的眼中，
那个时候整个宇宙都在我们的眼眶中，
我们没有太多的欲望和利益，
只是单纯，单纯的自由过活着。
是的，自然界并没有赐予我们太多的食物，
对于刚刚才园子里出来的我们，
手足无措的我们在艰难的时候，
也会哭泣，
那眼泪就像碧蓝的大海从我们眼眶中溢出，
那碧蓝色纯净的水让人心碎。
可是这一切自然的、原始的人性，
人类，今天的人类再也无法触摸和拥有。那人说

原始的是野蛮，野蛮的是堕落，
披兽毛，饮生血，食野肉，
像刚刚直立行走的野兽一样生存，
在遍布四周黑暗的世界里，
固然有微弱的星辰，
但是更多的是黑暗和无穷的恐惧。
我们被神抛弃在这恶劣的环境里，
整个宇宙的黑暗压制着我们，
我们在绝望中无奈的生存。
在失去食物的时候，
我们人肉相食，
像最原始的刚刚降生的野兽一样生存，
浑身充满了兽性，
我们敲骨吸髓，那牙齿撕裂同类肌肤的声音让人痛苦，

可是还是得哭着活下去，
我们战战兢兢用仅存的人性战胜了骨头缝里的兽性，
我们变成了真正的人，
而不必四肢着地，满山爬行，
用痛苦的血泪，
建立了文明的城池，
今天看我们迎来了一切，
那恐惧的夜被我们抛弃在一边，
我们也终于不必以人肉相食，
看看今天世俗的城市有什么不好，
神又在那里拯救我们？？我问

人肉是酸的，每一个从那个黑暗时代过来的人都知道，
我们直面了那个黑暗时代的丑陋和绝望，
我们赤裸裸的苍白着脸面对自己和自己的灵魂，
活着，就是为了生存，
这是一种简单至极的欲望。
我们为自己哭着，为自己活着，
吃是保持我们欲望存在的底蕴基础，
我们吃天然的东西，那怕是人肉。
人类从园子里出来，带着原始的罪，
吃人的肉意味着继续繁衍生息，
继续存活，
人类无法断粮，所以罪恶只能继续延续，
兽性也在继续像根一样在我们的身体里延续，
因为我们知道这是人类进化必须的过程。
人要做自己，天然的自己，本性的自己，
活着是最重要的，
活着是有价值的，
所以宁可像野兽一样吃人肉，也不能不做人。
今天你们的城池，
活着并不是为了生存，
生存也不是为了活着，
你们像行尸，像走肉，麻木的活着，
你们不仅剥夺他人的生命，也剥夺自己的生命，

更疯狂的是一切活着的生命你们都去剥夺。
今天你们的存在就是为了破坏这个城池，
违背这个世界的原理。
当火不在是火，水不在是水，
你们把自己的肉，他人的肉，神灵的肉，
添加佐料，调制的味美，
吃的连骨头也没有剩下，
就为了填满你们饥肠辘辘，
充满欲望的肠胃，
你们的眼眶中再也没有星辰和宇宙。
人吃人是为了生存和进化，
你们却是为了毁灭，
你们失去了自我，
沦为欲望和利益的奴隶。那人说

欲望、物质、利益推动了人类文明，
经济是推动人类文明发展的载体，
以此构成了今天辉煌的城市，
这是人类进步发展的必然过程。
没有欲望的果实，
今天我们还在树林，
没有利益的驱动，
我们还生活在农耕社会，
没有物质的推进，
城市也不会出现，
没有自私的动力，
我们还在拖着尾巴生存。
荒原离我们远去，兽性也离我们远去，
谁也不能否认这蛀牙是好的，还是坏的，
这是过程，必然的过程，
历史永远不会在原地踏步行走，
河流是往前流淌的，
在我们的河流没有到达目的地之前，
谁也无权指责或者否定我们的过程，
这是进化的必然代价。

我们生活在这城池里，
城池里有贫穷、暴力、杀戮、恐惧和黑暗，
但是城池里也有希望和无穷无尽的人性，
有时候，我们处于两难，
我们既不能站在太黑暗的地方，
黑暗让我们恐惧；
我们也不能站在太明亮的地方，
明亮让我们眩晕，
我们也不知道自己是什么材料构成的，
或者上帝用什么材料创造了我们，
我们茫然失措，
我们没有指路的灯，
不知道该走向哪里？？
或者毁灭、或者生存，
我们也不知道。
所以我们顺应进化的发展，
环境赋予我们什么，
我们就拿什么去填充身体，
剖开我们的尸体，
我们都是一样的种类，
只是环境塑造了不同的我们。
荒原毕竟离我们远去，
我们也不可能回到那黑暗。我说

不，你们的身体里填满了物质、利益、欲望，
而我的身体里填充的却是人肉和人性。
说到人性，我告诉你，
人类要继承人性，传承人性，
人类的人性在于人类在树上摘下第一粒果子开始，
不带着人性下地，人类还是野兽，不是真正的人。
人类失去人性，就会失去许多，
但是人类失去兽性，就会失去一切。
兽性是人类进化的基本起点，脱离兽性的进化，
人就不会出现，人性固然重要，但是离开兽，人什么
也不是。

对于人类历史而言，
人类是依靠阳光进行生存，
阳光照耀大地，
万物开始生长，人类也生长。
那时候人吃万物，
人类是自然的一部分，
人类遵循着自然的规律进行生活。
但是工业光魔以后，
人类创造了新的上帝，
大自然成为了一种资源，
一种取之不尽用之不竭的资源，
当人类的欲望无限扩张，无限扩张的时候，
人开始吞噬那小小的球体。
他们攻占城池，屠戮生命，
抢夺资源，而自认为伟大，不可一世，
并且妄想着千秋万代。
当人类举着自己创造的太阳，
而不是自然赐予的光，而行进时，
人类忘乎所以，以为自己已经回到神的园子，
举着方糖说那是你们"太阳"。
你可知是欲望束缚了你们的自由，
自由啊，自由。那人又说

纵观人类发展的历史，
就是人与自然的关系，
我们生活在一个由我们自己创造的园子中，
而其他生物却是散步于荒原，
我们很聪明，创造了居住区，
形成了城市，隔离了自然，
也终于隔离了人与兽的区别，
我们不在同其他物种一样，
脱离了那荒野。
我们这这城市之中是自由的，
只要我们不犯错，
任何国王和凯撒的鞭子也不会抽打我们，

法治是这个城市的基础，
也是底蕴。
我们可以自由的环游世界，而不受限制，
我们可以自由的穿梭任何一块陆地，而没有制约，
天空，大海，我们自由而行，
我们离宇宙星辰是如此之近，
我们离珊瑚，水母，鱼群没有距离，
我们吃着精明的食物，
居住着画屋高楼，
自由的繁衍生息。
我们西装革履，坐着世界上最先进的交通工具，
穿梭在任何一块大陆的时候，
我们手里拿着世界上最便捷的通信工具，
和某个世界边缘的人沟通交流的时候，
我们把轮船驶进大海、大洋，把飞机推进天空，
把火箭运送进遥远的外太空的时候，
我们吃着精美、精致的鲜美食物，居住在高楼大厦，
我们生儿育女，也繁衍生息，让子孙后代可以继续行
进。
你却说我们没有自由，
请问这是什么？我问

人类啊，人类，总是无休止的强调欲望和利益，
却都浑然忘记那些杰出的真理：
人类属于自然，属于荒原，
荒原之根永远无法隔断。
披毛散发在天地间生存，
返璞归真，祖露人之本性，
身无寸缕，赤足行进，
亲近自然吧，亲近荒原，
让人类的欲望在整个自然星空、宇宙中消弭不见，
就像当初我们在母体中一样无欲无求。
你刚刚所说的高楼大厦，城市人群，
你们今天的生活和生存，
是不是真的取决于你们自己真实本性的自我需求，

我们不需要城市，但是城市出现了。

或许我们的内心的柔弱，需要城市的神去守护；

或许我们个体的羸弱，需要城市去支撑，

但是当这个叫做城市的东西"吞"吃掉我们的自由时，

那么我们就处于湮灭的边缘。

我们的一切行为和思想思维，

以及我们的生存和生活都必须经过那些东西的认定后，才能进行时，

那么我们就会变成奴隶，丧失自由，从而失去人类的自我本性面目。

城市，在某种程度上束缚了人的本性，让人类丧失了自由。

在创神迹中说：神灵讲世上要有光，于是人间就有了光，

神灵讲火，于是人间就有了火，神灵创造了人间万物，于是在星期日休息了。

而在荒原社会我们说上天我口渴了，于是天下雨了；

我们说上天我饥饿了，于是树上掉下野果，水里有了游鱼，森林里有了野兽，

我们说上天我想居住，于是我们就开始搭建房屋；

我们说上天我想生儿育女，于是我们就开始登上快乐的巅峰。

在今天的城市社会，我们说上天我口渴了，可是城市告诉我们我也口渴了，去给我找水来；

我们说上天我饿了，可是城市告诉我们我也饥饿了，去给我拿食物去；

我们说上天我想居住，可是城市告诉我们我也一无所有，你先来供奉我；

我们说上天我想生儿育女，可是城市告诉我们你们先来侍奉我。

当神灵、荒原是一个施与者、供给者时，人类是自由的，

但是当一个城市是一个受惠者时，那么毫无疑问我们一定是一个被奴役者。

"人"啊，是一种自然的、简单的、经文明契约开化
后的一种"野化的家畜"，
人类的一生被人为的刻意的添加了过多不属于人性
的东西，例如那城市。
那人说

你嘟嘟囔囔所说的这些，
让我想起一群青蛙要国王的故事：
有一群青蛙请求众神之王朱庇特给他们派一个国王。
朱庇特扔给了它们一根原木，
开始青蛙们吓得潜入水中。
原木在平静的湖面上一动不动，
更多的青蛙一个又一个浮上来看，
最后跳到木头上面去，完全把它们刚才惧怕的情况忘
记了。
青蛙们说："这个国王很迟钝，不是吗？
我想，我们要一个使我们守秩序的人当国王。
这一个国王只知躺在那儿，让我们随便活动。"
于是青蛙再次到朱庇特那儿去，
请求朱庇特"派一个有活动能力的人去吧。"
"难道您不能给我们一个好一点的国王吗？
于是朱庇特派一只长腿鹳到湖里去。
长腿鹳就伸着长嘴吞食水里的青蛙了。
"这根本不是我们原来的意思，"
青蛙喘着气又潜入水中，钻到水里去。
世人都嘲笑青蛙的愚蠢和蠢笨，
但是青蛙真的愚蠢和蠢笨吗？？
一群过度松散的青蛙是没有目标的，
一群极度自由的青蛙是没有价值的，
一汪死水的河流，青蛙也是会死的，
只有长腿鹳的吞噬，
才能让青蛙感受到活着的价值和目标吧。
人类也是抱团取暖的物种，
人类的发展都是从一个谷底到另外一个谷底，
只有起伏的发展，

才能让人类寻找到活着的目标和价值。
长腿鹳是青蛙们用欲望造就的国王,
而城市也是人类用欲望造就的城池,
人类真是丑陋的动物,我看到过人性中很多的恶,
可是你只看到所谓的人性,和所谓的那自由。
人类的人性和自由建立在什么之上,鞭子,制度,城
市之上的,
人类还没有强大和智慧到可以统治自己,
除非由智者来统治,否则人类永远摆脱不了国王。
脱离了国王,你谈论奴役,
脱离了欲望,你谈论自由,
但是你却不知正是欲望让你思索到了什么才是自由,
自由的思想正是在欲望的狂潮中产生的。
人类不可能达到无欲,
欲望是推动我们发展的润滑剂,
从园子里到森林里,
是欲望的推动;
从树林里到陆地上,
是欲望的推动;
从荒原到城市的创立,
也是欲望的推动。
人类没有了欲望,
生存也会成为问题,
毁灭也是迟早的事情。
今天这城市保护了我们,
我们也创造了城市,
城市和我们成为一体,紧紧的一体,
或许城市中还有黑暗,
或许人性中还有劣根,
但是毕竟我们发展了,
而且我们还需要依靠欲望继续发展下去。
城市中没有绝对的公平,
欲望也无法合理的分配,
所以人与人的倾轧也无法避免,
纯度的城市当前也无法实现,

但是这不能成为我们回到荒原的原因，
生活在城市里有什么不好？
人只能继续前进，
持续的继续前进。我说

当我们卷着尾巴在某个非洲大森林或者亚马逊雨林
中荡秋千的时候，
我们是否是带着城市在树林里荡秋千？？
人类的荒原应该是那种自然的、不加任何修饰的、
不经任何雕琢的"原味"生命、生存、生活态势及态
度，
是由人的本性通过一种原始的、最初的、简单、简约
的生命质量
而构成的一种生存、活着的形态。
人的本性是什么？？？
人的本性应该是荒原，那种原始的荒原，
至少在荒原中我们是自由的。
在荒原人类初进化时期，
人类说我们要群居生活，于是我们就开始抱团取暖；
人类说我们要居住环境，于是我们就寻觅到山洞；
人类说我们要饮食，于是我们就开始下水捕鱼山狩猎；
人类说我们要繁衍生息，于是我们就开始生儿育女，
生生不息。
简单地说人类有所需、有所求，不必经过任何城市的
首肯和同意，
只是单纯的根据人性的本性需求，就去所需、所求。
这种有所需，就去所需，
有所求，就去所求的生活、生存，
就是人类的荒原自由态势，
难道不好吗？
今天的你们以机器替代人心，
我却是以人心对人心，
在这千年中我始终生活在荒原，
生活在自然中，
当我们在神灵的园子里生活时，

我们悠闲、自在、自我，
人就是人，舒适，自然的过活，
无论是在生理上，还是心理上，
我们没有太多的物欲和欲望，
那时候我们为自己而活，
为生命而活，
而不是为了利益、欲望、物质而存在。
在我们走出园子后，
自然环境恶劣了，
我们开始为了食物而活，
我们茹毛饮血像野兽一样生活，
有时在饥饿的时候我们也会吞噬自己的同类，
但是我们那是为了存在，
为了自我生存，
而不是为了利益和欲望，
那时候人活着至少是为了自己，
人还是人。
今天你们的身体里没有了人的味道，
人的本性，人的自然，
人与人之间被利益、金钱、欲望分割，
冷漠、贪婪、自私、懒惰、暴食、色欲，
填充人们的内心，
人类的道德、星空坍塌烟消云散，
只留下一个空空的似人的躯壳，
今天的人已经成为一个非人的物种，
人不是人，人非人。
连人心都被机器替代的时代，
人类的存活就是为了欲望而存在，
如果人类的生命和道德可以用金钱和价值来衡量，
那么我们的人性又值几何？？
人类的目的不是货币，不是高楼洋房，或者名车游艇，
而是人的原始性情和人的自我本性，
不知道什么时候我们把作为人性象征的尾巴割去了，
而把花花绿绿的纸币贴在屁股后面。
我想回到树上去，摘第一粒果子，

而不是把树砍到，送到加工厂，制成果酱。那人说

存在的目的是为了发展，
往前发展而不是往后发展，
我们得到一些东西，
就注定会失去一些东西，
没有人既可以生活在过去，
也可以生活在未来，
没有辞旧，如何迎新，
两手抓满沙子的人，注定两手都会空空，
生存还是死去，
这是一个艰难的决定，
或许人类永远达不到完美的时代，
或许根本就没有最好的时代，
更或许人类的进化本身就是一个错误，
而人类本身的存在就是一个神的玩笑。
生存的意义就是为了活下去，
无论吃什么东西，都要活下来，
当我们改掉了吃人肉的习惯后，
我们饥肠辘辘的胃只能吃掉自己的——
道德、良知、星空、亲情、爱情等等一切东西。
人类的欲望无穷无尽，
星空的星辰有多少，
人的欲望就有多少，
人总是不可避免要长大，
我们总会失去自己的智齿。
哀叹过往的岁月，
哭着喊着指着自己的牙床不要长大的人，
有什么存活的意义，
你见过永恒不动的时间和原地行进的人吗？？
进化是人的选择，
也是自然的选择，
荒原总有一天会被城市吃掉，
无论你是否同意。
生存在某种意义上来说是一种妥协，

因为我们无法带着荒原的味道走进城市，
一群野人无法创建文明，
有时候人类要想站的更高，
只能把某些道德、星空踩在脚下，向外张望，
张望未知的未来，
从那仅有的小孔中对外张望，
谁也不知道这张望是对还是错。我说

人类的存在是一种讽刺，
城市的一边是穷的皮包骨头的人们，
另一边是大腹便便塞满了工业垃圾的人，
人已经成为会动的工业品或者成为空空的行尸，
世界上没有任何一个种族会自取灭亡，
可是人类却会。
动物的本能就是生存，
可是人类却偏离了自然的轨道，
贪婪的无休止的的去掠夺一切东西。
人是什么？什么才是大写的人？
这些与禽兽相区别基本命题，
在所谓高度文明的今天，
被本能，被物欲所戏弄、所蹂躏、所扭曲，成了世人
不解的谜，
成了僵尸的狂舞，成了地狱的嚎歌。
人，只是食与色的二元组合，舍此而求它，
仿佛执矛的堂.吉诃德冲向风车一样滑稽。
人，不是大地的统治者，而是大地的自由者，
当"用之不竭"的无知，成为无餍的索取的藉口。
当"战天斗地"的狂妄，成为最响亮的自炫。
曾是琳琅满目小小地球如今已是疮痍满目。
温室效应、能源枯竭、数不尽的物尽天责，
使人感到是被扼住喉咙般的窒息之苦，
低头一看，扼住自己喉咙的是与天奋斗，
其乐无穷的自己的一双手。
在依旧痴迷于霸权、热衷于屠戮、醉赏着占有，
自得于种种骗术的成功的文化生态中，

大自然的生态被压迫到绝境。
人类己开始接受着惩罚，
有良知者不得不反躬自问、自责，忙去救赎。
精神危机，环境危机是难以逾越的生死线。
颇为自许的客观进化论假设，主观唯心论的唯我，
以及近百年来的现代后现代的种种主义的荒诞，
都失去了一再标榜的普世价值，
尽显出绝对的苍白无力。
但是，人，必须跨越过去。
这一切一切都要切实地以人为本，以兽为源。
人，不仅是社会关系的总和，
而且是人类自我搭救的主体。
人人在自我搭救中搭救人人，
才能迎来个体灵魂的救赎。
我们生活在自己所编制的谎言世界里，
却忘记了神灵曾给过我们园子，
我们孤独的生存，孤独的死亡，
追寻所谓的自由，
这就是我们人生的意义，
当然解脱者认为这些都没有丝毫的意义。
孤独、自由、死亡、人生的有意义或者无意义，
就是弗洛伊德留给今天人类的意志。
我们像斑马一样被塞进文明社会的城市笼子里，
我们身上的条纹就像是一道铁的栅栏把我们束缚，
我们被驯化，被所谓的文明社会驯服，
低头吃草，不再思考任何哲学上的问题，
为什么我们不能像野风一样成群结队的在田野中奔
跑，
为什么我们不能自己抬着头去嚼食树上的叶子，
为什么我们不能让清凉的河水漫过我们头顶在水中
嬉戏，
一切都被监控，一切都变成施舍，
一切的感情和情感也被人为的分解，
我们再也无法感知在荒凉的野地上，
赤足踏在被冰雪覆盖的土地上那种清凉原始的感觉

了。
直立行走和四脚着地的感觉，
我们再也没有了自然的感觉，
而只有无穷无尽的欲望。
人类要回到荒原，
做一只野兽，
做一只有人情味的野兽，
野性的血要在野性的荒原中爆发，
野性的奔跑在空旷四野无人的土地上，
迎着风，
让悲鸣的嚎叫撕裂整个原始的夜空，
把星辰融进我们的眼睛，
闪闪发着荒原的光。那人又说

生存还是毁灭，
这个问题并不是我们所能预见和决定的，
世界上没有永恒的对，
也没有永恒的错，
放任时间的流逝，
让其自然成型，
存在即合理，
我们何必做饶舌的斑鸠喋喋不休，
该回到荒原的，自然会回去，
该去往城市的，自然会去往，
我们在这里分别吧，
城市的夜即将过去，
那浓重的阴影也会消散，
就这样吧，这样，
悲伤哭泣都是于事无补的。
我们今天所处的时代到处是"尘灰中的无神论"时代，
尽管这个时代充塞着无数个偶像，
但是那些偶像或多或少都是灰尘，
它们成为现代人的无形之中的捆绑，
但是人类对于这种捆绑却并不自知。

我们在理性中，知识中，宗教观念中也曾相信有上帝，
但是城市已经通过政治、技术、经济、文化的一系列
制度和文化，
创造了新的上帝，
人类在地上生活的时候，似乎已经诸事无忧，
是啊，连灵性、神性这样的事情都可以人工创造，
人类是否还需上帝？
我们的希望在于，依靠上帝之子的宝血，循着他的血
迹，重新走在回家的路上，
同时这也注定是一条充满征战和艰难的路，
这也许就是行走天路的含义吧。
征战的艰难也才能使我们对灵性生出真切的盼望，
在那里神必擦去我们一切的眼泪，给予我们完全的医
治。
当我们决定把自己的眼目再次转向上帝神灵的时候，
这条路不仅艰难，也许还会走错路，
但这始终是一条有光明终点的荆棘路，
不走过去，我们永远无法到达那里。
我们依然盼望得医治，但正如纪克之所说，
"基督信仰的确与治愈和康复有关，
藉着耶稣基督，通过圣灵的力量信仰神，不是一种手
段，
而应该是一种目的，
它是和希望、爱一起，是人类存在的目的或努力以赴
的目标。
创造宇宙的上帝神灵却依然定意拣选许多不属于这
个世界的人，
坚定地走着十字架的苦路，也是荣耀的路。
选择吧，抉择吧，
各走各的路，
我们总是要不停的选择，
而不是站在原地。我说

所以，我们注定得到一些东西，
又注定要失去一些东西。

既然结束，那么请接受我的礼物吧，
荒野和城市最后的礼物。
说着，那人从黑暗的阴影中伸出一只手，
把一颗鲜活粼粼的心脏举在半空。
我默然注视着那颗鲜血淋淋的心脏，
对那人说，啊！
这心脏一半由荒野构成，一半又被欲望所蒙蔽，
这是一颗什么样的心脏呢？
咳咳咳咳，这那里是心脏，
这分明是人肉，荒野的肉。
我接过那人的心脏，
想装进自己的胸腔，
可是怎么也装不进去。
我定睛一看，自己的双手，
原来一只还是人的手，
一只手已经变成了一只———
已经变成了动物的蹄子。
今夜、今夜，
这到底是一个是怎样的疯狂的世界，
这到底是一个怎样疯狂的夜晚，
我们的出路在哪里？
夜似乎更安静了，
荒野的风在城市里慢慢吹起米了。

于是我在这个城市，在这个星空之下，
看到尼采的灵魂有一部分去往斑马的躯体，
而斑马的魂魄也有一部分去往尼采的身体，
我看到那斑马直立着行走，
摇摇晃晃的向城市的一角走去；
而尼采也爬着走进荒原的阴影中，
我打着呼噜穿着条纹的睡衣也走向那高楼，
越过高楼的玄窗，
走进我的门，
向我的床走去，
城市的灯，荒原的夜，

在星空下相映，
荒原上传来野兽的嘶吼，
在城市灯光的照耀下，却显得扭曲变形，
夜是浓重的。

备注：
自然的太阳和创造的太阳，
当然有所不同，
神灵的信仰和人类的信仰也有所差别，
神灵的信仰高高在上，在天上；
而人的信仰在大地，在尘土，在人心处，在人性处。
人性应该是人的第一信仰，
而灵魂才是人类的第二信仰，
也就是说我们的第一信仰归自己，
第二信仰归神灵。
人与兽的区别就是人性的区别，
人与神的区别就是灵魂的区别，
不知道这样说，世人是否明白？
人类离不开这两样东西，
所以人类才会在荒原和城市中摇晃行走，
用四肢和两肢。

七、 他的国

鱼，游在水中，自由自在，碧蓝的海水，那是他的国；
鸟，飞在空中，展翅翱翔，晴朗的天空，那是他的国；
羊，行走陆地，任意迁徙，绿色的草地，那是他的国。

无论是大海，还是空中，还是陆地，
都有他们的国，
他们用我们听不懂的语言，
看不透的目光，在他们自己的国里静谧的自由衍生和
消亡。

每一种生命都永远拥有自己的国，
他们或早或晚，
在这个天蓝色星体上，
谁赋予了他们生命，
就应该有谁去夺取，
是否是漫长的时间赋予了这一切？？？
那么就应该由时间来决定生命的逝去。

从远古洪荒中走来一头巨猿，
宣称脚下的土地是他的国，
他将拥有永远的支配权，
于是他将大海变成一片杀戮的血湖，
优雅美丽的白鳍豚被血淋淋的刀切割成片。
他将天空染成一片血红，
飞翔的翅膀折断了双翼，
天空再也没有自由的痕迹。
他将整个陆地变成杀戮的战场，
奔走于陆地的羊群，被吞噬。
所有的星球公民睁开血淋淋的眼，
问：这是谁的国？？

为什么我们不能拥有自己的国？？

你们的食物、衣物、运动、娱乐都是来源于我们的国，

我们的生命，

是否我们存在的唯一意义就是为你们提供消耗。

你们自以为是的品位、时尚，浪漫、洁净、高雅的人性中，

掩藏的是对我们的杀机、血污和屠刀，

而我们为你们提供却是一声声的哀号，

痛楚的惨叫和不愿失去生命的挣扎。

造物主的安排是否就是让你们无条件的侵占我的国？？

造物主的决定是否就是让你们无条件的杀戮我的生命？？

在这个天蓝色星体上，

你们和我们一样都是生命，

你们的语言我们不懂，

但是我们的语言你们也不懂，

但是我们却都是生命，

都是一种失去一次再也找不回的生命。

在这场杀戮了千万年的屠杀中，

你们是否有过反思和解读，

对生命的反思和对生命的解读？？

你们是否给予过我们微弱的同情心，

和对生命微弱的尊重？？

我们幻想着将来有一天，

在这个星体以外的文明，

来摧垮你们的国，

来夺取你们的生命。

当你们被他们切割成片，

夺取生命的时候，

你们是否会想起我们，

想起我们的苦、我们的泪，

我们带血的漆黑深渊眼眸，
当你凝视深渊，
深渊也将凝视于你。"
在这个蔚蓝色星球，
它是你们的国，
也是我们的国，
请不要杀戮我们，
用你们带血的"欲望之刀"。

自然，动物，和人类，
因为我们都是地球生命，
独立的自由生命，
愿我们彼此相通，彼此关爱。

备注：世间万物犹如苦虫，老子《道德经》中有
一句："天地不仁，以万物为刍狗"，其意是说天地
不讲仁恩，只是任其自然，将万物看作草和狗。人生
活在这个世间，已经够苦的了，假如我们再把这种苦，

杀戮的苦，残暴的苦，传给别的物种，那么我们就扩大了天地的不仁和自我的不仁。对于高居食物链顶端的人类而言，人类就是动物的天，上天可以待人类不仁，但是人类不能待动物不仁。人类之所以是人，是因为人具有人性，是否生命的意识形态不同和进化意识不同，我们就有权限杀戮它们？？不尊敬生命，就代表我们已经失去了一半的人性，我们快要堕落到野兽的边缘。天地没有思想，世间万物没有思想，只有人类有思想，所以我们可以区别出那是不仁，那是仁义，我们有思想所以我们需要肩负更多的仁义，我们是否可以考虑把这种不仁不要传递给别的物种，在某种时候，我们需要怀着虔诚的心去尊重它们的生命。虽然人类是杂食动物，虽然人类是食肉动物，但是我们在剥夺它"人"生命的时候，请不要忘记它们的痛苦，请虔诚一些看待它们的生命价值，不要做无谓的残暴和杀戮，因为我们是人，所以需要尊重生命。

天生万物以养人，人无一德以报天，鬼神明明，自思自量。张献忠的《七杀碑》，杀的当时的成都只剩下不到二十户人，或许张献忠杀的是人，但是其意义是杀这个天道不公，生命不公不仁的世人，拿人的生命以祭天，报天吧。人所得到的一切，都是大自然的赐予，而人行事却无不时时在考虑如何利己和对私欲的满足，最终导致对外界过度的索取与破坏。想一想吧，当世人在杀戮生命的时候，天道的"刀"已经在杀人者的头顶，杀生者，人恒杀之。张献忠的杀杀杀杀杀杀杀，我们应该思索吧。天生万物是保持平衡和自然，并不是保持杀戮，当然我并不是提倡全盘不杀，对于人类已经驯养的、饲养的家畜，可以作为食物链的一环进行消化，但是对于野生的、自然的物种，还是保持敬畏的好，因为它们有它们自己的国家。

观看纪录片《地球公民》有感。

八、 樱花

我乘坐五月花号，
路过那片海域，
海水湛蓝，
碧空如洗，
这里没有呼吸，
一片死寂。

我透过湛蓝的海水，
遥望脚下的水流，
在那下方有高高耸起的山脊，
我站在富士山上，
发出轻微的叹息。
樱花散落一海，
白色遍地，
香气依然弥漫，
富士山下的肉体骸骨是否腐烂、沉睡不起。

这里过去是一座城市，
曾经是一片陆地，
这里曾经生活着一群人，
这里也曾经樱花遍地，
这里的工业发达，
也曾涌现出活人的气息，
但是今天看到脚下长眠的富士山，
原来这里曾经是失落的亚特兰蒂斯。

我站在富士山上，
发出轻微的叹息，
这里曾经是一片文明，
曾经生活的人们崇尚刀与菊，

他们用菊花养性，自比君子，
他们用刀子铺路，杀戮成性，
用别人的血来浇灌他们的菊，
却自喻是太阳的子民。

我站在富士山上，
发出轻微的叹息，
那樱花点点，
像是死亡者的灵魂，
他们在死亡那一刻是否有过忏悔，
有过悔悟。
那一城的灵啊，
是否想过另一城的灵，
南京、古城、废墟、30 万的灵；
那尸山血海，30 万的灵，
你们的灵今天是否得到安息。

我站在富士山上，
发出轻微的叹息，
他们的天坍塌，
他们的皇死亡，
他们的旗陨落、破败，
他们的樱花散落一海、一地。

亚特兰蒂斯，亚特兰蒂斯，
在这片土地承载过罪恶，
也承载过文明，
承载过民主、自由，
也承载过恬不知耻的历史。

在今天、在今天，
这片土地被天火冲击，
滚烫的火溶着滚烫的水，
把这块大陆架浇灌，
冲进深深的海域，

他们的山被海水吞没，
他们的花散落在水里，
文明、亚特兰蒂斯的文明，
罪恶、亚特兰蒂斯的罪恶，
我不知道如何该向后人讲述这段历史，
是讲述你的罪恶，
还是讲述你的文明。

我站在富士山上，
发出轻微的叹息，
那樱花散落一海、一地，
无边无际。

备注：从 1931 年 9 月 18 日开始，中国近代史是一部无法用语言描述的惨痛史，而且这种全民族惨痛一直像烙印一样刻在每个人的心里。想想一下，如果在中国历史上无这一段悲惨历史，中国的民族发展和国家命运一定会更加灿烂、辉煌，而中国人的命运一定高居世界之巅。一衣带水，吴越同舟，如果这一段历史不能警醒以后的人们，那么历史在未来的某一时刻还会重演。所以铭记历史，勿忘国耻！兴我中华，全民奋进！

九、 恶魔小夜曲

《一》春天的礼物

春天，就像初生的婴儿，
带着母亲的阵痛，带着喜悦的心情，
来到这个平凡的人世间。
用童真的双眼，打量着这个奇异的世间，
嗅着甜美的春天气息，
发出了第一声春的呼喊。

春天是生命复苏的季节，
是生机勃勃的季节，
它总是打破所有的宁静，
让我们屏住呼吸，倾听花开的声音。
流水皱着鼻头向前奔流；
绿色的小草，带着晶莹的露珠，吐开了绿芽；
静静的野花在晨风中摇动，伸开了纤细的腰；
小鸟清脆的鸣叫，充满了山谷，
薄薄的雾气环绕着春天多梦的早晨。

天蓝蓝的、云白白，
小溪流了、小草绿了、野花香了、小鸟叫了，
春天的雨落在身上，
空气变得清新、湿润、自由了。

三月天，风筝在天上飞着，
孩子们在地上跑着，大声的叫喊，
一只小狗撕咬着孩子的裤腿，汪汪叫着；
姑娘们吻着自己的情郎，光着脚，在沙滩上奔跑，
爱情的味道已经爬上了嘴角。

春天像一个微笑的天使，

把大地装扮的绚丽多彩，
它带给人间光明、灿烂，
它有一双温柔的小手，
抚摸着我们的心灵，
人世间的欢声笑语交织在一起，
就像一首动听的春之章。

但春天、多情的春天，
它带给人间光明和灿烂，
却对我不屑一顾，
它只是在我身边停留了一下，就飞远。
它给我带来了一件小小的礼物、
一件小小的春天礼物。
春天、生命复苏的季节，
在我的坟头开了一朵小花，
渐渐的走远，
我沉睡在春天寂寞的早晨里。

《二》绝望的春天

春天，又到了亡灵咏唱的季节，
枯叶从死去的树上飘落，
风里面飘荡着死灵的吟唱，
亡去的灵魂推开墓穴，从地下爬了出来，
墓地上的草都是黑色的，
十三只乌鸦在亡灵的上空盘旋，
稻草捆制的邪灵在手舞足蹈，
万圣节的南瓜头眼神变得血红，
死神背着镰刀开始出来收割，
这个春天将不再有生命的希望，
绝望、绝望。

春天，又到了亡灵咏唱的季节，
小溪的水里流淌着血红的浓汤，
空气里弥漫着腐尸的味道，
游荡行走的木偶寻找着尘世的主人，
冰冷医院里游荡的亡魂冒充着活人的气息；
三岁的童鞋和百岁的白发吱吱笑着，
谁的葬礼，谁的棺木还停留在街的中央，
那马车载着亡灵缓慢行进，
不知道这亡灵的归宿又在何方？
白色的花，黑色的花撒满整个街道，
地下的恶魔都在出来唱着祝福，
那棺木中的亡灵敲打着车窗，
召唤着迷途的羔羊。

来吧，心爱的人啊！
我在另一个世界睡得双眼渐红，
为何你不陪我一起徜徉，
我在另一个世界等你等的心慌。
空泛的棺木里缺少女主，
心爱的人啊，

你在何方？
我们有多少个日日夜夜没有见过面，
永恒的时间把我的尸体撕成了一小块，一小块，
我快要腐烂了，
心爱的人啊，
为何让我独守此间，
泪眼彷徨。

来吧，心爱的人啊！
我将亡灵带给这个春天，
只为寻找你的目光，
我让亡灵在这个春天咏唱，
只为让你听到亡者的呼喊。
来吧，心爱的人啊，
到我这里来吧，
死亡也是一种别样的沉睡，
心爱的人啊，
你是否知晓，
我的胸膛是你安息的殿堂。

来吧，心爱的人啊！
我在那个世界等你，
来我的世界，
我的寂寞需要你的抚慰。
来吧，心爱的人啊，
我在这个春天等你，
来我的春天，
我的绝望需要你的希望。

来吧，心爱的人啊！
你是否听到亡灵的吟唱，
活着是一种痛苦，
这种痛苦我生前已经知晓，
快来我的怀抱，
我在绝望中等你。

春天的亡灵大声唱吧，
唱这世间徘徊在生与死之间，
已经迷失行进方向的灵魂，
为活着的灵魂指引方向，
寻找归宿，
让死去的灵魂得到安息，
不再迷惘。

来吧，心爱的人啊！
请不要犹豫和彷徨，
我在永恒的世界里等你，
一直等你。
到我的怀抱，
让我安息，
快点，你知道我已经等不及了，
快点，我知道你也等不及了。

来吧，心爱的人啊！
你已经没有别的路可走了，
生者的路已经到达尽头，
死亡并不是结束，
而是你和我的永恒。
你还惧怕什么，
惧怕我的唇吗？？
我的嘴角衔着一朵雏菊，
它是唯一的生命律动。
来吧，心爱的人，来吻我的唇，
让我给你最后的希望，
然后我们沉睡在亡灵的歌唱。
你还留恋什么，
留恋这绝望的春天吗？？

这是一个春天啊，春天，
心爱的人啊，你在何方？？
带着眼泪，来我的胸膛，

痛苦就只有一小会儿，
让你的血涂满我的瞳仁，
难道你不怀念我死去的目光。
心爱的人啊！
这个春天将不再有生命的希望，
绝望、绝望。

这是一个亡灵的季节，
亡灵的歌已经悲鸣的响起，
来吧，心爱的人啊！！！
请让我得到你的安息，
这是一个绝望的春天，
灵魂找不到岸，
这个春天下着黑色的雨，
绝望、绝望，
我是悲伤的，也是难过的。

《三》春天的玫瑰

春天是多梦的季节，
也是亡灵吟唱的季节，
我捧着玫瑰走进春天的梦里，
看到枯叶落了一地，
小溪里流淌着红色的浓汤，
失线的木偶肢体四分五裂，
万圣节的南瓜头散发着死亡的气息，
死神的镰刀割着花的喉咙，
春天是悲伤的，也是难过的，
我也是悲伤的，难过的。

春天是多梦的季节，
也是亡灵吟唱的季节，
我侧耳倾听过去的亡魂，
在风里呼喊我的名姓，
带着悲伤呼唤我的名姓。
我来到久远的长街，
黑色的花，白色的花铺满整个大地，
魔鬼的祝福不期而至，
在这个长街缺少一对世间的情侣。

春天是多梦的季节，
我捧着春天的玫瑰站在久远的长街，
远远的路的尽头，
驶来谁的马车，
那马车载着亡灵停靠在路的一边，
我的心紧紧收缩着，
灵魂是碎裂的。

春天是多梦的季节，
我心爱的人啊，
今天我来赴你的约，

捧着春天的玫瑰，
站在这长街，
你是否还记得我们生前的路，
我们走的悲伤，走的难过，
我们走过那个永恒的春天。

春天是多梦的季节，
心爱的人啊，
今天我即将踏入幽冥，
去往你的身边。
请你睁开红的双眼，
用撕裂的手指，
为我指引方向，
为你的新娘指引永恒的世界。
心爱的人啊，
我从生者的世界为你捧来圣洁的花，
去祭奠你和死者的世界，
这花枝有盛开的，也有枯萎的。
心爱的人啊，这是我们的花，
我们的玫瑰，
红色的玫瑰。

春天是多梦的季节，
我心爱的人啊，
你在那个永恒的世界沉睡，
是否怀念我？？
你冰冷的手指是否还记得我嘴唇的温度，
我知道的，心爱的人啊，
你怀念我，一直的怀念我。

春天是多梦的季节，
心爱的人啊，
我还记得你的眼神和那不死的目光，
因为在你死亡前的瞳仁里，
印有我的脸庞。

心爱的人啊，
我知道你的灵魂在俯视我，
在紧紧的追随我，
我今天捧着春天的玫瑰，
来赴你的约了，
我的长发是悲伤的，是难过的。

春天是多梦的季节，
心爱的人啊，
让我靠近你的胸膛，
去倾听那死寂的心跳。
心爱的人啊，
我看到那血像悲伤的眼泪，
染红那难过的花，
我看到你的眼神，变得血红，
像傍晚血色的残阳，
但是我却没有感觉到一丝的痛苦。
心爱的人啊，
当你看到我的灵魂也冉冉飘起的时候，
你是悲伤的，还是难过的，
或者你是否会迫不及待的拥抱我？？

春天是多梦的季节，
我心爱的人啊，
我听到亡灵的吟唱，
他们在吟唱，
吟唱着绝望，也吟唱着希望。
心爱的人啊，这是我们的花，
全是红色的花，
用我生前的血所染，
这红色你是否还满意？？

春天是多梦的季节，
我心爱的人啊，
今天我将这花献祭于你，

献祭你的世界，
这是我们的玫瑰，
红色玫瑰。
心爱的人啊，
我即将结束生者的路，
到达永恒的世界，
我就快要见到你了，
你也快要见到我了，
不知你是否期待我们这场恒久的邂逅？

春天是多梦的季节，
心爱的人啊，
当我的灵魂冉冉飘起的时候，
请你白发的灵魂，
不要忘记拥抱我，
请原谅我的一迟再迟，
我也是想你想的绝望。

春天是多梦的季节，
心爱的人啊，
当你满头白发的灵魂，托起我的时候，
请不要忘记亲吻我，
我会记得把那红色的玫瑰，
别在你崭新的礼服上，
我会看到你眼角的微笑，
和那腐烂温柔的脸。

春天是多梦的季节，
心爱的人啊，
请带我去你黑色的墓穴，
那是我们永恒的家。
我看到十三只乌鸦在我们的头顶盘旋，
春天的死尸和亡灵也开始回归自己的墓园，
那墓地上的草也是黑色的，
稻草捆制的邪灵也在手舞足蹈，

三岁的童鞋和百岁的白发吱吱笑着，
欢呼死灵迎娶的新娘，
这新娘在这一刻已经等待了很久很久………

春天是多梦的季节，
我心爱的人啊，
我即将步入你的黑色世界，
踏入世界的永恒，
到达你的彼岸，
终于可以看到你死前的目光了，
我是悲伤的，也是难过的。

我回首看这最后的春天，
在亡灵的歌即将消失的尽头，
在这个春天里，
有一束红色的玫瑰，
是悲伤的，也是难过的，
我也是悲伤的，难过的，
这个春天下着黑色的雨，
绝望，绝望。

备注：我曾经看过世界三大禁曲的歌词，（指西方音
乐史上被神诅咒的三首歌曲，分别为:《忏魂曲》、《第
十三双眼睛》和《黑色星期五》）但是寻找的并不是
很全。也网络看过一些诡异的世界名画，例如《迪奥

的世界》、《雨中女郎》、《痛苦的人》等等。感觉因为
自我理解能力的问题，并没有从歌谣中寻找到恐怖或
者人类直对死亡的那种悲伤的味道。十年前我看魔幻
片《范海辛》，十年后我同样也看吸血鬼影片《惊情
四百年》，另外对于丧尸片《行尸走肉》、《生化危机》
看着也不错。人类世界并不是只有阳光和天堂，在漆
黑的夜里，还有深渊凝视着你。所以我写了三组连体
诗歌魔鬼小夜曲，因为毕竟人类要死亡很久很久，黑
暗才是永恒。我这样说希望没有吓到各位，其实我想
表达的是珍惜生命，好好活着，才是我想阐述的意境，
我希望本组诗歌能成为全球第四禁曲，无他，因为我
喜欢。

后记

　　对于欧洲西方诸多伟大诗人中，我特别推崇的是古希腊诗人荷马，他的叙事诗杰作《荷马史诗》，在很长时间里影响了西方的宗教、文化和伦理观。对于古希腊神话、北欧神话，以及被誉为"封建的中世纪的终结和现代资本主义纪元的开端"的但丁，以及结构主义哲学家，宣称"上帝已死"的欧洲最著名"疯子"尼采等等，我同样的也特别喜欢。人类生活在那个时代，就是那个时代参与者，建设者，在人类历史长河中群星闪耀，无疑"思想"是最耀眼的星光，而不是国王的权杖或者神灵的外衣。我从来不歌颂任何神灵的权杖，不崇尚任何国王的王冠，我的作品虽然是描述的是西方世界的宗教、信仰、神话、哲学，但是骨子里我描述的是人，是人啊，是人性！就像我们照镜子一样，我描述的是"镜中人"，而不是镜中的国王和神灵。我对今天我们所处的世界镜像，充满了质疑、鞭挞、颠覆，以及有时候做梦我会妄图改变它，改变我们的世界。要想改变世界，无疑思想的传导是最有用的，所以，这是我提笔写"神曲——最后的审判之路"的初衷。我一直认为"人，应该先具有人性，才能讨论其它；人首先先有自我，才有万物"。当然这些话语，都有待商榷。只因为我们从不同的森林进化，所以才形成了不同的"镜像"面目和思维。这就有点中国人照镜子看外国人，而外国人照镜子看中国人一样，其实我们都具有一样的人性和思维。

　　这是第一部真正意义上的以中国人视角写西方人的诗歌之书，这是第一部中国人对神灵，宗教，信仰，自由，哲学认知上的理解之书。我是一名反西方传统文化的人，但是我并不反对西方传统文化的根基，历史，契约，信仰，信念，自由等等这样的事物，我乐于从西方的哲学和神话故事中寻求自由，特别是对西方主流宗教文化进行解析。但是我往往喜欢反其道而行之，我乐于推倒一个西方传统文化之中的正面人物，也乐于重新构建一个西方传统文化之中的负面人物，挖掘彼此性格冲突之中的人性思维和人物内心彼此挣扎的起伏，我始终认为人性之中，有幽暗，也有光明，最后我会把他们都归于更高层次的自由上面去，人离开自由又怎么能活呢？有时候我乐于把神灵写死，因为神灵的死，代表着人类的生，代表着奴役的塌陷和自由的新生。有时候我乐于把神灵写活，因为神灵的复活，预示着人类的信仰又寻求到新的归宿？我一直认为人，总归要死亡，所以我们每个人都离不开信仰。这信仰不是神，而是我们自己的人性，虽然它具有劣根性！人性总归不可触摸，所以"人"这一主体也愈发神秘，无法窥探。有时候想想，人类就像尘灰，人性就像羽毛，不知最终人类的结果，会落于何处。

另外如果我说我最推崇的一部影片是《肖申克的救赎》，不知道各位读者做何感想，因为我从这部影片中，寻找到人类世界体制变革的一个痕迹，一个理论《第二威权社会控制理论》，当然这些全部都是题外话，不在本书的解读范围。我是世界主义者，无论是过去，现在，还是遥远的未来，我将一直都是。我一直认为人类，所有的人类，总归要统一，统一到这个"圆球"上面。有时候我想，如果通过我的思想，让这个世界可以变得更好一点，那么我是何等荣幸！祝愿世界安好！我爱这个世界啊！

作者简介

尹尚玥，安徽人。作为一个热爱文学的诗歌初学者，我并不喜欢诗歌之中故作病态的卿卿我我，我关注的是构建人类大厦的基石，哲学，宗教和神话，当然还有政治。人类离不开情感的滋润，但同样的人类也离不开像太阳一样的哲学，宗教和神话。我所写的不是时政、不是经济、也无关乎金融、金钱，更不是幽默文学，而是一堆泛滥的思想，一堆哲学，一堆神灵，一堆宗教，一堆国王，还有高大的巨人和一群自由的人类。我期望可以用我的文字思想建立一条，人类和神灵沟通交流的微小通道，让我们的心及人性和神性贯通。因为未来我们都需要在神灵的怀抱安息，或早或晚。我用文字呼唤这个世界的和平，用诗歌唤醒沉睡的人，我重申一遍，人类最大的信仰是"爱"，而不是其他。

www.ingramcontent.com/pod-product-compliance
Lightning Source LLC
Chambersburg PA
CBHW011213120626
46545CB00008B/2972